Die Patronatserklärung ad incertas personas

Europäische Hochschulschriften
Publications Universitaires Européennes
European University Studies

Reihe II
Rechtswissenschaft

Série II Series II
Droit
Law

Bd./Vol. 2599

PETER LANG
Frankfurt am Main · Berlin · Bern · New York · Paris · Wien

Sabine Thiekötter

Die Patronatserklärung ad incertas personas

Eine Untersuchung der Patronatserklärung in den Geschäftsberichten der Großbanken

PETER LANG
Europäischer Verlag der Wissenschaften

Die Deutsche Bibliothek - CIP-Einheitsaufnahme

Thiekötter, Sabine:

Die Patronatserklärung ad incertas personas : eine Untersuchung der Patronatserklärung in den Geschäftsberichten der Großbanken / Sabine Thiekötter. - Frankfurt am Main ; Berlin ; Bern ; New York ; Paris ; Wien : Lang, 1999
(Europäische Hochschulschriften : Reihe 2, Rechtswissenschaft ; Bd. 2599)
Zugl.: Regensburg, Univ., Diss., 1998
ISBN 3-631-34168-7

D 355
ISSN 0531-7312
ISBN 3-631-34168-7

Vorwort

Die vorliegende Arbeit wurde im Sommersemester 1998 von der Juristischen Fakultät der Universität Regensburg angenommen. Die Untersuchung erfaßt Literatur und Rechtsprechung bis Juni 1998. Der im August 1998 veröffentlichte Beitrag von Jürgen Pesch, Patronatserklärungen im Geschäftsbericht von Banken, erschienen in WM 1998, 1609, konnte nicht mehr berücksichtigt werden.

Mein besonderer Dank gilt Herrn Prof. Dr. Mathias Habersack für die Überlassung des Themas und seine wertvolle Unterstützung bei der Fertigstellung und Korrektur dieser Arbeit. Danken möchte ich Herrn Prof. Dr. Peter Gottwald für die Erstellung des Zweitgutachtens.

Für die kritische Durchsicht dieser Arbeit danke ich ganz herzlich Frau Dr. Gabi Thiekötter.

Dank schulde ich nicht zuletzt meiner Familie und meinen Freunden für die aufmunternden Worte, die wesentlich zum Gelingen dieser Arbeit beigetragen haben.

Berlin, im November 1998 Sabine Thiekötter

Abkürzungen

Die Abkürzungen sind, von den folgenden Ausnahmen abgesehen, dem Verzeichnis von Kirchner, 4. Auflage, 1992, zu entnehmen

GroMiKV = Großkredit-und Millionenkreditverordnung
KredBestV = Kreditbestimmungsverordnung

Inhaltsverzeichnis

Erster Teil: Einleitung

1. Kapitel: Einführende Betrachtung

I. Gegenstand der Arbeit

Die großen deutschen Privatbanken haben für ihre Tochterunternehmen Patronatserklärungen abgegeben, die darauf gerichtet sind, dafür Sorge zu tragen, daß die Tochterbanken ihre Verbindlichkeiten erfüllen können. Diese Erklärungen werden in den jeweiligen Geschäftsberichten der Banken veröffentlicht.[1] So heißt es im Geschäftsbericht der Deutschen Bank:

"Die Deutsche Bank AG trägt für die folgenden Kreditinstitute und ihr nahestehenden Gesellschaften, abgesehen vom Fall des politischen Risikos, dafür Sorge, daß sie ihre vertraglichen Verbindlichkeiten erfüllen können."

Die rechtliche Bedeutung solcher Erklärungen ist weitestgehend ungeklärt. Zwar hat sich die Rechtslehre umfassend mit dem Begriff der Patronatserklärungen, ihren einzelnen Formen und Verpflichtungsinhalten auseinandergesetzt, diese Überlegungen beschränken sich aber im wesentlichen auf solche Patronatserklärungen, die zur Sicherung eines konkreten Kredits gegenüber einer Bank abgegeben werden.[2] Unter dem Stichwort "Patronatserklärung ad incertas personas"[3] oder "Patronatserklärungen gegenüber der Allgemeinheit"[4] wurde dagegen nur vereinzelt die Rechtsproblematik der in den Geschäftsberichten der Großbanken enthaltenen Patronatserklärung erörtert.

---

[1] In den Geschäftsberichten sämtlicher deutscher Großbanken finden sich solche Erklärungen. Vgl. z. B. Geschäftsbericht Deutsche Bank 1996, S.86; Geschäftsbericht Dresdner Bank 1996, S. 88; Geschäftsbericht Commerzbank 1996, S.53. Die jeweiligen Geschäftsberichte sind im Anhang zu dieser Arbeit abgedruckt.(Vgl. Anhang I)

[2] *Mosch*, Patronatserklärungen deutscher Konzernmuttergesellschaften, S. 1 ff.; *Seiler*, Die Patronatserklärung im internationalen Wirtschaftsverkehr, S.1 ff; *Stecher*, "Harte" Patronatserklärungen, S. 1 ff.; *Gerth*, Atypische Kreditsicherheiten, S. 1 ff.; *Obermüller*, Ersatzsicherheiten im Kreditgeschäft, S.1 ff.; *Altenburger*, Die Patronatserklärung als "unechte" Personalsicherheit, S. 1 ff.; *Jährig / Schuck*, Handbuch des Kreditgeschäfts, S. 643 ff.

[3] *Habersack*, ZIP 1996, 257 ff.

[4] *Schneider*, ZIP 1989, 619 ff.

Gegenstand der vorliegenden Untersuchung soll diese an die Allgemeinheit gerichtete Patronatserklärung sein. Das charakteristische Merkmal der in den Geschäftsberichten der Banken enthaltenen Patronatserklärung liegt darin, daß sie nicht an einen einzelnen Gläubiger, sondern an alle Gläubiger der in der Erklärung näher bezeichneten Unternehmen gerichtet ist. Aus dem Fehlen eines konkreten Erklärungsempfängers ergeben sich Besonderheiten in Bezug auf die rechtliche Bewertung der in den Geschäftsberichten enthaltenen Patronatserklärungen, weshalb die von der Rechtslehre bezüglich der Patronatserklärung gegenüber einem einzelnen Gläubiger entwickelten Grundsätze nicht uneingeschränkt auf die an die Allgemeinheit gerichteten Patronatserklärungen übertragbar sind.

Ziel dieser Arbeit soll sein, die sich mit der Verwendung solcher Erklärungen ergebenden Rechtsfragen zu klären. Dabei wird die Frage nach dem Sicherungswert der in den Geschäftsberichten der Banken enthaltenen Patronatserklärungen eine wesentliche Rolle spielen. Es gilt zu untersuchen, inwieweit der einzelne Gläubiger einer Tochtergesellschaft im Bedarfsfall Ansprüche gegen die Mutterbank aus der Patronatserklärung herleiten kann und welcher Art diese Ansprüche sind. In diesem Zusammenhang wird erörtert werden, ob es sich bei den in den Geschäftsberichten enthaltenen Patronatserklärungen lediglich um unverbindliche Absichtserklärungen handelt, oder ob die Erklärung eine rechtsgeschäftliche Verpflichtung der Mutterbank begründet.[5] Wird eine rechtliche Bindung der Bank angenommen, muß in einem weiteren Schritt festgestellt werden, wie dieses Rechtsgeschäft zu qualifizieren ist.[6] Aufgrund des Umstandes, daß die Patronatserklärung nicht an einen bestimmten Erklärungsempfänger gerichtet ist, stellt sich die Frage, ob der einzelne Gläubiger allein aufgrund der abgegebenen Erklärung berechtigt sein soll, oder ob auch auf die Patronatserklärung an die Allgemeinheit allgemeine Vertragsgrundsätze[7] anwendbar sind, mit der Folge, daß zur Anspruchsbegründung die Annahme der Erklärung durch den Tochtergläubiger erforderlich ist. Verlangt man eine Annahme seitens des Gläubigers, muß erörtert werden, wie eine solche Annahme aussehen könnte.[8]

Die Feststellung, ob die Patronatserklärung an die Allgemeinheit eine rechtsgeschäftliche Verpflichtung der Bank entstehen läßt, ist darüber hinaus für den bilanzrechtlichen und den bankaufsichtsrechtlichen Teil dieser

[5] Gegenstand des 2. Teils der Arbeit.
[6] Gegenstand des 3. Teils der Arbeit.
[7] Gegenstand des 4. Teils der Arbeit.
[8] Gegenstand des 5. Teils der Arbeit.

Arbeit von entscheidender Bedeutung. So richtet sich die bilanzrechtliche Behandlung der Erklärung danach, ob die Patronatserklärung ad incertas personas ein Haftungsverhältnis begründet, welches in der Bilanz zu vermerken ist.[9] Weil die Patronatserklärung nicht gegenüber einer Bank sondern *von einer Bank* abgegeben wird, ist festzustellen, wie die Erklärung bankaufsichtsrechtlich zu erfassen ist. In diesem Zusammenhang ist darzustellen, wie das Aufsichtsamt für Kreditwesen die in den Geschäftsberichten enthaltenen Patronatserklärungen bewertet und welche Konsequenzen sich daraus für die Bankaufsicht ergeben.[10] Auch insofern ist entscheidende Vorfrage, ob und in welchem Umfang die Erklärung eine rechtsgeschäftliche Haftung der Mutterbank entstehen läßt.

Soweit die in den Geschäftsberichten der Banken enthaltene Patronatserklärung an die Gläubiger der ausländischen Tochter- und Beteiligungsbanken gerichtet ist, stellt sich außerdem die Frage, nach welcher Rechtsordnung sich die rechtliche Verbindlichkeit solcher Erklärungen beurteilt.[11]

II. Der Begriff der Patronatserklärung im allgemeinen und ihre Erscheinungsformen

Patronatserklärungen begegnen vor allem im Zusammenhang mit Krediten an Konzernunternehmen.[12] Wird innerhalb eines Konzernunternehmens der Tochtergesellschaft durch einen Dritten Kredit gewährt, kann die Muttergesellschaft zur Sicherung dieses Kredits dem Gläubiger gegenüber eine Patronatserklärung abgeben.

Der Begriff Patronatserklärung ist kein Rechtsbegriff, der einen Rückschluß auf die Rechte und Pflichten der Beteiligten zuläßt. Es handelt sich vielmehr um einen Sammelbegriff für eine Vielzahl von Erklärungen, in denen die Muttergesellschaft dem Gläubiger der Tochtergesellschaft ein bestimmtes Verhalten in Aussicht stellt, welches die Befriedigungsaussichten des Kreditgebers verbessert.[13] Die einzelnen Formen der Patro-

---

[9] Gegenstand des 7. Teils der Arbeit.
[10] Gegenstand des 8. Teil der Arbeit.
[11] Gegenstand des 6. Teils der Arbeit.
[12] Patronus (lat.): Schutzherr, Schirmherr.
[13] MünchKomm – *Habersack*, vor § 765 Rdnr. 44; Staudinger / *Horn*, vor § 765 Rdnr. 118; *Obermüller*, ZGR 1975, 1, 2; *Michalski*, WM 1994, 1229.

natserklärungen lassen sich zum einen nach ihrem Verpflichtungsgrad, zum anderen nach ihrem Adressatenkreis differenzieren.[14]

1. Verpflichtungsgrad

Inhalt und Bindungsintensität der in der Praxis verwendeten Patronatserklärungen können sehr unterschiedlich sein. Das rechtliche Gewicht solcher Erklärungen reicht je nach Formulierung von unverbindlichen Absichtserklärungen bis zu rechtsverbindlicher Erklärung. Zwischen diesen Polen existiert eine Grauzone von Patronatserklärungen mit nicht eindeutig bestimmbaren Verpflichtungsgehalt.[15] Aus der Fülle zahlloser Erklärungsarten, die zum Teil in Kombination miteinander Verwendung finden, haben sich in der Praxis bestimmte Grundformen von Erklärungstexten herausgebildet.[16] Diese Mustererklärungen werden in die sogenannten *“weichen”* und *“harten”* Patronatserklärungen unterteilt.

a. Weiche Patronatserklärung

Unter weichen Patronatserklärungen versteht man Erklärungen, die keine Pflicht zur finanziellen Ausstattung des Tochterunternehmens begründen.[17]

---

[14] Eng verwandt mit der Patronatserklärung ist die sogenannte Liquiditätshilfegarantie. Hierdurch verpflichtet sich der Garant *gegenüber dem Kreditnehmer*, dafür zu sorgen, daß dieser jederzeit in der Lage ist, seinen Zahlungsverpflichtungen nachzukommen, bzw. dem Kreditnehmer jeweils den Betrag zur Verfügung zu stellen, den dieser zur Erfüllung seiner Verbindlichkeit gegenüber dem Kreditnehmer benötigt. *Kümpel*, Bank- und Kapitalmarktrecht, Rdnr. 6.494; *Gerth,* Atypische Kreditsicherheiten, S. 270, 306. Keine Bedeutung für das Kreditsicherungsrecht hat dagegen die sog. *Rentabilitätsgarantie,* hierdurch verpflichtet sich die Muttergesellschaft, ihre Tochtergesellschaft so zu stellen, daß diese in die Lage versetzt wird, bestimmte Mindestdividenden auszuschütten.

[15] MünchKomm- *Habersack,* vor § 765 Rdnr. 44; *Bordt* in HdJ Abt. III/ 9.

[16] Vgl. zu den einzelnen Grundformen der Patronatserklärungen die Stellungnahme des HFA des IdW 2 / 76 i. d. F von 1990 Abschnitt II; zu den Erklärungstexten im einzelnen *Obermüller,* ZGR 1975, 1 ff.; *Mosch,* Patronatserklärungen deutscher Konzernmuttergesellschaften, S. 8 ff.; *Scholz / Lwowski,* Das Recht der Kreditsicherung; Rdnr. 405 ff.

[17] Stellungnahme des HFA des IdW, WPg 1976, 528, 529 ff. (Die Stellungnahme des HFA wurde 1990 neu verfaßt, die Neufassung der Stellungnahme ist abgedruckt bei *Bordt,* HdJ Abt III/ 9); MünchKomm- *Habersack,* vor § 765 Rdnr. 49; *Küffner,* DStR 1996, 146, 147.

Im Regelfall handelt es sich bei weichen Patronatserklärungen um Erklärungen, die keinen *rechtsgeschäftlichen Charakter* haben. Hier finden sich Erklärungen wie: "Wir haben Verbindlichkeiten unserer Tochtergesellschaft mit Rücksicht auf unser Ansehen stets wie eigene Verbindlichkeiten betrachtet." Solche Erklärungen werden als *gentlemen's agreement* oder *good-will* Erklärungen bezeichnet. Sie begründen weder eine vertragliche Einstandpflicht, noch lösen sie eine allgemeine Vertrauenshaftung des Patrons aus.[18] So scheidet eine Vertrauenshaftung des Patrons aus, weil das Fehlen einer rechtsgeschäftlichen Bindung des Patrons für den Gläubiger der Tochtergesellschaft erkennbar ist und er in seinem Vertrauen auf die freiwillige Erfüllung der Erklärung durch den Patron grundsätzlich nicht geschützt ist.[19]

Darüber hinaus existieren weiche Patronatserklärungen in zahlreichen unterschiedlichen Gestaltungsformen, die je nach Lage des Falles rechtsgeschäftlichen Charakter haben und damit eine Haftung der Muttergesellschaft begründen können.[20] Zu nennen sind hier Patronatserklärungen in der Form von sogenannten *Managementklauseln* oder *Beteiligungsklauseln,* in denen sich das Mutterunternehmen zu einer mehr oder weniger weitgehenden Kontrolle und Einflußnahme bei der Tochter (Managementklausel)[21] oder zur Aufrechterhaltung der Gesellschafterstellung bei der Tochter (Beteiligungsklausel) verpflichtet.[22] Managementklauseln können je nach ihrem Wortlaut gewisse Schutzpflichten für die Muttergesellschaft und damit eine Haftung wegen Verletzung diese Schutzpflichten begründen.[23] Beteiligungsklauseln können eine Schadensersatzpflicht der Mutter

[18] *Larenz / Canaris,* SchR II 2, § 64 V 2, S. 83; *Obermüller,* ZGR 1975, 1, 15 ff.; *Michalski,* WM 1994, 1229, 1230; *Gerth,* Atypische Kreditsicherheiten, S. 123 f.

[19] MünchKomm- *Habersack,* vor § 765 Rdnr. 49; *Canaris,* Vertrauenshaftung, S. 368 f.; *Larenz / Canaris,* SchR II 2, § 64 V 2a, S. 83; OLG Karlsruhe, ZIP 1992, 1394, 1397; *Köhler,* WM 1978, 1338, 1343.

[20] MünchKomm- *Habersack,* vor § 765 Rdnr. 44; vgl. zu den einzelnen Grundformen der weichen Patronatserklärung *Küffner,* DStR 1996, 146; *Scholz / Lwowski,* Das Recht der Kreditsicherung, Rdnr. 405.

[21] Eingehend zur Problematik von Managementklauseln: *Vollmer,* ZBB 1993, 89f.

[22] *Rieke,* Haftungsverhältnisse im Konzernabschluß, S.106; Klauselbeispiele bei *Hoffmann,* Die Patronatserklärung im deutschen und österreichischen Recht, S. 165; *Graf von Westphalen,* Rechtsproblemem der Exportfinanzierung, S. 391. Zu den sog. Organschaftserklärungen noch im folgenden S. 13, 14.

[23] Es wird zwischen einfachen und qualifizierte Managementklauseln unterschieden; vgl. zur Frage nach den Haftungsrisiken aus den einzelnen Erklärungen *Vollmer,* ZBB 1993, 89, 90 f. OLG Karlsruhe (Schotterkleberfall) ZIP 1993, 1394; das OLG hat zum erstenmal über einen Managementklausel für eine GmbH Tochter in einem faktischen

begründen, wenn diese ihre durch die Patronatserklärung begründete Pflicht dadurch verletzt, daß sie die Beteiligung an der Tochtergesellschaft aufgibt oder veräußert und dem Gläubiger dadurch ein Schaden entsteht.[24]

b. Harte Patronatserklärung

Als harte Patronatserklärungen werden Erklärungen bezeichnet, mit denen der Patron die vertragliche Verpflichtung übernimmt, die Tochtergesellschaft mit ausreichender Liquidität auszustatten.[25] Typischerweise finden sich hier Erklärungen wie: "Wir werden dafür Sorge tragen, daß unsere Tochter bis zur Rückzahlung des vollständigen Kredits in der Weise finanziell ausgestattet wird, daß sie jederzeit in der Lage ist, ihre Verbindlichkeiten aus dem Kreditvertrag zu erfüllen."

2. Adressatenkreis

In der Praxis kommen vier unterschiedliche Adressaten in Betracht. Die Patronatserklärung richtet sich an einen einzelnen Kreditor, ein einzelnes Tochter- und Beteiligungsunternehmen, an eine ausländische Aufsichtsbehörde oder an die Öffentlichkeit.

a. Einzelne Kreditoren

Regelmäßig werden Patronatserklärungen gegenüber einzelnen Kreditoren zur Sicherung eines konkreten Kredits verwendet. Die Muttergesellschaft gibt gegenüber einem bestimmten Gläubiger als Kreditgeber der Tochtergesellschaft eine entsprechende Patronatserklärung ab. Typischerweise handelt es sich bei dem Kreditgeber der Tochtergesellschaft um eine Bank, so daß diese im Regelfall Adressat der Patronatserklärung ist.

b. Tochter- oder Beteiligungsunternehmen

Vereinzelt gibt das Mutterunternehmen einem einzelnen Tochter- oder Beteiligungsunternehmen gegenüber eine Patronatserklärung ab. Ob der

Konzern entschieden, weil der Entscheidung aber eine einfache Managementklausel zugrunde lag, im Ergebnis eine Haftung abgelehnt.

[24] *Scholz / Lwowski*, Recht der Kreditsicherheiten, Rdnr. 420; *Schaffland*, BB 77, 1021, 1025.

[25] Stellungnahme des HFA des IdW, WPg 1976, 528, 529; MünchKomm -*Habersack*, vor § 765 Rdnr. 45; *Küffner*, DStR 1996, 146.

Gläubiger aus einer solchen Erklärung eigenständige Rechte herleiten kann, ist im Wege der Auslegung für den Einzelfall festzustellen.[26] Ist ein Anspruch des Gläubigers abzulehnen, hat dieser lediglich die Möglichkeit, den Anspruch der Tochter zu pfänden und sich zur Einziehung überweisen zu lassen.[27]

c. Aufsichtsbehörden und andere Sicherungseinrichtungen

Darüber hinaus werden Patronatserklärungen auch gegenüber Bankaufsichtsbehörden abgegeben.[28] So verlangt z. B. die Bank of England, die die Bankenaufsicht in Großbritannien wahrnimmt, seit September 1974 von ausländischen Mutterinstituten Patronatserklärungen *(comfort letters)* für ihre in Großbritannien ansässigen Tochterinstitute.[29] Die Mutterinstitute erkennen darin förmlich ihre moralische Verpflichtung *(moral commitment)*[30] an, ihre britischen Tochterinstitute zu unterstützen, falls diese in Schwierigkeiten geraten.[31] Auch das Bundesaufsichtsamt für Kreditwesen ist dazu übergegangen, bei der Gründung von Tochtergesellschaften ausländischer Banken die Abgabe von Patronatserklärungen von den ausländischen Mutterinstituten zu verlangen.[32] Hintergrund solcher Erklärungen ist, daß der beherrschende Einfluß der ausländischen Mutterbank so groß

---

[26] So auch *Schneider,* ZIP 1989, 619, 622; a. A. *Bordt,* WPg 1975, 285, 290, der vertragliche Ansprüche der Gläubiger in diesem Fall grundsätzlich ablehnt.

[27] *Bordt,* WPg 1975, 285, 291; *Schaffland/ Fischer,* GenForum 2/76, 36, 40.

[28] *Schmid – Burgk,* Bankenaufsicht und Auslandstöchter, S. 22; *Mosch,* Patronatserklärungen deutscher Konzernuttergesellschaften, S. 3, 4, Fn.15.

[29] Bank of England, Quarterly Bulletin No. 3. Sept. 1978, S. 384 ff. "International aspects of supervision: The Bank (of England) established a general acceptance of the principle of a parent company´s responsibility, going beyond that of legal hability, for the operations of deposit taking subsidiaries and affiliates in other countries. In pursuit of the principle in September 1974 the bank sought *comfort letters* from banks, which were shareholders in banking companies established in this country, acknowledging formally a moral commitment to support their associate or subsidiary, if it ran into difficulties." (Zitiert nach *Wagner,* Die internationale Tätigkeit der Banken, S. 30 Fn. 27)

[30] Weil die Zulassung der Tochterbank von dieser Erklärung abhängig gemacht wird und bei Nichteinhalten der Verpflichtung der Entzug der Tochter droht, nimmt die Erklärung wirtschaftlich verpflichtenden Charakter an. Vgl. *Wagner,* Die internationale Tätigkeit der Banken, S. 30.; *Zeitler,* Internationales Bankgeschäft als aufsichtsrechtliches Problem, S. 99.

[31] Ähnliches gilt für die Bankenaufsichtsbehörde in Luxemburg, den Commissaire au contrôle des Banques, sowie in Irland die Central Bank of Irland; *Schneider,* ZIP1989, 619; *Wagner,* Die internationale Tätigkeit der Banken, S. 30.

[32] *Schmid- Burgk,* Bankenaufsicht und Auslandstöchter, S. 23, 24.

ist, daß die Mutterbank für die Geschäftstätigkeit der Tochter mitverantwortlich ist.

Patronatserklärungen werden außerdem gegenüber dem Träger des Einlagesicherungsfonds abgegeben. So verlangt § 5 Abs. 10 des Statuts des Einlagensicherungsfonds des Bundesverbandes deutscher Banken e. V.[33] bei einer Mehrheitsbeteiligung oder bei einer Abhängigkeitslage die Abgabe einer Patronatserklärung, nach der die Bank verpflichtet ist, den Bundesverband von Verlusten freizustellen, die diesem durch eine Hilfeleistung zugunsten einer Bank entstanden sind, an der der jeweiligen Bank die Mehrheit der Beteiligung gehört oder über die sie sonst unmittelbar oder mittelbar beherrschenden Einfluß ausüben kann.[34]

Sowohl die Patronatserklärungen gegenüber den Aufsichtsbehörden als auch gegenüber dem Träger des Einlagensicherungsfonds begründen für den einzelnen Gläubiger *keine Rechte*, da die Erklärung nicht ihm gegenüber abgegeben wird und ihn auch nicht unmittelbar begünstigen soll.[35]

d. Öffentlichkeit

Die hier zu untersuchenden Patronatserklärungen in den Geschäftsberichten der Banken sind an einen unbestimmten Kreis von Empfängern gerichtet. Adressaten der Erklärungen sind alle Gläubiger der jeweiligen Tochterunternehmen. Teilweise sind dabei die Tochterunternehmen, für deren Gläubiger die Patronatserklärung gelten soll, namentlich aufgeführt.[36] Im Regelfall wird die Erklärung jedoch zugunsten aller Gläubiger der gem. § 290 HGB in den Konzernabschluß einbezogenen Tochtergesellschaften abgegeben.[37] In beiden Fällen sind die im Ausland ansässigen Institute mit einbezogen, so daß Adressat der Erklärung auch die Gläubiger der ausländischen Töchterunternehmen sind.

---

[33] Bei dem Einlagensicherungsfond handelt es sich um eine durch die Spitzenverbände der Kreditwirtschaft freiwillig geschaffene Sicherungseinrichtung. Nach der Satzung sind nur Einlagen von Nichtbanken gesichert. *Kümpel,* Bank- und Kapitalmarktrecht, Rdnr.15.104 ff.

[34] *Schneider*, ZIP 1989, 619.

[35] LG Frankfurt a. M. AG 1977, 321, 322.; *Wagner,* Die internationale Tätigkeit der Banken, S. 31; *Schneider,* ZIP 1989, 619, 622.

[36] So in dem Geschäftsbericht der Deutschen Bank 1996 S. 86.

[37] So die Geschäftsberichte der Commerzbank 1996 S. 53 und der Dresdner Bank 1996 S. 88, hier allerdings mit der Einschränkung, daß das Tochterunternehmen ein Bankgeschäft betreibt oder dazu ergänzende Funktionen wahrnimmt.

2. Kapitel: Hintergründe von Patronatserklärungen in den Geschäftsberichten der Banken

Zunächst soll dargestellt werden, welche Bedeutung die in den Geschäftsberichten der Banken enthaltenen Patronatserklärungen für die Gläubiger haben und aus welchen Gründen die Muttergesellschaft die Erklärung in die Geschäftsberichte aufgenommen hat.

I. Konzernrechtliche Hintergründe aus der Sicht der Gläubiger der Tochtergesellschaften

In der Praxis verfügt ein Kreditinstitut, insbesondere eine Großbank über zahlreiche Tochtergesellschaften, die mit ihr zu einem Konzern verbunden sind. Für die Gläubiger eines Konzernunternehmens stellt sich die Frage, ob bei Liquiditätsschwierigkeiten der Tochtergesellschaft auf die Konzernmutter zurückgegriffen werden kann.

Weil sich die Existenz der Patronatserklärungen im wesentlichen aus dem im Konzern bestehenden Haftungssystem erklärt, soll im folgenden kurz auf die Rechtsstellung der Gläubiger einer Tochtergesellschaft eingegangen werden.[38]

1. Grundsatz der Haftungs- und Risikotrennung

Für die Annahme einer Haftung der Muttergesellschaft für die Verbindlichkeiten der Tochter spricht die Tatsache, daß Mutter- und Tochtergesellschaft als Konzern eine *wirtschaftliche Einheit* bilden. Die einzelnen Unternehmen stehen unter einheitlicher Leitung, und so wird sich der Gläubiger oftmals als Gläubiger des Konzerns und nicht als Gläubiger des einzelnen Tochterunternehmens verstehen. Im Regelfall wird er sich folglich auch bei der Entscheidung über die Kreditgewährung an ein Tochterunternehmen an der Kreditwürdigkeit des Gesamtkonzerns orientieren.[39] Wenngleich der Konzern in wirtschaftswissenschaftlicher Hinsicht als Einheit verstanden wird, so stellt er sich rechtlich nicht als einheitliches Rechtssubjekt dar. Der Konzern selbst hat keine eigene Rechtspersönlichkeit und

[38] Zur Notwendigkeit der Kreditsicherung aus rechtlichen Gründen vgl. *Mosch*, Patronatserklärungen deutscher Konzernmuttergesellschaften, S. 33 ff.
[39] *Emmerich / Sonnenschein*, Konzernrecht, § 16 V 1.

damit auch kein Vermögen, das den Gläubigern haftet.[40] Der Konzern besteht vielmehr aus juristisch selbständigen Unternehmen, die als eigenständige Rechtsträger identifizierbar sind, §§ 18, 15 AktG. Aufgrund dieser Selbständigkeit gilt für den Konzern der Grundsatz der *Haftungs- und Risikotrennung*.[41] Jedes der unter einheitlicher Leitung zusammengefaßten Unternehmen haftet für sich selbständig und ausschließlich. Die unmittelbare Inanspruchnahme der Muttergesellschaft für die Verbindlichkeiten der Tochtergesellschaft stellt damit grundsätzlich die Ausnahme dar, die nur unter denselben engen Voraussetzungen in Betracht kommt, unter denen auch sonst ein Haftungsdurchgriff auf die hinter einer juristischen Person stehenden Gesellschafter zugelassen wird.[42] Selbst im *Vertragskonzern*, also bei Bestehen eines Beherrschungs- oder Gewinnabführungsvertrages, haftet für die Verbindlichkeiten der Tochtergesellschaft unmittelbar nur diese.

2. Konzernrechtlicher Gläubigerschutz

Auch wenn eine unmittelbare Inanspruchnahme der Muttergesellschaft damit ausscheidet, sieht das Gesetz in einigen Konzernbeziehungen zumindest den *mittelbaren Durchgriff* auf das herrschende Unternehmen vor.

Einen solchen mittelbaren Durchgriff eröffnet die Vorschrift des § 302 AktG. Nach § 302 AktG besteht bei Vorliegen eines Beherrschungs- oder Gewinnabführungsvertrages die Pflicht des herrschenden Unternehmens, jeden während der Vertragsdauer entstehenden Jahresfehlbetrag der abhängigen Gesellschaft auszugleichen. Die wirtschaftliche Bedeutung der Verlustausgleichspflicht besteht darin, daß während der Dauer des Unternehmensvertrages grundsätzlich keine Überschuldung der Untergesellschaft eintreten kann. Der Anspruch steht der abhängigen Gesellschaft zu und ist von ihren Organen nach Schluß des Geschäftsjahres geltend zu machen.[43] Unmittelbare Ansprüche der Gläubiger der Tochtergesellschaft gegen die Muttergesellschaft scheiden damit aus, die Gläubiger können den

---

[40] Zum Konzernbegriff *Geßler* in Geßler / Hefermehl / Eckardt / Kroppf, § 18 AktG Rdnr. 6 ff.; *Rehbinder*, Konzernaußenrecht, S. 36.

[41] *Schneider*, BB 1981, 249, 254; *Lutter*, ZGR 1982, 244.

[42] *Emmerich / Sonnenschein*, Konzernrecht, § 16 V1; zur Durchgriffshaftung eingehend *Emmerich* in Scholz, GmbHG, § 13 Rdnr. 55- 97.

[43] *Lwowski / Groeschke*, WM 1994, 613, 616.

Anspruch auf Verlustausgleich allerdings pfänden und damit zumindest mittelbar auf das Vermögen der Muttergesellschaft Zugriff nehmen.[44]

Ergänzt wird der Gläubigerschutz durch die Vorschrift des § 303 AktG, wonach die Muttergesellschaft bei Beendigung des Beherrschungs- oder Gewinnabführungsvertrages den Gläubigern der abhängigen Gesellschaft zur Sicherheitsleistung verpflichtet ist, wenn diese ihre Forderung innerhalb von sechs Wochen bei ihr anmelden. Einen *direkten Zahlungsanspruch* gegen die Muttergesellschaft haben die Gläubiger aber nur ausnahmsweise, nämlich dann, wenn über das Vermögen der Tochtergesellschaft *Konkurs* eröffnet wurde. In diesem Fall verwandelt sich der Anspruch auf Sicherheitsleistung in einen unmittelbaren Anspruch auf Zahlung.[45] Die Pflicht zum Verlustausgleich und zur Sicherheitsleistung besteht gem. § 302, § 303 AktG analog auch für den qualifizierten faktischen Konzern.[46]

Die Gläubiger eines Vertragskonzerns oder eines qualifizierten faktischen Konzerns sind damit *nicht völlig ungesichert.* Sie geben sich häufig mit dieser Sicherung zufrieden[47] und lassen sich durch eine mit der Patronatserklärung verwandte sogenannte *Organschaftserklärung*[48] die Aufrechterhaltung des Beherrschungsvertrages oder die rechtzeitige Benach-

[44] Eine analoge Anwendung des § 309 IV AktG kommt lediglich für die Aktionäre in Betracht. So die h. M., vgl. statt aller: *Koppensteiner* in Kölner Kommentar zum AktG, § 302 AktG Rdnr.23; *Geßler in* Geßler / Hefermehl / Echardt / Kroppf, § 302 AktG Rdnr. 45, 46; a. A. *Müller,* ZGR 1977, 1, 6.

[45] Hier würde es keinen Sinn machen, zunächst nur Sicherheiten zu gewähren. So die h. M.: BGHZ 95, 330, 347; BGHZ 105, 168, 183; BGHZ 115,187, 200; *Fleck,* WM 1986, 1205, 1213.

[46] Die Haftungskonzeption für den qualifizierten faktischen Konzern ist aufgrund der vergleichbaren Situation in Anlehnung an § 302, 303 AktG zu entwickeln, so die h. M, vgl. *Emmerich / Sonnenschein,* Konzernrecht, § 20a III; *Fleck,* WM 1986, 1205, 1212; BGHZ 95, 330, 343; BGHZ 107, 7, 15; BGHZ 115, 187, 192; BGH NJW 1994, 3288, 3290. Zum Begriff des qualifizierten faktischen Konzerns *Hüffer,* AktG § 18 Rdnr. 4.

[47] *Schröder* ZGR 1982, 552, 565. Eine harte Patronatserklärung hätte gegenüber dem gesetzlichen Gläubigerschutz in diesem Fall nur den Vorteil, daß der Gläubiger einen direkten Anspruch gegen die Muttergesellshaft auf finanzielle Ausstattung der Tochter hätte. Vgl. dazu noch ausführlich im folgenden.

[48] Die Terminologie ist nicht eindeutig. Teilweise werden diese Erklärungen den Patronatserklärungen zugeordnet, so z. B. *Scholz / Lwowski,* Recht der Kreditsicherheiten, Rdnr. 422; überwiegend werden diese Erklärungen aber als Organschaftserklärungen bezeichnet, so *Gerth,* AG 1984, 94; *Kümpel,* Bank-und Kapitalmarktrecht, Rdnr. 6.503f.; *Emmerich / Sonnenschein,* Konzernrecht, § 16 V 2 bb; *Obermüller,* Ersatzsicherheiten im Kreditgeschäft, S. 34 ff.

richtigung von dessen Aufhebung (entscheidend für die rechtzeitige Geltendmachung des Anspruchs aus § 303 AktG) zusichern.[49] Die Organschaftserklärung dient dazu, die im Zusammenhang mit der Regelung des § § 302, 303 AktG verbleibenden Sicherungslücken zu schließen.[50] Für den Fall, daß die Aufrechterhaltung des Unternehmensvertrages nicht Gegenstand der Erklärung ist, wird regelmäßig vereinbart, daß die Muttergesellschaft auf die Geltendmachung von Aufrechnungs- und Zurückbehaltungsrechten sowie auf die Einwendung, der Jahresabschluß der Tochtergesellschaft sei anfechtbar oder nichtig, verzichtet.[51]

Bei Abhängigkeit oder im faktischen Konzern sind die §§ 302, 303 AktG nicht anwendbar. Der konzernrechtliche Gläubigerschutz beschränkt sich im faktischen Konzern lediglich auf eine *Ausgleichs- bzw. Schadensersatzpflicht* der Muttergesellschaft, wenn diese die Tochtergesellschaft zu einer Maßnahme veranlaßt, die sich nachteilig auf deren Vermögen auswirkt (vgl. § 311, 317 i. V. m. 309 Abs. 4 AktG). Die Vorschrift greift nicht ein, wenn die Tochtergesellschaft infolge einer ungünstigen wirtschaftlichen Entwicklung in Liquiditätsschwierigkeiten gerät.[52] Gegen dieses eigentliche Kreditrisiko sind die Gläubiger des faktischen Konzerns folglich nicht geschützt. Eine rechtsgeschäftliche Sicherung durch die Muttergesellschaft ist erforderlich.

3. Die Rechtslage bei ausländischen Tochterunternehmen

Die Patronatserklärung hat speziell für die Gläubiger einer im Ausland ansässigen Tochtergesellschaft eine wesentliche Bedeutung. Das deutsche Aktienrecht bezweckt lediglich den Schutz deutscher Gesellschaften. Für die Anwendung des deutschen Konzernrechts ist auch dann kein Raum,

---

49 *Scholz / Lwowski*, Recht der Kreditsicherung, Rdnr. 422.

50 Der Grund für diese Lücken liegt vor allem in der Schwäche des Verlustausgleichsanspruchs. Er entsteht erst mit Feststellung des Jahresabschlusses und kann der Höhe nach durch die bilanziellen Gestaltungsmöglichkeiten der Muttergesellschaft zu Ungunsten der Gläubiger beeinflußt werden. Zu den Sicherungslücken der § 302, 303 AktG und den daraus resultierenden Patronatserklärungen ausführlich: *Lwowski / Groeschke* WM 1994, 613 ff.

51 *Kümpel*, Bank- und Kapitalmarktrecht, Rdnr. 6. 509. Ein Musterentwurf solcher Erklärungen findet sich bei *Gerth*, AG 1984, 94, 95, 96.

52 Hier kann auch das Institut der Durchgriffshaftung nicht weiterhelfen. Auch danach scheidet ein Zugriff auf die Muttergesellschaft aus, wenn die Tochter allein infolge einer ungünstigen Geschäftsentwicklung zahlungsunfähig wird und somit kein Mißbrauchstatbestand vorliegt. *Mosch*, Patronatserklärungen deutscher Konzernmuttergesellschaften, S. 38 ff.

wenn lediglich das herrschende Unternehmen seinen Sitz in Deutschland hat.[53] Für die ausländischen Tochter- und Beteiligungsgesellschaften ist folglich nicht das deutsche Konzernrecht, sondern allein die Rechtsordnung ihres Sitzlandes maßgeblich.[54] Somit kann der Kreditgeber einer ausländischen Tochtergesellschaft aus den Gläubigerschutzvorschriften der § § 291 f. AktG keine Rechte herleiten.

4. Besonderheit für den Bankkonzern

Im Bankgewerbe existiert ein ungeschriebener moralischer Grundsatz, der sogenannte *"Ehrenkodex der Banken"*. Er besagt, daß eine Tochtergesellschaft, die im Bank- oder banknahen Bereich tätig ist, nicht fallengelassen werden kann, ohne daß dadurch die Vertrauenswürdigkeit der Mutterbank erheblich beeinträchtigt wird. Da die Kreditwirtschaft in einem hohen Maße von dem Vertrauen ihrer Kunden abhängig ist, entsteht eine sogenannten de facto- Haftung der Mutterbank für die Verbindlichkeiten der Tochterbank.[55] Dieser Grundsatz gilt nicht nur für hundertprozentige Tochterbanken und Mehrheitsbeteiligungen, sondern auch im Fall von geringeren Beteiligungen, wobei die Intensität der moralischen Verpflichtung proportional mit der Höhe der Beteiligung zunehmen wird.

Die de facto-Haftung ist deutlich geworden am Beispiel der Hessischen Landesbank, die, obwohl sie nur zu 31,7 % an der Banque de Crédit International (BCI) beteiligt war, für die Verluste dieses Tochterinstituts eingetreten ist und das, obwohl die rechtliche Haftung der Landesbank durch das Landgericht Frankfurt abgelehnt worden war.[56] Der Druck der Öffentlichkeit war so groß, daß sich die Hessische Landesbank zur Wahrung ihres standings gezwungen sah, aufgrund eines außergerichtlichen Vergleichs freiwillig zu zahlen.[57]

---

[53] *Mosch,* Patronatserklärungen deutscher Konzernmuttergesellschaften, S. 33 f; *Hüffer,* AktG, § 291 Rdnr. 5; *Emmerich- Sonnenschein,* Konzernrecht, § 8 IV 2.

[54] *Langen,* Die Haftung des herrschenden Unternehmens für Verbindlichkeiten der abhängigen Gesellschaft, S.143.

[55] *Rümker,* in Festschrift für Stiefel, 1987 S. 607, 621; *Bauer,* Das Recht der internationalen Bankenaufsicht, S. 49; *Wagner,* Die Internationale Tätigkeit der Banken, S. 21, einschränkend *Mertens,* AG 1984, 225, 242.

[56] LG Frankfurt, AG 1977, S. 321; zu dieser Entscheidung noch ausführlich im folgenden.

[57] *Wagner,* Die internationale Tätigkeit der Banken, S. 38.

5. Rechtsgeschäftliche Sicherung

Begnügt sich der einzelne Gläubiger nicht mit Ansprüchen gegen das Tochterunternehmen oder mit der nur faktischen Verpflichtung der Mutterbank, für die Verbindlichkeiten der Tochter einzustehen, so wird er versuchen, im Wege einer rechtsgeschäftlichen Vereinbarung die Muttergesellschaft mit in den Haftungsverbund einzubeziehen. Als rechtsgeschäftliche Vereinbarung kommen hier für den Gläubiger die klassischen Sicherungsmittel wie Bürgschaft, Schuldübernahme, Schuldbeitritt und Garantievertrag in Betracht.[58]

Die Banken sind aus geschäftspolitischen, bilanziellen und bankaufsichtsrechtlichen Gründen jedoch regelmäßig nicht zu derart umfassenden Haftungsübernahmen bereit.[59] Auch der Abschluß eines sich auf eine konkrete Verbindlichkeit beziehenden Patronatsvertrages wird zunehmend von den Mutterbanken abgelehnt.[60] Bei Anfrage eines Gläubigers der Tochtergesellschaft nach einer möglichen rechtsgeschäftlichen Einbeziehung der Mutterbank in den Haftungsverbund berufen sich die Banken auf die in den Geschäftsberichten enthaltenen Patronatserklärungen und lehnen grundsätzlich jede weitergehende einzelvertragliche Vereinbarung ab. Aufgrund der wirtschaftlichen Überlegenheit der Mutterbank wird der Gläubiger im Regelfall kein für sich günstigeres Ergebnis erzielen können. Für den einzelnen Gläubiger ist deshalb von entscheidender Bedeutung, ob die in den Geschäftsberichten der Banken enthaltenen Patronatserklärungen als Haftungsgrundlage dienen können.

II. Hintergründe für die Aufnahme von Patronatserklärungen in die Geschäftsberichte aus der Sicht der Mutterbanken

Die Deutsche Bank AG hat als erstes deutsches Kreditinstitut in ihrem Geschäftsbericht für das Jahr 1975 eine an die Allgemeinheit gerichtete Patronatserklärung aufgenommen. Ihre ursprüngliche Fassung lautete wie folgt: "Unseren langjährigen Grundsätzen entsprechend unterstreicht der Bilanzausweis (als Beteiligung) in diesen Fällen die erklärte Absicht der Bank, bei den einzelnen Gesellschaften unternehmerischen Einfluß auszu-

[58] *Emmerich / Sonnenschein*, Konzernrecht, § 16 V 2; *Schneider* ZIP 1989, 619, 620.

[59] Zu den bilanz- und aufsichtrechtlichen Gründen noch im folgenden, sowie *Mosch*, Patronatserklärungen deutscher Konzernmuttergesellschaften, S. 4 f.; *Fischer / Schaffland*, GenForum 2/76, 36; *Bordt*, WPg 1975, 286.

[60] Diese Tendenz stellte sich in Gesprächen mit den verantwortlichen Mitarbeitern der Großbanken heraus. Zu den Hintergründen dieser ablehnenden Haltung im folgenden.

üben. Aufgrund der damit verbundenen geschäftlichen Mitverantwortung tragen wir im Rahmen unserer Quote dafür Sorge, daß diese Unternehmen ihre Verbindlichkeiten erfüllen können."[61]

Diese Erklärung findet sich seither, wenn auch redaktionell überarbeitet, in den Geschäftsberichten der Deutschen Bank.[62] Andere deutsche Großbanken (Die Commerzbank erstmals für den Geschäftsbericht 1980, die Dresdner Bank für den Geschäftsbericht 1983) schlossen sich dieser Geschäftspraxis an und nahmen in der Folgezeit entsprechende, nur im Wortlaut abweichende Erklärungen in ihre Geschäftsberichte auf.

1. Wirtschaftspolitische Hintergründe für die Existenz der Patronatserklärung in den Geschäftsberichten

Als wirtschaftspolitischer Hintergrund für die erstmalige Aufnahme einer solchen Erklärung kann zunächst die als Folge der Ereignisse des Jahres 1974 im Bankwesen zu bewältigende Vertrauenskrise genannt werden.[63] Der Zusammenbruch der Herstatt Bank[64] und die allgemeine Rezession spielten hier eine wesentliche Rolle. Nachdem auch "erstklassige deutsche Großgesellschaften "[65], wie z. B. Lufthansa, ihre illiquiden Töchter (z. B. Travel-Air) fallenließen, verlor die Öffentlichkeit das Vertrauen in die bis dahin übliche Geschäftspraxis, daß Konzernobergesellschaften zum Konzern gehörige abhängige Unternehmen auch ohne rechtliche Verpflichtung vor einem drohenden wirtschaftlichen Zusammenbruch bewahren würden.[66]

Durch die Aufnahme der Patronatserklärung in ihre Geschäftsberichte demonstrierten die in besonderem Maße vom Vertrauen der Öffentlichkeit abhängigen Bankkonzerne der Öffentlichkeit, daß sie auch in Zukunft für ihre Töchter einstehen werden. Auf diese Weise wurde das gesamte *standing* der Tochtergesellschaft auf das Vertrauensniveau der Mutterbank angehoben und damit die Kreditwürdigkeit der Tochtergesellschaft ge-

---

[61] Geschäftsbericht der Deutschen Bank 1975 S. 55.

[62] Zum Wortlaut der Patronatserklärung für den Geschäftsbericht der Deutschen Bank 1976, 1977 siehe *Köhler*, WM 1978, 1338, 1339, Fn. 10.

[63] *Stecher*, "Harte" Patronatserklärungen, S. 1.

[64] Am 27.6.1974 beantragte die Herstatt Bank die Eröffnung des Vergleichsverfahrens. Vgl. zum Fall Herstatt BGH BB 1979, 1625.

[65] *Kohout*, Patronatserklärungen, S.2.

[66] *Wassner* in FAZ Nr. 160 vom 15.7.1975, S.7 "Konzerne können sich von ihren mißratenen Kindern lossagen – das haben vor einiger Zeit die Gläubiger der Lufthansa - Tochter Travel-Air erfahren müssen."

stärkt.[67] Die angeführten Motive spielen insbesondere dann eine Rolle, wenn es sich bei den Tochter- oder Beteiligungsgesellschaften entweder um neue und noch relativ unbekannte oder kleinere Banken handelt. Diese können durch die Abgabe der Patronatserklärung kreditwürdig und damit geldmarktfähig gemacht werden.[68]

2. Die Bedeutung der Patronatserklärung im Zusammenhang mit der Internationalisierung des Bankgewerbes

Als weiterer Grund für die Aufnahme der Patronatserklärung in die Geschäftsberichte ist die Internationalisierung des Bankwesens zu nennen.[69] Mit Beginn der 60er Jahre erhielt das Auslandsgeschäft der Banken einen neuen Stellenwert. Ursache war das Wachstum des internationalen Waren- und Dienstleistungsverkehrs und die damit verbundene Expansion der Industrieunternehmen. Diese verlangte von den Banken eine Neuorientierung ihrer Geschäftspolitik. Zur Finanzierung der international tätigen Wirtschaftsunternehmen reichte der nationale Kapitalmarkt nicht mehr aus. Es kam zu vermehrten Gründungen von rechtlich unselbständigen Niederlassungen oder Tochterbanken im Ausland.[70] Die Auswirkung, die das Wachstum der internationalen Finanzmärkte für deutsche Auslandstöchter hatte, zeigt sich besonders am Bankplatz Luxemburg.[71] Die drei ersten luxemburgischen Tochtergesellschaften deutscher Kreditinstitute wurden hier 1967 und 1969 gegründet. Ende 1979 gab es bereits 26 Tochterbanken, die etwa die Hälfte des Bilanzvolumens aller luxemburgischen Banken von umgerechnet rund 200 Milliarden DM ausmachten.[72]

Aus der Sicht der Bankenaufsicht war diese Expansion nicht unproblematisch. Nach dem damals geltenden Aufsichtsrecht war nämlich eine Überwachung der selbständigen Tochter- und Beteiligungsbanken durch die deutsche Bankaufsicht nicht möglich.[73] Das hatte zur Folge, daß gerade in Ländern mit liberalem Aufsichtsrecht für die Einleger das Risiko einer Unterkapitalisierung der Tochterbank und damit des Ausfalls ihrer Forde-

[67] *Schraepler*, ZKW 1975, 215; *Wagner*, Die internationale Tätigkeit der Banken, S 26.
[68] *Köhler*, WM 1978, 1338, 1340.
[69] *Wagner*, Die internationale Tätigkeit der Banken, S.25 f.
[70] Zur Entwicklung der internationalen Tätigkeit der Banken eingehend: *Mayer*, Das Bundesaufsichtsamt für Kreditwesen, S. 195ff.; *Schmid - Burgk*, Bankenaufsicht und Auslandstöchter, S. 5.
[71] Regierungsentwurf 1984 zu § 10a KWG, abgedruckt bei *Reischauer / Kleinhans*, KWG, Nr. 593.
[72] *Mayer*, Das Aufsichtsamt für Kreditwesen, S. 196.
[73] Zu den Gründen und der heutigen Rechtslage ausführlich im 8. Teil der Arbeit.

rungen bestand.[74] Mit der Abgabe der Patronatserklärung in den Geschäftsberichten sollte das Vertrauen der Öffentlichkeit in die ausländischen Tochterbanken gestärkt und die Sorge um mögliche Liquiditätsengpässe bei der ausländischen Tochterbank ausgeschlossen werden.[75] Gegenüber einer möglichen Aufstockung der Eigenkapitalausstattung der Auslandstochter hat die Abgabe der Patronatserklärung für die Mutterbank den Vorteil, daß ihr selbst kein Eigenkapital entzogen wird und ihr eigener Kreditspielraum damit unverändert bleibt.[76]

3. Vorteile der Patronatserklärung an die Allgemeinheit gegenüber der einzelvertraglichen Erklärung

Zu fragen bleibt, warum die Mutterbank sich nicht darauf beschränkt, mit den für sie bedeutenden Großgläubigern konkrete Patronatsverträge abzuschließen. Insoweit ist festzustellen, daß die Patronatserklärung an das Publikum in einigen Punkten gegenüber dem individuellen Patronatsvertrag vorteilhaft ist.

Zunächst ist der Sicherungswert solcher an die Allgemeinheit abgegebener Patronatserklärungen noch weitestgehend ungeklärt. Insbesondere fehlt es an einer Entscheidung der Gerichte. Man kann in diesem Zusammenhang von einer *Kalkulation mit der rechtlichen Unsicherheit* sprechen. Dagegen erscheint die Frage nach dem Sicherungswert der individuellen Patronatserklärungen nach ausführlicher Auseinandersetzung in der Literatur, aber auch in der Rechtsprechung heute weitestgehend geklärt.[77] Darüber hinaus ist der verwaltungstechnische Aufwand bei einer Patronatserklärung an die Allgemeinheit wesentlich geringer. Einzelerklärungen müssen zwischen den Vertragsparteien ausgehandelt und von den zuständigen Organen genehmigt werden. Das Bundesaufsichtsamt hat außerdem bereits in seinem Schreiben vom 16. Dezember 1974 festgelegt, daß alle von den Banken abgegebenen und hereingenommenen Patronatserklärungen dem Abschlußprüfer vorgelegt werden müssen.[78] Das bedeutet, daß für jedes Geschäftsjahr geprüft werden muß, welche individuellen Erklärungen im

---

[74] *Bauer*, Das Recht der internationalen Bankaufsicht, S. 43.

[75] *Zeitler*, Internationales Bankgeschäft als Problem der Bankaufsicht, S. 96.

[76] *Wagner*, Die internationale Tätigkeit der Banken, S. 26.

[77] BGHZ 117, 127; OLG Karlsruhe, ZIP 1992, 1394; OLG Düsseldorf NJW- RR 1989, 1116, 1117; OLG Stuttgart, WM 1985, 455; OLG München, AG 1985, 221.

[78] Schreiben des Präsidenten des Bundesaufsichtsamt für Kreditwesen vom 16. Dezember 1974, abgedruckt bei *Consbruch / Möller / Bähre,* KWG, Nr. 13.07. sowie im Anhang zu dieser Arbeit (Anhang II).

Umlauf sind und welche davon noch benötigt werden. Dieser sich aus der Verwendung von Einzelerklärungen ergebende Aufwand kann durch die einmalige Aufnahme der Erklärung in die Geschäftsberichte vermieden werden.

Entscheidend sind aber die *bilanzrechtlichen Vorteile* der Patronatserklärung ad incertas personas gegenüber dem individuellen Patronatsvertrag. Bezüglich der individuellen Patronatserklärung herrscht spätestens seit der Stellungnahme des Hauptfachausschusses des Instituts der Wirtschaftsprüfer Einigkeit darüber, daß die harten Patronatserklärungen als Eventualverbindlichkeit in der *Höhe des Betrags der zu sichernden Verbindlichkeit* unter der Bilanz ausgewiesen werden müssen.[79]

Dagegen wird bezüglich der Patronatserklärung an die Allgemeinheit die Auffassung vertreten, daß diese nicht unter der Bilanz ausgewiesen werden muß bzw. kann, weil das durch die Erklärung begründete Haftungsrisiko der Höhe nach nicht bezifferbar ist, ein Bilanzausweis aber die Angabe einer Haftsumme voraussetzt.[80] Die Muttergesellschaft hat aber ein hohes Interesse daran, das Volumen der in der Bilanz auszuweisenden Verbindlichkeiten gering zu halten. Hierbei spielen zum einen bilanzoptische Gründe eine Rolle, ein hoher Bestand an Verbindlichkeiten wirkt sich nämlich ungünstig auf die eigene Kreditwürdigkeit aus. Zum anderen ist das Interesse, den Ausweis von Verbindlichkeiten in der Bilanz zu vermeiden, immer dann von wesentlicher Bedeutung, wenn die Muttergesellschaft bestimmte Bilanzrelationen einhalten muß.[81] Das gilt in besonderem Maße für den Bankkonzern, weil die Mutterbank bankaufsichtsrechtlich gezwungen ist, ein bestimmtes Verhältnis zwischen Eigenkapital und Geschäftsvolumen einzuhalten.[82]

Mit anderen Worten geht es der Mutterbank primär darum, durch die Abgabe einer nicht bezifferbaren und damit durch die Bilanz nicht erfaßbaren Patronatserklärung bankaufsichtrechtlichen Vorschriften zu entgehen, insbesondere die Einengung ihrer eigenen Geschäftstätigkeit zu vermeiden.[83] Da sich in den letzten Jahren die Anfragen bei den Mutterbanken nach in-

---

[79] Stellungnahme des HFA des IdW 2/ 76, WPg, 1976, 528 ff.

[80] *Claussen*, Kölner Kommentar z. AktG, § 251HGB Rdnr. 13. Dazu noch ausführlich im 6. Teil der Arbeit.

[81] *Mosch*, Patronatserklärungen deutscher Konzernmuttergesellschaften, S.4 f.; *Fischer / Schaffland*, GenForum 2/ 76 S. 36.; *Bordt*, WPg 1976, 286.

[82] Zu den bankaufsichtsrechtlichen Aspekten ausführlich im 8. Teil dieser Arbeit.

[83] *Zeitler*, Internationales Bankgeschäft als Problem der Bankenaufsicht, S. 98.

dividuellen Patronatserklärungen gehäuft haben[84], hat man aufgrund der genannten Vorteile Patronatserklärungen in die Geschäftsberichte aufgenommen und verweist nun bei entsprechender Anfrage der Kunden auf diese Erklärungen.

[84] So die Auskunft von den verantwortlichen Mitarbeitern der Großbanken.

Zweiter Teil: Verpflichtungsgehalt von Patronatserklärungen ad incertas personas

Die Frage nach dem Verpflichtungsgehalt der Patronatserklärung an die Allgemeinheit ist von entscheidender Bedeutung. Das gilt zum einen aus der Sicht der Gläubiger, die zwangsläufig ein Interesse daran haben zu wissen, ob und in welcher Höhe sie den Patron in Anspruch nehmen können. Darüber hinaus hängt die bilanzrechtliche und bankaufsichtsrechtliche Behandlung der Erklärung davon ab, ob und in welchem Umfang die Erklärung ein Haftungsrisiko für das Mutterunternehmen begründet. Demzufolge ist die Problematik des Verpflichtungsgehaltes der Patronatserklärung ad incertas personas als wesentliche Vorfrage für den weiteren Gang der Untersuchung eingehend zu erörtern.

1. Kapitel: Leistungsinhalt harter Patronatserklärungen

Bevor geklärt werden wird, ob die in den Geschäftsberichten enthaltenen Patronatserklärungen ein rechtlich verbindliches Haftungsverhältnis begründen, soll festgestellt werden, welchen Leistungsinhalt ein solches Haftungsverhältnis hätte. Erst wenn der Leistungsinhalt bestimmt ist, kann der Frage nachgegangen werden, ob der Patron ein auf den Abschluß eines solchen Rechtsverhältnisses gerichteten Willen gehabt hat.

I. Zuordnung

Die in den Geschäftsberichten enthaltenen Erklärungen sind ihrem Inhalt nach den harten Patronatserklärungen zuzuordnen.[85] Bei harten Patronatserklärungen wird zwischen den Parteien folgende Formulierung gewählt: "Wir werden dafür Sorge tragen, daß die x – Gesellschaft bis zur vollständigen Rückzahlung des ihr gewährten Kredits finanziell so ausgestattet wird, daß sie jederzeit in der Lage ist, ihre Verbindlichkeiten aus dem Kreditverhältnis zu erfüllen"[86] An diesem Wortlaut orientieren sich die Banken. Allen in den Geschäftsberichten enthaltenen Patronatserklärungen ist folgende Formulierung gemeinsam: "tragen wir dafür Sorge,

[85] *Habersack*, ZIP 1996, 257, 258: "... handelt es sich doch bei den Erklärungen ad incertas personas regelmäßig um solche, die ihrem Inhalt nach unzweifelhaft zu den harten Patronatserklärungen zählen ...", so auch *Birck-Meyer*, Die Bankbilanz, Teillieferung II S.402; *Stecher*, "Harte" Patronatserklärungen, S. 62, Fn. 1.

[86] *Stecher*, "Harte" Patronatserklärungen, S. 62.

daß sie (die nachfolgenden Kreditinstitute) ihre Verbindlichkeiten erfüllen können." Die in den Geschäftsberichten enthaltenen Erklärungen sind also als harte Patronatserklärungen zu qualifizieren.

II. Rechtsnatur und Haftungsfolgen harter Patronatserklärungen

Über die Rechtsnatur und Haftungsfolgen harter Patronatserklärungen herrscht in Literatur und Rechtsprechung weitestgehend Übereinstimmung.[87]

1. Vertragliche Verpflichtung

Dem äußeren Anschein nach stellen Patronatserklärungen einseitige Erklärungen der Muttergesellschaft dar. Grundsätzlich, von möglichen Ausnahmen, die sich für die in den Geschäftsberichten enthaltenen Erklärungen ergeben könnten, abgesehen, begründet die Erklärung für sich noch keine Verpflichtungen; sie stellt vielmehr ein Angebot dar, welches vom Gläubiger angenommen werden muß.[88]

An der rechtlichen Verbindlichkeit solcher Erklärungen, die im Zweipersonenverhältnis abgegeben werden, bestehen keine Zweifel.[89] Dagegen spricht auch nicht die vage Formulierung, für die Ausstattung "Sorge zu tragen" oder zu "sorgen".[90] Wird hier nicht expressis verbis erklärt, man "verpflichte sich", so liegt dies an der Standardisierung von Patronatserklärungen. Wer heute eine harte Patronatserklärung abgibt, weiß, daß diese rechtlich verbindlich ist.[91]

---

[87] MünchKomm- *Habersack*, vor § 765 Rdnr. 45; Staudinger / *Horn*, vor § 765 Rdnr. 118; *Scholz / Lwowski*, Recht der Kreditsicherung, Rdnr. 424 ff.; *Michalski*, WM 1994, 1229; *Obermüller*, ZGR 1975, 1, 25.

[88] *Seiler*, Die Patronatserklärung, S.13; *Köhler*, WM 1978, 1338, 1341; *Kümpel*, Bank- und Kapitalmarktrecht, Rdnr. 6.491; *Rimmelspacher*, Kreditsicherungsrecht, Rdnr. 111.

[89] *Reinicke*, Kreditsicherung, S. 118; *Rümker*, WM 1974, 990, 991; *Mosch*, Patronatserklärungen deutscher Konzernmuttergesellschaften, S.130, 131.

[90] OLG Celle NJW 1967, 1425 f. Zu dieser Entscheidung im Zusammenhang mit der Patronatserklärung *Mosch*, Patronatserklärungen deutscher Konzernmuttergesellschaften, S.130, 131.

[91] *Stecher*, "Harte" Patronatserklärungen, S. 62, 63; *Rehbinder*, Konzernaußenrecht, S. 303; *Bordt*, WPg 1975, 289.

2. Ausstattungsverpflichtung

Harte Patronatserklärungen verpflichten den Patron, das abhängige Unternehmen mit ausreichender Liquidität auszustatten, damit dieses in die Lage versetzt wird, seine Verbindlichkeiten gegenüber den jeweiligen Gläubigern zu erfüllen.[92] Betrachtet man den Wortlaut der "klassischen", im Zweipersonenverhältnis abgegebenen harten Patronatserklärung, so ergibt sich diese *Ausstattungsverpflichtung* bereits unmittelbar aus dem entsprechenden Wortlaut der Erklärung, wenn es z. B. heißt: "Wir werden dafür Sorge tragen, daß unsere Tochtergesellschaft ... in der Weise *ausgestattet wird/ finanziell so ausgestattet wird*, daß sie stets in der Lage ist ... zu erfüllen".

Hingegen enthält der Wortlaut der in den Geschäftsberichten enthaltenen Erklärungen keinen ausdrücklichen Hinweis auf eine solche Ausstattungsverpflichtung. Hier heißt es lediglich, man werde dafür sorgen, daß die Tochtergesellschaften erfüllen können. Dennoch kann auch die Erklärung, dafür zu sorgen, daß die Tochter ihre Verbindlichkeit *erfüllen kann* ", nur im Sinne einer Ausstattungsverpflichtung verstanden werden.[93] Die Tochter *kann* ihre Verbindlichkeit nur erfüllen, wenn sie zahlungsfähig, d. h. liquide ist. So hat auch der Hauptfachausschuß des Instituts der Wirtschaftsprüfer klargestellt, daß die Zusage der Muttergesellschaft "sie werde die Tochter in die Lage versetzen, daß diese ihre Verbindlichkeiten erfüllen kann", mehr als lediglich die Zusage der Einflußnahme auf die Geschäftsführung der Tochter beinhaltet. In dieser Zusage sei vielmehr eine Erfolgsgarantie eingeschlossen, so daß derartige Erklärungen als auf Liquiditätsausstattung gerichtete Gewährleistungszusage zu werten sind.[94]

Diese Ausstattungspflicht trifft den Patron nur, wenn das patronierte Unternehmen tatsächlich zahlungsunfähig ist. Dabei ist nach der herrschenden Meinung für eine Inanspruchnahme der Muttergesellschaft nicht erforderlich, daß eine Zwangsvollstreckung gegen die kreditnehmende Tochtergesellschaft erfolglos geblieben ist. Es genügt vielmehr jeder Nachweis der

[92] Ganz h. M. BGHZ 117, 127, 130; Staudinger / *Horn* vor § 765 Rz.118; *Larenz / Canaris*, SchR II 2, § 64 V 1, S. 82; *Schröder*, ZGR 1982, 552, 555 f.

[93] *Habersack* ZIP 1996, 257, 259.

[94] Stellungnahme des HFA des IdW, WPg 1976, 528,530, unter den Ausführungen zu Grundform 3, i. d. F. von 1990, Abschnitt III (Grundform 3)

Zahlungsunfähigkeit des Kreditnehmers.[95] Dagegen haftet der Patron nicht, wenn die Tochter zwar zahlungsfähig, aber nicht zahlungswillig ist.[96]

3. Rechtsnatur der harten Patronatserklärung

a. Patronatsvertrag als Vertrag sui generis

Da der Patronatsvertrag zumindest teilweise sowohl Elemente der Bürgschaft als auch der Garantie aufweist, wird er auch als *bürgschaftsähnlicher* oder *garantieähnlicher* Vertrag qualifiziert.[97]

Für die Bezeichnung als bürgschaftsähnlicher Vertrag spricht, daß die Patronatserklärung zumindest eine gewisse Teilakzessorietät aufweist.[98] Besteht die Hauptschuld nicht, so entfällt grundsätzlich auch die Leistungspflicht des Patrons.[99] Während aber die Bürgschaft dem Gläubiger einen Anspruch auf Leistung an sich selbst gewährt, begründet der Patronatsvertrag gerade keinen *direkten Zahlungsanspruch* gegen den Patron. Der Gläubiger kann lediglich die Ausstattung zugunsten der Tochter verlangen.[100]

Andere betonen, daß die Patronatserklärung am stärksten mit der Garantie verwandt sei, da ein bestimmter Erfolg, nämlich die zukünftige finanzielle Leistungsfähigkeit der Tochtergesellschaft, gewährleistet wird.[101] Während

---

95 BGH WM 1982, 600, 601; *Jander / Hess,* RIW 1995, 730, 732; *Schraepler,* ZKW 1975, 215, 216; *Köhler,* WM 1978, 1338, 1346.

96 OLG Düsseldorf NJW- RR 1989,1116,1117; *Köhler,* WM 1978, 1338, 1344; *Gerth,* Atypische Kreditsicherheiten, S.95; *Rümker,* WM 1974, 990, 991.

97 Bürgschaftsähnlich: *Larenz / Canaris*, SchR II 2, § 64 V1b, S. 82, 83; *Küffner*, DStR 1996, 146, 149. Garantieähnlich: *Rümker* WM 1974, 990, 991; *Bordt,* WPg 1975, 285, 289; *Fischer / Schaffland,* GenForum 2/ 76, 36, 38.

98 Es kann nur von einer Teilakzessorietät gesprochen werden, weil die Ausstattungsverpflichtung ihrem Umfang nach nicht von der Verbindlichkeit abhängig ist, sie kann vielmehr höher oder geringer sein. *Stecher*, "Harte" Patronatserklärungen, S.69; *Obermüller*, ZGR 1975, 1, 26.

99 MünchKomm - *Habersack* vor § 765 Rdnr. 46; *Larenz / Canaris,* Schuldrecht II 2, § 64V1b.; *Küffner* DStR 1996,146, 149; *Mosch,* Patronatserklärungen deutscher Konzernmuttergesellschaften, S. 132.

100 Ganz h. M.; vgl. BGHZ 117,127, 130; MünchKomm – *Habersack,* vor § 765 Rdnr. 45; *Michalski,* WM 1994, 1229, 1236; *Claussen,* Bank- und Börsenrecht, § 8 Rdnr. 147; *Schaffland,* BB 1977, 1021, 1023.

101 *Rümker*, WM 1994, 990, 991; *Bordt,* WPg 1975, 285, 289; *Fischer / Schaffland,* GenForum 2/ 76, 36, 38.

die Garantie aber gerade durch die Abstraktheit der Garantieverpflichtung von der zugrunde liegenden Forderung gekennzeichnet ist, fehlt der Patronatsverpflichtung genau diese Selbständigkeit. Das Bestehen der Patronatsverpflichtung setzt nämlich, wie bereits betont wurde, das Bestehen der Hauptschuld voraus.[102]
Im Ergebnis unterscheidet sich der Patronatsvertrag so wesentlich von den klassischen Sicherungsmitteln, daß er mit der herrschenden Meinung als *Vertrag sui generis* zu qualifizieren ist.[103]

b. Anspruchsinhaber

Der Patronatsvertrag berechtigt den Gläubiger die Ausstattung der Tochtergesellschaft zu verlangen. Die Tochter selbst hat keinen eigenen Leistungsanspruch. Sie wird vielmehr lediglich reflexartig begünstigt.[104] Der Patronatsvertrag ist folglich kein Vertrag zugunsten Dritter gem. § 328 Abs. 1 BGB. Das ergibt sich entsprechend der Auslegungsregel des § 328 Abs. 2 BGB, wonach entscheidend auf den Vertragszweck abzustellen ist. Bei dem Patronatsvertrag handelt es sich um ein Sicherungsgeschäft. Den Vertragsschließenden geht es nicht darum, für die Tochter einen Ausstattungsanspruch zu begründen, vielmehr geht es allein um die Sicherung des Rückzahlungsanspruchs und damit um die Stärkung der Rechtsstellung des Gläubigers.[105]

Zusammenfassend läßt sich sagen, daß es sich bei dem Patronatsvertrag um einen einseitig verpflichtenden Vertrag sui generis handelt, bei dem die Ausstattungsverpflichtung als unechter Vertrag zu Gunsten Dritter ausgestaltet ist.

---

[102] Eingehend zur Abgrenzung der Patronatserklärung zur Garantie: *Stecher*, "Harte" Patronatserklärungen, S.70 ff. Zur Abgrenzung von anderen Sicherungsmitteln vgl.; BGH WM 1962, 576, 577; *Kohout,* Patronatserklärungen, S. 104.

[103] *Michalski,* WM 1994, 1229, 1238 f.; *Kohout,* Patronatserklärungen, S.111; *Claussen,* Bank- und Börsenrecht, § 8 Rdnr.147; *Mosch*, Die Patronatserklärung deutscher Konzernmuttergesellschaften, S. 133; *Stecher,* "Harte" Patronatserklärungen, S.74.

[104] MünchKomm- *Habersack,* vor § 765 Rdnr.46; ders. in ZIP 1996, 257, 258; *Obermüller,* ZGR 1975, 1, 27; *Rümker,* WM 1974, 990, 991.

[105] *Habersack,* ZIP 1996, 257, 258.

4. Die Erfüllung des Patronatsvertages

a. Ausstattungsmodalitäten

Die Muttergesellschaft kann frei bestimmen, wie sie die Verpflichtung, die Liquidität der Tochter zu sichern, erfüllen wird. Sie kann der Tochtergesellschaft im Wege der Barausstattung die finanziellen Mittel zur Verfügung stellen, die diese zur Erfüllung der Verbindlichkeit benötigt. Darüber hinaus besteht die Möglichkeit, das Eigenkapital der Tochtergesellschaft zu erhöhen.[106] Es ist insbesondere nicht erforderlich, daß die Konzernmutter die Mittel selbst aufbringt, sie kann auch konzernfremde Dritte oder ein anderes Konzernunternehmen veranlassen, der Tochtergesellschaft freie Mittel auf Darlehensbasis zur Verfügung zu stellen.[107] Gerade weil die Patronatserklärung diese Vielzahl an Modalitäten der Erfüllung bietet, ist sie für den Patron als Sicherungsmittel vorteilhaft.

b. Weiterleitungsrisiko und Ersetzungsbefugnis des Patrons

Die Muttergesellschaft hat die Austattungsverpflichtung nicht schon durch Ausstattung der Tochter mit Mitteln in Höhe der bestehenden Verbindlichkeit erfüllt. Verwendet die Tochter die durch die Mutter zur Verfügung gestellten Mittel zur Befriedigung anderer Gläubiger oder werden diese Mittel durch dritte Gläubiger gepfändet, wird evident, daß die finanzielle Ausstattung zur Erfüllung ihrer Verbindlichkeiten gegenüber dem Gläubiger gerade nicht ausreicht. Erfüllung tritt folglich erst in dem Moment ein, in dem die Tochter auch tatsächlich ihre Verbindlichkeit gegenüber dem Gläubiger erfüllt. Der Patron trägt damit das sogenannte *"Weiterleitungsrisiko"* bezüglich der zur Verfügung gestellten Mittel.[108]

Dem Weiterleitungsrisiko kann der Patron dadurch begegnen, daß er die Schuld unmittelbar durch Direktleistung an den Gläubiger erfüllt. Nach der

---

106 *Fischer/ Schaffland,* GenForum 2/ 76, 36, 37; *Schröder,* ZGR 1982, 552, 558 f.; Eingehend zur Erfüllung durch Kapitalerhöhung: *Stecher,* "Harte" Patronatserklärungen, S 82 ff.; *Reinicke,* Kreditsicherung, S. 119.

107 *Bordt,* WPg 1975, 285, 289; *Fischer/ Schaffland* GenForum 2/ 76, 36, 37.

108 *Larenz / Canaris,* SchR II 2 § 64 V1, S. 82; *Rümker,* WM 1974, 990, 991; *Graf v. Westphalen,* Exportfinanzierung, S.394; zur konzernrechtlichen Einwirkungsmöglichkeit des Mutterkonzerns, die Tochter zur Zahlung anzuhalten (z. B. im Fall eines Beherrschungsvertrages das Weisungsrecht gem. § 308 Abs. 1 S.1 AktG) vgl. *Köhler* WM 1978, 1338, 1348.

h. L. ist der Patron dazu als "Dritter" gem. § 267 Abs. 1 BGB berechtigt.[109] Dem steht nicht entgegen, daß der Patron mit der Zahlung auch seine eigene Verbindlichkeit aus dem Patronatsvertrag erfüllt. Dritter i. S. d. § 267 BGB ist vielmehr auch derjenige, der gleichzeitig mit der Erfüllung einer eigenen Verbindlichkeit eine fremde erfüllen möchte.[110] Der Widerspruch der Tochtergesellschaft begründet in diesem Fall kein Ablehnungsrecht des Gläubigers gem. § 267 Abs. 2 BGB, weil dieses gem. § 157 BGB zwischen den Parteien als abgedungen gilt.[111] Die Gegenansicht versteht die Direktzahlung nicht als einen Fall von § 267 Abs. 2 BGB, sondern als Ausübung einer Ersetzungsbefugnis des Patrons.[112]

Beide Ansichten berücksichtigen im Ergebnis, daß der Patronatsvertrag u. a. vereinbart wird, um dem Patron einen möglichst großen Spielraum in den Modalitäten der Erfüllung zu gewähren. Ein Ablehnungsrecht des Gläubigers wäre mit diesem Zweck nicht vereinbar. In dogmatischer Hinsicht erscheint es jedoch überzeugender, eine Ersetzungsbefugnis des Patrons anzunehmen. Eine Ersetzungsbefugnis liegt nämlich immer dann vor, wenn die Schuld von Anfang an einen bestimmten Leistungsinhalt hat, der Schuldner nach dem Willen der Parteien aber berechtigt ist, anstelle der an sich geschuldeten Leistung eine andere Leistung an Erfüllungsstatt zu erbringen.[113] Soll die Auslegung des Vertrages ergeben, daß das Ablehnungsrecht gemäß § 267 Abs. 2 BGB nicht bestehen soll, dann haben die Parteien mit anderen Worten vereinbart, daß der Patron statt der ursprünglich geschuldeten Ausstattung der Tochter die Verbindlichkeit auch im Wege der Direktleistung erfüllen kann. Eine solche Vereinbarung stellt eine Ersetzungsbefugnis dar.[114]

---

[109] *Mosch,* Patronatserklärungen deutscher Konzernmuttergesellschaften, S.136; Staudinger / *Horn,* vor. § 765 Rdnr.118; *Rümker,* WM 1974, 990, 992; *Stecher,* "Harte" Patronatserklärungen, S.119.

[110] BGH NJW 1964, 1898, 1899; 1974, 1132, 1133.

[111] *Rimmelspacher,* Kreditsicherungsrecht, Rdnr.115 .

[112] MünchKomm- *Habersack,* § 765 Rdnr. 45; *Larenz / Canaris,* SchR II 2, § 64 V 1, S. 82.; *Rümker,* WM 1974, 990, 992, hält die Mutter unabhängig von ihrer Drittleistungsbefugnis nach § 267 BGB, nach dem Grundsatz von Treu und Glauben zu einer Direktzahlung berechtigt.

[113] Palandt/ *Heinrichs* § 262 Rdnr. 7.

[114] Im Ergebnis so auch *Habersack,* ZIP 1996, 257, 258; ders. in MünchKomm, vor § 765 Rdnr. 45; *Larenz / Canaris,* SchR II 2 § 64 V1, S. 82; *Küffner,* DStR 1996, 146, 148.

5. Schadensersatzanspruch wegen Verzug

Bei nicht rechtzeitiger Erfüllung der Ausstattungsverpflichtung durch die Muttergesellschaft hat der Gläubiger einen Anspruch auf Ersatz des Verzugsschadens gem. § 286 BGB. Die Ausstattungsverpflichtung wird in dem Moment fällig, in dem die Muttergesellschaft spätestens leisten muß, damit die Tochtergesellschaft ihrerseits die Verbindlichkeit gegenüber dem Gläubiger pünktlich erfüllen kann.[115] Der Verzugsschaden umfaßt als gesetzlicher Mindestschaden gem. § 288 Abs. 1 S. 1 i. v. m § 352 HGB 5 % Verzugszinsen ab Fälligkeit.[116]

6. Ansprüche im Konkurs

Im Konkurs der Tochtergesellschaft wandelt sich der Anspruch auf Ausstattung in einen unmittelbaren Zahlungsanspruch des Gläubigers gegen das herrschende Unternehmen.[117] Die Rechtsprechung[118] und die herrschende Lehre[119] stützen diesen Anspruch auf § 280 Abs. I BGB. Das herrschende Unternehmen habe seine Ausstattungspflicht aus dem Patronatsvertrag in diesem Fall verletzt. Nach Eröffnung des Konkursverfahrens sei die vertragsgemäße Abwicklung des Kredits nun unmöglich geworden.[120]

Die Gegenansicht wendet gegen diesen Lösungsweg ein, daß eine Unmöglichkeit der Leistung gem. § 280 Abs. 1 BGB im konkreten Fall nicht vorläge. Zudem habe der Patron die (angebliche) Unmöglichkeit nicht immer zwangsläufig zu vertreten, z. B. wenn die Forderung des Gläubigers zu

[115] *Scholz / Lwowski*, Das Recht der Kreditsicherung, Rdnr. 424.; *Obermüller*, ZGR 1975, 1,28; *Mosch*, Patronatserklärungen deutscher Konzernmuttergesellschaften, S. 138 f.

[116] Zum Verzugsschaden, *Gerth*, Atypische Kreditsicherheiten, S.154; *Mosch*, Patronats-erklärungen deutscher Konzernmuttergesellschaften, S. 139.

[117] Die Patronatserklärung behält im Konkurs der Tochter ihre Wirksamkeit, sie ist nicht anfechtbar. Die Anfechtungstatbestände beziehen sich nämlich auf Rechtshandlungen, die der Gemeinschuldner vorgenommen hat. Vgl. *Obermüller*, Ersatzsicherheiten im Kreditgeschäft, Rdnr. 52.

[118] BGHZ 117, 127, 133; OLG Düsseldorf NJW- RR 1989, 1116, 1117

[119] *Michalski*, WM 1994, 1229, 1234; *Schneider*, ZIP 1989, 619, 622; *Obermüller*, ZGR 1975, 1, 29; gegen eine Pflicht zur Direktzahlung auch im Konkurs der Tochtergesellschaft – *Rimmelspacher*, Kreditsicherungsrecht, Rdnr. 117.

[120] *Mosch*, Patronatserklärungen deutscher Konzernmuttergesellschaften, S.140; *Obermüller*, ZGR 1975, 1, 29.

diesem Zeitpunkt noch gar nicht fällig war.[121] Dem ist zuzustimmen. Der Patron ist nämlich im Konkurs der Tochtergesellschaft sehr wohl in der Lage, das Unternehmen mit der erforderlichen Liquidität auszustatten. Diese Ausstattung kann z. B. durch Zahlungen auf ein konkursfreies Treuhandkonto erfolgen.[122] Unmöglichkeit tritt vielmehr nur ein, wenn die Tochtergesellschaft als juristische Person zu existieren aufgehört hat. Die Rechtspersönlichkeit einer Kapitalgesellschaft endet aber nicht mit ihrer Auflösung, wie sie gem. § 262 Abs. 1 Nr. 3 AktG durch Eröffnung des Konkursverfahrens bewirkt wird, sondern erst mit Beendigung der Abwicklung. Die Pflicht zur Direktzahlung im Konkurs folgt vielmehr aus einer entsprechenden Vertragsauslegung gem. § 157 BGB. Die Zuführung finanzieller Mittel an ein im Konkurs befindliches Tochterunternehmen ist nämlich weder aus der Sicht des Patrons noch aus der Sicht des Gläubigers sinnvoll.[123] Insbesondere wird der Patron nicht das Risiko eingehen, daß die zur Verfügung gestellten Mittel zur Befriedigung anderer Gläubiger verwendet werden.

Bezüglich des Umfangs der Haftung wird angenommen, daß der Patron grundsätzlich in voller Höhe der Verbindlichkeit der Tochtergesellschaft haftet.[124] Das gilt selbst dann, wenn er nur einen Teil der Geschäftsanteile der Tochtergesellschaft hält. Soll etwas anderes gelten, muß dies ausdrücklich aus der vereinbarten Patronatserklärung hervorgehen.[125] So enthält beispielsweise die Patronatserklärung im Geschäftsbericht der Dresdner Bank die Einschränkung: "trägt die Dresdner Bank ... im Rahmen ihrer Anteilsquote dafür Sorge, daß diese ihre Verbindlichkeiten erfüllen können."[126]

Patron und Tochtergesellschaft haften darüber hinaus nicht nacheinander, sondern gleichrangig nebeneinander.[127] Zur Begründung verweist der BGH auf die Vergleichbarkeit der harten Patronatserklärung mit der Bürgschaft

[121] MünchKomm – *Habersack*, vor § 765 Rdnr. 47 (siehe dort auch Fn. 143); *Larenz / Canaris*, SchR II 2 § 64 V 1c, S. 83; *Küffner*, DStR 1996, 146, 149.
[122] *Larenz / Canaris*, SchR II 2, § 64 V 1c, S. 83; *Schröder*, ZGR 1982, 552, 561.
[123] *Larenz / Canaris*, SchuldR II 2, § 64V1c, S. 83; *Küffner*, DStR 1996, 146, 149.
[124] BGHZ 117, 127, 133; BGH NJW 1992, 2093, 2095; OLG Stuttgart WM 1985, 455.
[125] *Jährig / Schuck*, Handbuch des Kreditgeschäfts, S. 645.
[126] Geschäftsbericht der Dresdner Bank 1996, S. 88 (vgl. Anhang I.); *Obermüller*, Ersatzsicherheiten im Kreditgeschäft, Rdnr. 94; *Jährig / Schuck*, Handbuch des Kreditgeschäftes, S. 645, 646.
[127] BGHZ 117, 127, 132 f; BGH NJW 1992, 2093, 2095; OLG Stuttgart WM 1985, 455; MünchKomm- *Habersack*, vor § 765 Rdnr. 47; *Küffner*, DStR 1996, 146,149; *Jander / Hess*, RIW 1995, 730, 733.

und der Garantie. Beide rechtliche Instrumente begründen im Konkurs des Schuldners grundsätzlich eine gleichrangige Haftung, so daß auch der Patron gleichrangig neben der Tochtergesellschaft auf Schadensersatz in voller Höhe haftet.[128] Fällt auch der Patron in Konkurs, so ist demzufolge § 68 KO analog anzuwenden. Der Gläubiger kann somit seine Kreditforderung gegen die Tochtergesellschaft und die Forderung aus der Patronatserklärung gegen die Muttergesellschaft in voller Höhe in den Insolvenzverfahren anmelden. Er ist nicht auf den Betrag des Ausfalls der Forderung bei der Tochtergesellschaft beschränkt.[129]

III. Gerichtliche Durchsetzbarkeit des Ausstattungsanspruchs

1. Erfüllungsklage

Wie bereits erörtert wurde, kann der Patron seine Verpflichtung, die Liquidität der Tochtergesellschaft zu sichern, auf verschiedene Weise erfüllen. Teilweise wurde der Anspruch des Gläubigers aus dem Patronatsvertrag deshalb als ein inhaltlich unbestimmter und damit unklagbarer Anspruch bezeichnet.[130] Damit würde die Patronatserklärung materiell rechtlich zwar einen Anspruch aus Ausstattung der Tochtergesellschaft begründen, dieser Anspruch wäre prozessual aber nicht durchsetzbar. Ein solches Ergebnis erscheint im Hinblick auf die Aufgabe des Prozeßrechts, der Durchsetzung von materiellrechtlich bestehenden Ansprüchen zu dienen, nicht befriedigend.

Nach der Gegenansicht ist der Erfüllungsanspruch auf Kapitalausstattung dagegen gerichtlich durchsetzbar.[131] Dem ist zuzustimmen. Eine Klage gegen den Patron nach § 253 Abs. 2 Nr. 2 ZPO ist insbesondere nicht zu unbestimmt, weil sie die Modalitäten der Anspruchserfüllung offenläßt. Die Angabe, welche konkrete Maßnahme der Beklagte zu ergreifen hat, ist im

---

[128] Für die Bürgschaft ergibt sich dies aus § 773 Nr. 3 BGB.

[129] BGHZ 117, 127, 132 f; BGH NJW 1992, 2093, 2095; MünchKomm- *Habersack* vor § 765 Rdnr. 47; *Küffner,* DStR 1996, 146, 149; *Obermüller*, Ersatzsicherheiten im Kreditgeschäft, Rdnr. 53.

[130] *Köhler*, WM 1978, 1344 ff.; *Kohout*, Patronatserklärungen, S. 180 ff.; *Gerth*, Atypische Kreditsicherheiten, S. 96, 97. Das Problem stellt sich hingegen nicht, wenn das Tochterunternehmen bereits in Konkurs gegangen ist, weil dann nach einhelliger Meinung ein direkter Zahlungsanspruch gegen den Patron besteht. Vgl. dazu bereits die Ausführungen auf S. 30 dieser Arbeit.

[131] *Schröder*, ZGR 1982, 559 f.; *Rimmelspacher*, Kreditsicherungsrecht,Rdnr. 116; *Küffner,* DStR 1996, 146, 148.

Rahmen des § 253 Abs. 2 Nr. 2 ZPO nicht zwingend erforderlich. Dem Bestimmtheitserfordernis ist vielmehr auch dann genügt, wenn der Klageantrag den Umfang des Prozeßrisikos und das Ausmaß der Zwangsvollstreckung für den Beklagten überschaubar fixiert. Das kann durch die Angabe der Forderung, zu deren Erfüllung die begehrte Ausstattung der Tochtergesellschaft dienen soll, erreicht werden.[132] Der Gläubiger kann folglich gegen den Patron auf Ausstattung der Tochtergesellschaft in Höhe der fälligen Kreditschuld klagen.

2. Zwangsvollstreckung

Ist der Patron zur Ausstattung der Tochter verurteilt und kommt er seiner Verpflichtung nicht nach, kann der Gläubiger gegen den Patron die Zwangsvollstreckung betreiben. Weil der Patron die Verpflichtung zur Ausstattung der Tochtergesellschaft auf unterschiedliche Weise erfüllen kann, vollzieht sich die Zwangsvollstreckung nach § 887 ZPO in Form der Zwangsvollstreckung zur Erwirkung vertretbarer Handlungen.[133] Der Gläubiger kann sich vom Gericht zur Ersatzvornahme auf Kosten des Patrons ermächtigen lassen. Dabei wird er zweckmäßigerweise der Tochtergesellschaft die Schuld erlassen und die für ihn dadurch entstandenen Kosten, also den Betrag der Forderung gegen das Tochterunternehmen, vom Patron ersetzt verlangen.[134] Der Gläubiger kann gem. § 887 Abs. 2 ZPO mit dem Ermächtigungsantrag auch zugleich beantragen, den Patron zu einer Vorauszahlung der Kosten zu verurteilen.[135] Im Ergebnis wird also im Rahmen der Zwangsvollstreckung die Ausstattungspflicht der Muttergesellschaft zu einer Zahlungspflicht.[136] Materiellrechtlich bleibt es dabei, daß der Patron bis zum Erlöschen seiner Schuld die Ausstattung auf jede ihm genehme Weise herbeiführen kann.

---

[132] *Rimmelspacher*, Kreditsicherungsrecht, Rdnr. 116.

[133] *Rimmelspacher*, Kreditsicherungsrecht, Rdnr.111; *Schröder*, ZGR 1982, 555, 559. *Michalski*, WM 1994, 1229, 1240.

[134] *Schröder*, ZGR 1982, 555, 560, der in diesem Zusammenhang den Vergleich zieht mit dem Klageantrag auf Befreiung von einer Schuld durch einen Dritten.

[135] *Reinicke*, Kreditsicherung, S.119, 120.

[136] *Schröder*, ZGR 1982, 555, 560; *Michalski*, WM 1994,1229,140.

2. Kapitel: Der rechtsgeschäftliche Charakter der in den Geschäftsberichten enthaltenen Patronatserklärungen

Im vorangehenden Kapitel wurde aufgezeigt, welchen Leistungsinhalt ein Haftungsverhältnis hätte, wenn es durch die Patronatserklärung an die Allgemeinheit begründet würde. Im folgenden ist nun zu untersuchen, inwieweit durch die Patronatserklärung ein Haftungsverhältnis diesen Inhalts zwischen den Parteien begründet wird. Dabei ist zunächst zu klären, ob die in den Geschäftsberichten der Banken enthaltene Patronatserklärung eine Willenserklärung des Patrons zur Begründung einer Ausstattungsverpflichtung darstellt.

I. Problemstellung

Gibt der Patron gegenüber einem konkreten Gläubiger eine inhaltlich den harten Patronatserklärungen zuzuordnende Erklärung ab, so begründet er damit unzweifelhaft eine Leistungsverpflichtung. Erklärt jemand jedoch gegenüber einer *unbestimmten Zahl von Gläubigern*, dafür zu sorgen, daß die jeweilige Tochter- oder Beteiligungsgesellschaft ihre Verbindlichkeiten erfüllen kann, stellt sich die Frage, ob einer solchen Erklärung überhaupt rechtliche Relevanz zukommt. Zweifel drängen sich insoweit auf, als es zunächst unwahrscheinlich erscheint, daß sich jemand gegenüber einem unbestimmten, unüberschaubaren Kreis von Personen in rechtlich verbindlicher Weise verpflichten will. So scheint es auf den ersten Blick näher zu liegen, daß sich der Patron mit der in den Geschäftsberichten enthaltenen Patronatserklärung an die Allgemeinheit wendet, um diese *unverbindlich* über die bestehende Geschäftspolitik zu informieren, daß man Tochtergesellschaften im Bedarfsfall nicht fallen lassen werde. Es ist also zu klären, ob die in den Geschäftsberichten enthaltenen Patronatserklärungen rechtsverbindlichen Charakter oder den Charakter einer unverbindlichen Absichts- und Bemühenserklärung haben.

II. Meinungsstand

Teilweise wird der Patronatserklärung an die Allgemeinheit der rechtsgeschäftliche Charakter abgesprochen. So wird in der Literatur zum einen die Ansicht vertreten, daß Patronatserklärungen, die sich nicht an eine bestimmte Person richten, sondern gegenüber der Öffentlichkeit abgegeben werden, schon begrifflich nicht den Willenserklärungen zugeordnet werden könnten.[137] Zur Begründung wird ausgeführt, daß die Annahmen, eine Patronatserklärung an die Öffentlichkeit sei als Vertragsangebot an jedermann zu verstehen, die Figur der Willenserklärung und des Vertrages überdehnen würde.[138]

Auch *Canaris* lehnt eine rechtsgeschäftliche Haftung aus der Patronatserklärung an die Allgemeinheit ab. Zur Begründung führt er an, es könne nicht angenommen werden, daß der Patron sich gegenüber einer unbestimmten Vielzahl von Personen im voraus binden und damit vertraglich das Risiko aus allen zukünftigen, ihm noch unbekannten Kreditgeschäften seiner Töchter übernehmen wolle.[139]

Das überwiegende Schrifttum nimmt demgegenüber an, es handele sich bei der Patronatserklärung in den Geschäftsberichten um rechtlich verbindliche Erklärungen.[140]

Die Rechtsprechung hatte bisher noch keine Gelegenheit, zu den in den Geschäftsberichten der Banken enthaltenen Patronatserklärungen Stellung zu nehmen.[141]

---

[137] *Lutter* ZGR 1982, 244, 255 für Patronatserklärungen gegenüber Behörden, Regierung und Presse.

[138] *Lutter* ZGR 1982, 244, 255, 256, weil eine solche Erklärung aber nicht ohne rechtliche Folge bleiben dürfe, sei die Haftungsgrundlage in der Verletzung des veranlaßten Vertrauens zu sehen. Vgl. allgemein zur Vertrauenshaftung aufgrund des Versprechens, für die Schulden eines anderen einstehen zu wollen: *Stoll*, in Festschrift für Flume, S. 741, 758; *Canaris,* Die Vertrauenshaftung im deutschen Privatrecht, S. 364 f.

[139] *Larenz / Canaris*, SchR II 2, § 64 V 2 d, S. 84.

[140] *Schneider,* ZIP 1989, 619, 623 f.; *Habersack,* ZIP 1996, 257, 259 f.; *Wagner,* Die internationale Tätigkeit der Banken, S.29; Palandt / *Heinrichs,* § 145 Rdnr. 8; *Müller*, ZGR 1977, 1, 29; *Hachenburg / Barz*, GmbHG § 13 Anh. II Rdnr. 50.

[141] In der Entscheidung des LG Frankfurt a. M. abgedruckt in AG 1977, 321 f. ging es um Patronatserklärungen gegenüber dem Präsidenten der Schweizer Bankenkommission und ausländischen Regierungsvertretern. Siehe dazu noch im folgenden. Zu einer ähnlichen Problematik auch LG Frankfurt a. M NJW 1995, 2641 bezüglich der Erklärung des Vorstandssprechers der Deutschen Bank im Zusammenhang mit dem Konkurs der Unternehmensgruppe Dr. Jürgen Schneider.

III. Rechtsbindungswille des Patrons bei Abgabe einer an die Allgemeinheit gerichteten Patronatserklärung

Maßgebliches Kriterium für die Abgrenzung zwischen Willenserklärung und unverbindlicher Absichtserklärung ist das Merkmal des Rechtsbindungswillens.[142]

Der Wille, sich rechtlich zu binden, ist ein innerer Vorgang, dessen positives Vorliegen im allgemeinen schwer feststellbar ist, zumal sich die Parteien im Regelfall nicht darüber äußern werden, ob eine rechtliche Bindung gewollt ist oder nicht.[143] Die Rechtsprechung hat deshalb im Zusammenhang mit der Abgrenzung zwischen Gefälligkeitsverhältnis und Rechtsgeschäft klargestellt, daß es bei der Beurteilung, ob ein Rechtsbindungswille vorliege oder nicht, nicht auf den nicht in Erscheinung getretenen inneren Willen des Erklärenden ankäme. Vielmehr sei zu fragen, ob der Erklärungsempfänger aus dem Handeln des Erklärenden unter den gegebenen Umständen nach Treu und Glauben mit Rücksicht auf die Verkehrssitte auf einen solchen Willen schließen dürfte.[144]

Diese Grundsätze sind bei der Frage, ob es sich bei der Patronatserklärung an die Öffentlichkeit um eine von einem Rechtsbindungswillen des Patrons getragene Willenserklärung handelt, heranzuziehen.[145] Ob die in den Geschäftsberichten enthaltenen Patronatserklärungen rechtlich verbindlich sind, ist demnach nach objektiven Kriterien aus der Sicht des Erklärungsempfängers zu entscheiden. Dabei ist die Erklärung gem. §§ 133, 157 BGB auszulegen, wobei sämtliche Umstände sowie die beiderseitigen Interessen zu berücksichtigen sind.[146]

---

[142] *Pawlowski*, AT des BGB, Rdnr. 4765; *Medicus*, AT des BGB, § 18 Rdnr. 191; *Hübner*, AT des BGB, Rdnr. 695; Soergel / *Wolf*, vor § 145 Rdnr. 77; MünchKomm – *Kramer*, Einleitung zu § 241 Rdnr. 28 ff; Erman / *Werner*, vor § 241 Rdnr. 33 f.

[143] *Medicus*, AT des BGB, § 18 Rdnr. 191; *Flume*, AT II, § 7, 5- 7, S. 86; *Willoweit*, JuS 1984, 909, 914.

[144] BGHZ 21, 102, 106 f.; BGHZ 88, 373, 382; BGH NJW 1985, 313; 1992, 498, OLG Köln NJW 1992, 1497; zur Rechtsprechung zum Gefälligkeitsverhältnis *Willoweit*, JuS 1996, 96 f.

[145] *Habersack*, ZIP 1996, 257, 260; *Schneider* ZIP 1989, 624.

[146] Palandt / *Heinrichs*, § 133 Rdnr. 3; *Willoweit*, JuS 1986, 909, 914; Staudinger / *Schmidt*, Einl zu § § 241 ff., Rdnr. 228; Staudinger/ *Dilcher*, Vorbem 10 zu § § 145 ff., mwN.

IV. Die Auslegung von an die Allgemeinheit gerichteten Erklärungen

Bei der Auslegung ist zu berücksichtigen, daß sich die Erklärung nicht an eine konkrete Person richtet, sondern eine Vielzahl von Gläubigern Empfänger der Erklärung ist. Bei Individualabsprachen besteht zwischen den einzelnen Beteiligten eine konkrete Verbindung, deren wirtschaftliche und rechtliche Besonderheit bei der Auslegung zu berücksichtigen ist. Bei Erklärungen gegenüber einer Vielzahl von Personen könnte das dazu führen, daß sich für jeden einzelnen ein unterschiedliches Auslegungsergebnis, abhängig von der konkreten Situation, ergeben könnte. Gründe der Rechtssicherheit verbieten es jedoch, den Rechtsbindungswillen einer einheitlichen Erklärung aufzuspalten und zu dem Ergebnis zu kommen, daß ein und dieselbe Erklärung einmal als rechtsverbindlich und einmal als unverbindlich zu bewerten ist.[147] Deshalb muß eine Erklärung, auch wenn sie an eine Vielzahl von Personen gerichtet ist, einheitlich ausgelegt werden. Die zur Auslegung von Allgemeinen Geschäftsbedingungen entwickelten Grundsätze der *objektiven* und *typisierten Auslegung* sind hier zu berücksichtigen.[148] Danach ist auf die Verständnismöglichkeiten eines durchschnittlichen Beteiligten oder Angehörigen des gerade angesprochenen Personenkreises und nicht auf die Erkenntnismöglichkeit des konkreten Vertragspartners abzustellen.[149] Außer dem Text der Erklärung dürfen nur solche Umstände berücksichtigt werden, die jedermann bzw. jedem Angehörigen des angesprochenen Kreises bekannt oder erkennbar sind.[150] Umstände, die nur einzelnen Beteiligten bekannt oder erkennbar sind, müssen außer acht bleiben.

V. Die Auslegung nach dem Wortlaut der Erklärung

Für eine solche objektive Auslegung ist grundsätzlich der allgemeine Sprachgebrauch maßgeblich.[151] Soweit jedoch juristisch geprägte Formulierungen verwendet werden, sind diese grundsätzlich nach ihrem juristi-

---

[147] *Kornblum*, Jus 1981, 801, 803; *Pawlowski*, AT des BGB, Rdnr. 610 a.

[148] *Habersack*, ZIP 1996, 257, 260; *Kohout*, Patronatserklärungen, S. 46; zu den Grundsatz der objektiven Auslegung vgl. Palandt / *Heinrichs*, AGBG § 5 Rz. 7; Erman / *Hefermehl* § 5 AGBG Rdnr. 1; *Ulmer* in *Ulmer / Brandner / Hensen*, AGBG § 5 Rdnr..13 ff.; *Dreher*, AcP 89 (189) 342 ff.

[149] BGH WM 1988, 1789, 1783; WM 1990, 1367, 1368; BGHZ 107, 277; BGH NJW 1992, 2629; *Ulmer* in Ulmer / Brandner / Hensen, AGBG § 5 Rdnr. 14.

[150] BGH DB 78, 629; BGH NJW 1980, 1947; MünchKomm – *Kötz*, § 5 AGBG Rdnr. 2.

[151] *Dreher*, AcP 189 (1989) 342, 361.

schen Sprachgebrauch auszulegen.[152] So ist bei der Auslegung von Texten, die eine fachsprachliche Bedeutung haben, d. h. in dem beteiligten Verkehrskreis in einer bestimmten Weise verstanden werden, grundsätzlich diese Bedeutung maßgebend.[153]

Die Banken haben sich bei der Formulierung ihrer Erklärung an den Wortlaut von harten Patronatserklärungen gehalten. Angesichts der umfassenden Literatur und der stattgefundenen Standardisierung von Patronatserklärungen ist sich in den einschlägigen Kreisen jeder Verwender und Empfänger von harten Patronatserklärungen über deren rechtliche Verbindlichkeit im klaren. Der Verwender einer harten Patronatserklärung kann sich folglich seinem Vertragspartner gegenüber nicht darauf berufen, eine lediglich unverbindliche Erklärung abgegeben zu haben.[154] Dieses Ergebnis muß unzweifelhaft dann gelten, wenn die Patronatserklärung von Fachleuten an Fachleute gerichtet ist.[155] Die in den Geschäftsberichten enthaltenen Erklärungen werden allerdings gegenüber allen Gläubigern der einzelnen Tochtergesellschaften abgegeben. Angesprochen ist damit auch der Kleinkunde, der als juristischer Laie nicht die spezifische Bedeutung von harten Patronatserklärungen kennt. Insoweit begründet die Verwendung einer harten Patronatserklärung nicht *zwingend* die Auslegung im Sinne einer rechtsverbindlichen Erklärung. Die Wahl des Standardtextes einer "harter" Patronatserklärungen kann aber als Indiz für das Vorliegen eines Rechtsbindungswillens gewertet werden. Die Banken haben sich nach eingehender juristischer Beratung gerade für diese Formulierung entschieden.

VI. Die Auslegung unter Berücksichtigung der Bilanzierungspraxis des Patrons

Als wesentliches Indiz für das Vorliegen eines Rechtsbindungswillen wird ferner die Bilanzierung der Patronatserklärungen in den Geschäftsberichten herangezogen.[156]

---

[152] *Kümpel,* Bank- und Kapitalmarktrecht, Rdnr.2.68; *Dreher,* AcP 189 (1989) 342, 368 ff.

[153] BGH NJW- RR 1994, 1108, 1109.

[154] *Stecher,* "Harte" Patronatserklärungen, S. 63, 64; *Rehbinder,* Konzernaußenrecht, S. 330; *Schaffland* BB 1977, 1021,1022.

[155] Wie bereits festgestellt wurde, werden Patronatserklärungen im Regelfall von Konzernmuttergesellschaften gegenüber Banken abgegeben, so daß die Erklärung regelmäßig zwischen geschäftserfahrenen Vollkaufleuten (§ 1 KWG, § 6 HGB) vereinbart wird.

[156] *Habersack,* ZIP 1996, 257, 259, 260; *Schneider,* ZIP 1989, 619, 623, 624.

So findet sich beispielsweise in dem Geschäftsbericht der Dresdner Bank für das Geschäftsjahr 1996 unter dem Punkt "Verbindlichkeiten aus Bürgschaften und Gewährleistungsverträgen" ein Hinweis auf die im Anhang vorhandene Patronatserklärung.[157] Auch wenn die Patronatserklärung nicht unmittelbar als Eventualverbindlichkeit ausgewiesen wird[158], so könnte jedenfalls der unterhalb der Bilanz enthaltene Hinweis auf die Patronatserklärung für die Annahme sprechen, daß die Mutterbank der Erklärung rechtliche Relevanz beigemessen hat.[159]

Die bilanzielle Behandlung der Erklärung ist ein Umstand, der, auch wenn er nur einigen wenigen Gläubigern positiv bekannt sein wird, für jeden Angehörigen des angesprochenen Personenkreises zumindest erkennbar ist und damit im Rahmen der Auslegung der Erklärung herangezogen werden kann.[160] Fraglich erscheint aber, ob die Bilanzierungspraxis des Patrons tatsächlich für die Annahme eines Rechtsbindungswillens spricht. Das OLG Karlsruhe hat in diesem Zusammenhang die *unterbliebene Passivierung* einer zugunsten eines Gläubigers abgegebenen Patronatserklärung als deutlichen Hinweis auf das Vorliegen einer lediglich weichen und damit rechtlich unverbindlichen Patronatserklärung gesehen, sofern dem Gläubiger die Nichtpassivierung bekannt war.[161] Aus dieser Begründung wird gefolgert, daß, wenn auf der einen Seite die Nichtpassivierung gegen das Vorliegen eines Rechtsbindungswillen spräche, im Umkehrschluß der Vermerk in der Bilanz für das Vorliegen eines Rechtsbindungswillen sprechen müsse.[162]

Die Möglichkeit eines solchen Umkehrschlusses erscheint zweifelhaft. Im Bilanzrecht gilt das *Prinzip der kaufmännischen Vorsicht.* Die Vermerk- und gegebenenfalls Berichterstattungspflicht hat sich allein nach diesem Prinzip auszurichten. Dieses gebietet es, bei unklarer Rechtslage im Zwei-

---

[157] Vgl. Auszug aus der Bilanz der Dresdner Bank im Anhang zu dieser Arbeit (Anhang I).

[158] Zu den bilanzrechtlichen Aspekten noch ausführlich im 7. Teil der Arbeit.

[159] *Habersack*, ZIP 1996, 257, 260; so im Ergebnis auch *Schneider,* ZIP 1989, 619, 623, 624.

[160] Der Grundsatz der objektiven und typisierten Auslegung verbietet es hingegen, solche Umstände zu berücksichtigen, bei denen es sich um Sonderwissen eines bestimmten Gläubigers handelt. *Habersack*, ZIP 1996, 257, 260; *Ulmer* in Ulmer / Brandner / Hensen, AGBG § 5 Rdnr. 22.

[161] OLG Karlsruhe ZIP 1992,1394, 1396.

[162] *Habersack* ZIP 1996, 257, 259, 260; *Schneider,* ZIP 1989, 619, 623, 624; *Fischer / Klanten*, Bankrecht, Rdnr. 5.104.

fel eine rechtsgeschäftliche Verpflichtung anzunehmen.[163] Da bisher noch weitestgehend unklar ist, ob die Mutterbank aus den in den Geschäftsberichten enthaltenen Patronatserklärungen haften muß oder nicht, verbietet es das Vorsichtsprinzip, eine unverbindliche Erklärung anzunehmen. Die Mutterbank muß, wenn sich die Rechtslage nicht eindeutig klären läßt, im Zweifel von einer Gewährleistungsverbindlichkeit ausgehen und somit auf die Patronatserklärung hinweisen. Folglich kann aus dem Hinweis in der Bilanz nicht zwingend geschlossen werden, die Mutterbank habe ihrer Erklärung rechtliche Verbindlichkeit beigemessen. Sie hat vielmehr infolge der noch ungeklärten Rechtslage gar keine andere Möglichkeit, als auf die Erklärung hinzuweisen.

Die weite Auslegung des bilanzrechtlichen Begriffs der Verbindlichkeit verbietet es folglich, Rückschlüsse von der Bilanzierung auf den Rechtsbindungswillen zu ziehen. Andernfalls besteht die *Gefahr eines Zirkelschlusses*: Die Patronatserklärung wird vermerkt, weil Zweifel über die rechtliche Verbindlichkeit der Erklärung bestehen, aus diesem Vermerk wird dann auf den Rechtsbindungswillen des Erklärenden geschlossen, und so im Zuge des Zirkelschlusses eine Verbindlichkeit im zivilrechtlichen Sinne geschaffen.[164] Aus der Bilanzierungspraxis des Patrons können nach allem Rückschlüsse auf den Rechtsbindungswillen des Patrons gefolgert werden.

VII. Die Auslegung nach der Interessenlage

Die Auslegung hat gem. § 157 BGB so zu erfolgen, wie Treu und Glauben mit Rücksicht auf die Verkehrssitte es erfordern. Es ist ein Auslegungsergebnis zu finden, das die rechtlichen Belange und Interessen der Beteiligten berücksichtigt.[165]

1. Indizien, die gegen einen Rechtsbindungswillen sprechen könnten

Die Mutterbank gibt die Patronatserklärung gegenüber einem unbestimmten Adressatenkreis ab. Würde man von einer rechtlichen Verbindlichkeit dieser Erklärung ausgehen, würde dies dazu führen, daß die Mutterbank

[163] Stellungnahme des HFA des Idw, WPg 1976, 528, 531, 532.

[164] *Jander / Hess,* RIW 1995, 730, 735; *Ammelung / Sorocean,* RIW 1996, 668, 669, 670.

[165] MünchKomm- *Mayer/ Maly,* § 157 Rdnr. 6; Staudinger / *Roth,* § 157 Rdnr.1 f.; *Medicus,* AT des BGB, § 24 Rdnr. 319 f; *Larenz / Wolf,* AT des BGB, § 28 II 1, S. 537; *Hübner,* AT des BGB, Rdnr. 743.

gegenüber allen jetzigen und zukünftigen Gläubigern zur Haftung verpflichtet wäre. Zu fragen ist, ob nach Treu und Glauben der durchschnittliche Empfänger der Erklärung davon ausgehen darf, daß sich die Mutterbank diesem unbestimmten Personenkreis gegenüber verpflichten will.

a. Unbestimmter Adressatenkreis als zwingendes Indiz gegen die Annahme eines Rechtsbindungswillen?

Teilweise wird angenommen, daß allein die Tatsache, daß sich die Patronatserklärung an einen unbestimmten Adressatenkreis richtet, zwingend gegen das Vorliegen eines Rechtsbindungswillen spräche.[166] In diesem Sinne äußert sich auch das Landgericht Frankfurt in seiner Entscheidung vom 8.3.1977 bezüglich der Patronatserklärung der Hessischen Landesbank für die BCI.[167] Der Vorstandsvorsitzende der Hessischen Landesbank hatte gegenüber dem Chef der Schweizer Banken Kommission und ausländischen Regierungsvertretern gegenüber geäußert, man werde der Tochtergesellschaft bei Liquiditätsschwierigkeiten die erforderliche Stütze zuteil werden lassen. Das Landgericht Frankfurt betont, daß diese Erklärung keine Ansprüche für die Einleger der B. C. I. begründe. In der Urteilsbegründung wird ausgeführt, daß eine rechtsgeschäftlich verpflichtende Wirkung der Erklärung der Hessischen Landesbank bereits wegen des unbestimmten Adressatenkreises abzulehnen sei.[168]

Diese Argumentation erscheint nicht überzeugend.[169] Wenn jemand Erklärungen an die Allgemeinheit mit dem Willen, sich gegenüber all diesen Personen verpflichten zu wollen, abgibt, dann hat die Rechtsordnung keinen Grund, die Verbindlichkeit solcher Erklärungen nicht anzuerkennen. Der einzelne hat vielmehr nach dem Grundsatz der Vertragsfreiheit die Möglichkeit, sich im Wege einer sogenannten *Offerte ad incertas personas* gegenüber einer noch unbestimmten Anzahl von Personen zu verpflich-

---

166 *Lutter,* ZGR 1982, 244, 255; *Serick,* Durchgriffsprobleme bei Vertragsstörungen, S. 23.

167 LG Frankfurt AG 1977, 321 ff.

168 LG Frankfurt AG 1977, 321, 322; im Ergebnis aber überzeugend, weil sich die Erklärung hier nicht direkt an die Allgemeinheit wendete, sondern gegenüber dem Präsident der Schweizer Bankenkommission abgegeben wurde und diese nicht gem. § 328 BGB eigenständige Rechte für die Gläubiger der Tochtergesellschaft begründen sollte vgl. *Schneider*, ZIP 1989, 619, 622.

169 So auch *Kohout,* Patronatserklärungen, S. 48,49, der aus diesem Grund das Urteil des LG Frankfurt ablehnt.

ten.[170] Ein Schulbeispiel für ein derartiges Angebot sind die Warenautomaten. Ihre Aufstellung beinhaltet das Angebot an jedermann zum Abschluß eines Kaufvertrages und zur Übereignung der im Automaten enthaltenen Ware.[171] Der BGH hat darüber hinaus entschieden, daß ein in einem Prospekt enthaltenes Angebot zum Abschluß eines Gesellschaftsvertrages über eine Publikums KG, das sich an eine unbestimmte Vielzahl von Personen richtet, ein verbindliches Vertragsangebot darstellt.[172] Im Ergebnis kann der Rechtsbindungswillen nicht mit dem pauschalen Hinweis auf den unbestimmten Adressatenkreis abgelehnt werden.

b. Erklärung an das Publikum als Indiz für die Annahme einer invitatio ad offerendum

Vielfach wird es jedoch bei Erklärungen an das Publikum am Rechtsbindungswillen des Erklärenden fehlen. Kraft Verkehrssitte sind diese Erklärungen teilweise nur als invitatio ad offerendum, d. h. als Aufforderung zur Abgabe von Vertragsangeboten aufzufassen. Der Erklärende will den potentiellen Vertragspartnern lediglich seine eigene Vertragsbereitschaft signalisieren. Die Annahme einer invitatio ad offerendum berücksichtigt, daß es jemanden, der sich an ein breites Publikum wendet, vorbehalten bleiben muß, die eigene Leistungsfähigkeit und die Zahlungsfähigkeit des Vertragspartners zu prüfen, bevor er sich zu einem endgültigen Vertragsabschluß entscheidet.[173]

---

170 Die Offerte ad incertas personas ist heute nach einhelliger Ansicht zulässig: Staudinger / *Bork*, § 145 Rdnr. 8, 19; *Larenz* / *Wolf*,, AT des BGB, § 29 II 1c, S. 576; *Köhler*, BGB AT, § 15 Rdnr. 9; zu unterscheiden ist zwischen dem Angebot ad incertam personam, bei dem der Vertrag nur mit *einer Person* zustande kommen soll, im Moment der Abgabe des Angebotes aber auf eine Individualisierung des Vertragspartners verzichtet wird, und dem Angebot ad incertas personas, bei dem der Vertrag mit *jedem* zustande kommen soll, der die Annahme erklärt. Vgl. zur Unterscheidung der Begriffe schon *Neumond*, AcP 89, 171, 174 ff; *Sohm*, ZHR 17, (1873) 16, 62.

171 Wobei dieses Angebot unter dem Vorbehalt lauterer Bedienung steht und nur solange gilt, wie der Vorrat reicht, vgl. OLG Düsseldorf ZMR 1987, 328; *Flume*, Das Rechtsgeschäft, § 35 I 1, S. 636.

172 BGH NJW- RR 1994, 1185. Bemerkenswert ist, daß der BGH den Rechtsbindungswillen der Beklagten (Publikumsgesellschaft) bejaht, obwohl die im Prospekt enthaltene Beitrittserklärung zur Publikums KG den Vorbehalt enthält, daß der Vertrag erst zustande komme, wenn die Beklagte ihn angenommen habe. Vgl. zu der vom BGH vorgenommenen Auslegung dieser *widersprüchlichen Willenserklärungen* die Urteilsbegründung.

173 *Flume*, Das Rechtsgeschäft, § 35 I1, S. 637; *Musielak*, Grundkurs BGB, § 3 Rdnr. 110, 111; Palandt / *Heinrichs*, § 145 Rdnr. 2.

Vor diesem Hintergrund ist zu fragen, ob die in den Geschäftsberichten enthaltene Patronatserklärung lediglich eine solche unverbindliche Aufforderung zur Abgabe von Angeboten zum Abschluß von individuellen Patronatsverträgen darstellt.

aa. Beschränkte Leistungsmöglichkeit

Kann der Erklärende die Leistung erkennbar nicht beliebig oft erbringen, weil sein Kontingent beschränkt ist, ergibt die Auslegung aus Sicht eines vernünftigen Erklärungsempfängers, daß eine rechtlich verbindliche Erklärung nicht vorliegt.[174] Der Erklärende wird sich nicht in die Gefahr begeben, mehr Leistungsverpflichtungen einzugehen, als er erfüllen kann, und damit schadensersatzpflichtig zu werden.

Mit dieser Situation ist die Fallgestaltung bei der Patronatserklärung an die Allgemeinheit nicht vergleichbar.[175] Geschuldeter Leistungsinhalt ist die eventuelle Ausstattungverpflichtung gegenüber dem Tochterunternehmen, wenn dieses seine Verbindlichkeiten nicht selbst erfüllen kann. Ein von vorne herein beschränkter Vorrat an Leistungsmitteln ist hier nicht anzunehmen. Die zur Ausstattung der Tochter erforderliche Liquidität der Muttergesellschaft stellt sich vielmehr als allgemeines wirtschaftliches Risiko eines jeden Unternehmens dar. Einem eventuellen Nichtleistenkönnen läge damit das wirtschaftliche Risiko und nicht die Beschränktheit des Kontingents zugrunde.[176]

bb. Unüberschaubares wirtschaftliches Risiko

Auch wenn im Zusammenhang mit der Patronatserklärung nicht von einer beschränkten Leistungsmöglichkeit gesprochen werden kann, so könnte jedenfalls das sich aus der Haftung ergebende wirtschaftliche Risiko gegen einen Rechtsbindungswillen des Patrons sprechen.

Für die Beurteilung eines Rechtsbindungswillens kommt es grundsätzlich auf das mit der Haftung einhergehende Risiko und die Zumutbarkeit eines solchen Risikos für den Erklärenden an.[177] So hat die Rechtsprechung in

[174] *Medicus*, AT des BGB, Rdnr. 359; Soergel / *Wolf*, § 145 Rdnr. 6 ff; Erman / *Hefermehl*, § 145 Rdnr. 4; Staudinger / *Bork*, § 145 Rdnr. 3.

[175] So bzgl. der Patronatserklärung an die Allgemeinheit auch *Kohout*, Patronatserklärungen, S. 46.

[176] *Kohout*, Patronatserklärungen, S. 46.

[177] *Medicus*, AT des BGB, Rdnr.193; BGH NJW 1974, 1705, 1706.

verschiedenen Fällen eine Haftung gegenüber beliebigen, noch unbekannten Dritten abgelehnt, da ein derart weitgehendes Haftungsrisiko dem Erklärenden nicht zuzumuten sei, insbesondere dann nicht, wenn er von solchen dritten Personen keinerlei Entgelt erhielte, was sein Haftungsrisiko hätte erleichtern können.[178]

Aus diesem Grund spricht *Canaris* der Patronatserklärung an die Allgemeinheit jeden rechtsgeschäftlichen Charakter ab. Er betont, daß bezüglich der Patronatserklärung an die Allgemeinheit nicht angenommen werden könne, daß sich der Patron gegenüber einer noch unbestimmten Vielzahl von Personen im voraus binden und damit das Risiko aus allen zukünftigen ihm noch unbekannten Kreditgeschäften seiner Töchter übernehmen wolle.[179]

Diese Argumentation erscheint jedoch nicht überzeugend. Insbesondere kann nicht von einem unüberschaubaren Risiko gesprochen werden, welches eine Haftungsübernahme für die Mutterbank unzumutbar machen würde. Zunächst begründet die Patronatserklärung an die Allgemeinheit für die Mutterbank lediglich eine Eventualverbindlichkeit. Die Verpflichtung auf Ausstattung der Tochtergesellschaften entsteht nicht *unmittelbar* und *unbedingt*, sondern nur für den Fall, daß die Tochtergesellschaft ihren Verpflichtungen selbst nicht mehr nachkommen kann. Das Risiko der fehlenden Liquidität der Tochtergesellschaften ist jedoch für den Patron im wesentlichen überschaubar. Der Muttergesellschaft sind die betriebswirtschaftlichen Kennziffern ihrer Töchter bekannt, sie kann die Leistungsfähigkeit der Unternehmen überblicken.[180] Außerdem hat sie als Konzernmutter die Möglichkeit, über den Konzern oder Abhängigkeitssachverhalt auf die Geschäftsführung und damit auf die Leistungsfähigkeit der Tochterunternehmen Einfluß zu nehmen.[181] Die Muttergesellschaft kann also abschätzen, wie wahrscheinlich die eigene Inanspruchnahme sein wird. Sie wird nur dann eine umfassende Patronatserklärung für ihre Töchter abgeben, wenn diese wirtschaftlich gefestigt erscheinen und deshalb die Inanspruchnahme aus der Patronatserklärung unwahrscheinlich ist. Das verbleibende Risiko, daß eine Tochter entgegen der Prognose in Liquiditätsschwierigkeiten gerät, stellt sich als allgemeines Unternehmensrisiko dar. Insofern kann nicht von einem unüberschaubaren Risiko gesprochen werden.

---

[178] BGH NJW 1970, 1737; BGH NJW 1973, 321,323; BGHZ 12,105,109.
[179] *Larenz / Canaris*, SchR II 2, § 64 V 2d, S. 84.
[180] *Kohout,* Patronatserklärungen, S. 79, 80.
[181] *Vollmer,* ZBB 1993, 89, 91.

cc. Individuelle Persönlichkeit des Vertragspartners

Ein Rechtsbindungswille ist bei einer Erklärung an das Publikum weiterhin dann abzulehnen, wenn für den Erklärungsempfänger erkennbar ist, daß für den Erklärenden die individuelle Person des Empfängers von so entscheidender Bedeutung ist, daß nicht angenommen werden kann, er wolle sich gegenüber einem ihm noch Unbekannten verpflichten.[182] Typischerweise ist dies z. B. bei Dienstverträgen anzunehmen.[183] Hier kommt es wesentlich auf die persönliche Leistungsfähigkeit des Empfängers an. Dies gilt auch für das Kreditsicherungsrecht. So hat im Falle der Bürgschaft die individuelle Persönlichkeit des Bürgen, insbesondere dessen Zahlungsfähigkeit, entscheidende Bedeutung für den Gläubiger. Ganz allgemein kommt im Recht der Personalsicherheiten der Frage nach der Person des Sicherungsgebers naturgemäß entscheidende Bedeutung zu.

Für die in den Geschäftsberichten enthaltenen Patronatserklärungen läßt sich daraus nichts herleiten. Sie richten sich an die Gesamtheit der Gläubiger der Tochtergesellschaften. Die Position der Muttergesellschaft entspricht der des Sicherungsgebers, die der Gläubiger der des Sicherungsnehmers. Die Person des Sicherungsnehmers hat aber im Bereich der Personalsicherheiten keine mit der des Sicherungsgebers vergleichbare Bedeutung. Es spielt für die Muttergesellschaft keine große Rolle, wer der Tochter Kredit gewährt und wem gegenüber sie dafür sorgen muß, daß die Tochter ihren Kredit zurückzahlen kann.[184] Damit ist eine gegen die Annahme eines Rechtsbindungswillens sprechende Personenbezogenheit auf der Seite der Gläubiger als Sicherungsnehmer abzulehnen.

Es ist somit festzuhalten, daß die Gründe, die regelmäßig bei Erklärungen an die Allgemeinheit gegen das Vorliegen eines Rechtsbindungswillens sprechen, im Zusammenhang mit der Patronatserklärung an die Allgemeinheit nicht einschlägig sind.

2. Indizien, die für das Vorliegen eines Rechtsbindungswillen sprechen

Im folgenden sollen die Indizien dargestellt werden, die für die Annahme einer rechtlich verbindlichen Erklärung sprechen.

---

[182] *Flume*, AT II, § 35 I 1, S. 637; Soergel / *Wolf*, § 145 Rdnr. 7.

[183] Erman / *Hefermehl*, § 145 Rdnr. 4

[184] *Kohout*, Patronatserklärung, S. 47.

a. Eigeninteresse der Mutterbank

Gibt jemand eine Erklärung ab, für die Verbindlichkeiten eines Dritten einstehen zu wollen, und hat der Versprechende selbst ein rechtliches oder wirtschaftliches Interesse an der dem Begünstigten aufgrund dieser Haftungszusage gewährten Unterstützung, so wird dies in der Regel für seinen Rechtsbindungswillen sprechen.[185]

Für die rechtliche Bewertung der Patronatserklärung an die Allgemeinheit muß in diesem Zusammenhang berücksichtigt werden, daß der Konzern eine *wirtschaftliche Einheit* darstellt. Die Mutterbank ist folglich an einer Ausweitung des Einlagengeschäfts der Tochterbank und der daraus möglicherweise resultierenden Gewinnausschüttung in besonderem Maße interessiert.[186] Auch unter dem Gesichtspunkt der Ersparnis konzerneigener Mittel hat die Mutterbank ein Interesse an der Kreditgewährung durch Dritte. Je stärker die Finanzierung durch Dritte ist, um so weniger muß die Muttergesellschaft eigene Mittel aufwenden, um die erforderliche Kapitalausstattung der Tochter zu gewährleisten.[187] Die Muttergesellschaft hat folglich ein starkes wirtschaftliches Eigeninteresse hinsichtlich der Kreditgewährung an die Tochterunternehmen, was für das Vorliegen eines Rechtsbindungswillen spricht.

b. Die wirtschaftliche Bedeutung der Erklärung für die Gläubiger

Neben den Interessen des Erklärenden ist für die Auslegung die Interessenlage auf der Empfängerseite von entscheidender Bedeutung. So hat die Rechtsprechung im Rahmen der Abgrenzung Rechtsgeschäft und Gefälligkeitsverhältnis darauf abgestellt, welche wirtschaftliche und rechtliche Bedeutung die Angelegenheit für den Empfänger hat. Hier heißt es: "Der Wert einer anvertrauten Sache, die wirtschaftliche Bedeutung einer Angelegenheit, das erkennbare Interesse des Begünstigten und die nicht ihm, wohl aber dem Leistenden erkennbare Gefahr, in die er durch eine fehlerhafte Leistung geraten kann, können auf einen rechtlichen Bindungswillen schließen lassen."[188]

---

[185] BGHZ 21, 102, 107; RGZ 65, 17, 19; Palandt / *Heinrichs,* Einl. v. § 241 Rdnr. 9; Staudinger / *Schmidt,* Einl. zu § § 241 ff. Rdnr. 234.

[186] *Rümker,* WM 1874, 990, 991; zu diesem Argument auch *Canaris,* Die Vertrauenshaftung im deutschen Privatrecht, S. 366, 370.

[187] *Wagner,* Die internationale Tätigkeit der Banken, S. 26, 33.

[188] BGHZ 21, 102, 107; RGZ 151, 203, 208.

Es ist folglich zu fragen, welche Bedeutung die Patronatserklärung für die Krediteinräumung durch die Gläubiger hat. Die Patronatserklärung hat für die Gläubiger, die in Kenntnis der Erklärung der Tochtergesellschaft Kredit gewähren, eine hohe wirtschaftliche und rechtliche Bedeutung. Soweit sie nicht durch das Konzernrecht geschützt sind, haben sie aufgrund der fehlenden Möglichkeit eines Haftungsdurchgriffs ein besonders starkes Interesse, die Mutter in die Haftung mit einzubeziehen.[189] Die Mutterbank verweigert ihrerseits die klassischen Sicherungsmittel und in zunehmenden Maße auch die Abgabe individueller Patronatserklärungen. Sie verweist die Gläubiger bei entsprechender Nachfrage vielmehr auf die in den Geschäftsberichten enthaltenen Patronatserklärung. Aufgrund der wirtschaftlichen Überlegenheit des Patrons – es handelt sich hierbei ausschließlich um Großbanken – wird der Gläubiger im Regelfall kein für ihn günstigeres Verhandlungsergebnis erzielen können. Für ihn ist die Patronatserklärung im Geschäftsbericht das einzig verbleibende Sicherungsmittel und damit von entscheidender Bedeutung. Hier lediglich eine unverbindliche Absichtserklärung und damit eine ungesicherte Kreditgewährung an die Tochter anzunehmen, würde den Interessen der Gläubiger nicht gerecht.[190] Eine solche Blanco- Kreditgewährung stellt für den Gläubiger speziell bei der Vergabe von Großkrediten ein hohes Risiko dar.

Diese Bedeutung, die die Patronatserklärung für die Krediteinräumung hat, ist für die Muttergesellschaft auch *erkennbar*. Sie gibt die Erklärung ja gerade ab, um die möglichen Bedenken der Gläubiger bezüglich der Kapitalgewährung an die Tochtergesellschaft auszuräumen und diese zu dem Abschluß eines Kreditvertrages zu bewegen. Diese für die Muttergesellschaft erkennbar hohe wirtschaftliche Bedeutung, die Vermögensdispositionen, die von den Gläubigern im Vertrauen auf die Erklärung getroffen werden, und die damit von der Gegenseite eingegangenen Risiken sprechen für das Vorliegen eines Rechtsbindungswillens.

VIII. Bewertung durch das Bundesaufsichtsamt für Kreditwesen

Auch das Bundesaufsichtsamt für Kreditwesen sieht in der Patronatserklärung ad incertas personas eine vom Rechtsbindungswillen getragene Willenserklärung. So heißt es in § 5 der Verordnung über die Bemessung der

[189] Vgl. dazu bereits die Ausführungen im ersten Teil der Arbeit S. 10 f.

[190] *Kohout,* Patronatserklärungen, S. 48, 77; *Gerth,* Atypische Kreditsicherheiten, S. 141; allgemein für die Erklärung der Muttergesellschaft, man werde für die Erfüllung sorgen, vgl. *Rehbinder,* Konzernaußenrecht, S. 303.

Kredit- und Anrechnungsbeträge (Kreditbestimmungsverordnung) vom 1.2.1996:

"Patronatserklärungen im Sinne dieser Vorschrift sind *garantieähnliche Willenserklärungen* von Kreditinstituten, die Erfüllung der Verbindlichkeiten eines anderen Unternehmen sicherzustellen; die Erklärung kann im Geschäftsbericht, gegenüber ausländischen Behörden oder anderweitig abgegeben werden."[191]

Ergebnis des zweiten Teils

Die in den Geschäftsberichten der Großbanken enthaltenen Patronatserklärungen an die Allgemeinheit sind als rechtsverbindliche Willenserklärungen zu werten. Ihrem Inhalt nach zählen diese Erklärungen zu den harten Patronatserklärungen. Die Willenserklärung ist folglich auf die Begründung einer Ausstattungsverpflichtung des Patrons gerichtet. Läßt sich aufgrund der Willenserklärung eine rechtsgeschäftliche Haftung begründen, dann wäre die Mutterbank demzufolge verpflichtet, das patronierte Unternehmen mit ausreichenden finanziellen Mitteln auszustatten, damit dieses seine Verbindlichkeiten gegenüber den Gläubigern erfüllen kann. Darüber hinaus wäre die Muttergesellschaft im Konkurs des Tochterbank verpflichtet, deren Verbindlichkeiten gegenüber dem Gläubiger zu erfüllen.

[191] Vgl. § 5 KredBestV, abgedruckt im Anhang zu dieser Arbeit (Anhang IV).

Dritter Teil: Rechtsgeschäftliche Einordnung von Patronatserklärungen an die Allgemeinheit

1. Kapitel: Einseitiges Leistungsversprechen oder Vertragsantrag?

I. Fragestellung

Fraglich ist, ob die Verpflichtung aus der Patronatserklärung bereits dann entsteht, wenn der Patron die Erklärung in den Geschäftsbericht aufgenommen hat, oder ob zur Begründung der Verpflichtung eine Mitwirkung seitens des Gläubigers der Tochtergesellschaft in Form einer wie auch immer gearteten Annahme erforderlich ist. Diese zunächst ungewohnt klingende Fragestellung drängt sich auf, weil die Erklärung nicht an einen konkreten Empfänger, sondern pauschal an alle jetzigen und zukünftigen Gläubiger der Konzernunternehmen gerichtet ist. Bei Großkonzernen mit unzähligen Tochtergesellschaften im In- und Ausland wird der Adressatenkreis derart unüberschaubar, daß es fraglich erscheint, wie sich eine individuelle Annahmeerklärung hier vollziehen soll.

II. Meinungsstand

Im Schrifttum werden zu dieser Frage zwei Ansätze vertreten, die im folgenden als *Vertragstheorie* und als *Theorie vom einseitigen Leistungsversprechen* bezeichnet werden sollen.

1. Vertragstheorie

Die wenigen Autoren, die sich mit der Frage nach dem Rechtscharakter von Patronatserklärungen an die Allgemeinheit befaßt haben, kommen überwiegend zu dem Ergebnis, daß die in den Geschäftsberichten enthaltenen Patronatserklärungen als Antrag auf den Abschluß eines Patronatsvertrags zu charakterisieren sind.[192] Zur Begründung wird ausgeführt, daß allein die Tatsache, daß die Patronatserklärung gegenüber der Allgemeinheit

---

[192] *Habersack*, ZIP 1996, 257, 260 ff.; Palandt /*Heinrichs*, § 145 Rdnr.8; *Kohout*, Patronatserklärungen, S.48; *Wagner*, Die internationale Tätigkeit der Banken, S. 29, 30.

abgegeben wird, keine Bedeutung für die Art und Weise des Zustandekommens des Schuldverhältnisses haben könne.[193] Auch wenn sich die Erklärung an alle Gläubiger der Tochter- und Beteiligungsgesellschaften richte, müsse jeder einzelne Gläubiger die Erklärung annehmen, um entsprechend der allgemeinen Vertragsgrundsätzen einen Anspruch gegen den Patron begründen zu können. Die Annahme könne hierbei allerdings in der erleichterten Form des § 151 Satz 1 BGB erfolgen.[194]

2. Theorie vom einseitigen Leistungsversprechen

Dagegen versteht namentlich *U. H Schneider* die in den Geschäftsberichten enthaltenen Patronatserklärungen als einseitige Verpflichtungserklärungen.[195] Zur Begründung führt er an, daß nach dem Willen des Patrons und dem Wortlaut der Patronatserklärung alle Gläubiger aus der Erklärung berechtigt sein sollen. Dieses Ergebnis lasse sich mit den allgemeinen Vertragsgrundsätzen nicht erreichen. Bei Großkonzernen mit Tochtergesellschaften im In- und Ausland und entsprechend vielen Gläubigern wäre der Adressatenkreis derart unüberschaubar, daß sich die Annahmeerklärung aller betroffenen Gläubiger nur mittels einer Fiktion begründen ließe. Es läge deshalb näher, in der Erklärung ein einseitiges Leistungsversprechen nach Art der Auslobung gem. § 657 BGB zu sehen. Als einseitiges Rechtsgeschäft verstanden, bedarf die Erklärung folglich keiner individuellen Annahmeerklärung seitens der einzelnen Gläubiger; sie wird vielmehr allein mit ihrer Abgabe und damit mit der Veröffentlichung in den Geschäftsberichten wirksam.[196] Im Ergebnis könnte nach dieser Theorie jeder Gläubiger der Tochtergesellschaften Ansprüche gegen den Patron geltend machen, ohne daß es darauf ankäme, ob er die Erklärung in den Geschäftsberichten kannte.

---

[193] *Habersack*, ZIP 1996, 257, 261.

[194] *Habersack*, ZIP 1996, 257, 263; *Wagner*, Die internationale Tätigkeit der Banken, S.30.

[195] *Schneider*, ZIP 1989, 619, 624; die von Schneider als Vertreter dieser Ansicht zitierten (vgl. S. 624 Fn.31) Autoren *Müller*, ZGR 1977, 1, 29; Hachenburg /*Barz*, GmbHG, § 13 Anh.2 Rz. 50 setzen sich nicht mit der Frage auseinander, ob es sich bei der Patronatserklärung an die Allgemeinheit um ein einseitiges Leistungsversprechen oder um ein Vertragsantrag handelt; *Wagner*, Die internationale Tätigkeit der Banken, S.29, sieht in der Patronatserklärung an die Allgemeinheit zwar ein *einseitig verpflichtendes*, nicht aber ein einseitiges Rechtsgeschäft.

[196] Palandt / *Heinrichs*, § 130 Rdnr. 1, vor § 104 Rdnr.11; Soergel / *Hefermehl*, vor § 116 Rdnr. 68; *Medicus*, AT des BGB, § 19 Rdnr. 202.

2. Kapitel: Die Notwendigkeit des Vertrages

Betrachtet man diese beiden Ansätze, wird zunächst deutlich, daß das Verständnis von der Patronatserklärung als einseitigem Leistungsversprechen im Widerspruch zu dem in § 305 BGB normierten Vertragsprinzip zu stehen scheint. Es soll deshalb zunächst untersucht werden, ob es einen rechtlich vertretbaren Weg gibt, *U. H. Schneiders* Auffassung mit der Regelung des § 305 BGB in Einklang zu bringen.

I. Das Vertragsprinzip gem. § 305 BGB und seine Ausnahmen

Schuldverhältnisse können durch Gesetz oder durch Rechtsgeschäft begründet werden. Bezüglich der Begründung eines Schuldverhältnisses durch Rechtsgeschäft stellt § 305 BGB das *Vertragsprinzip* auf.[197] Das Vertragsprinzip bedeutet, daß schuldrechtliche Rechte und Pflichten grundsätzlich nur durch Vertrag begründet, geändert oder aufgehoben werden können. Ein Vertrag ist entsprechend der Regelung der § 145 ff. BGB das Rechtsgeschäft, das aus den inhaltlich übereinstimmenden Willenserklärungen der Beteiligten in Form von Antrag und Annahme besteht.[198] Das Schuldverhältnis hat damit seinen Entstehungsgrund im beiderseitigen Parteiwillen. Ein einseitiges, nicht angenommenes Leistungsversprechen ist dagegen grundsätzlich unverbindlich.[199]

Eine Ausnahme besteht nur, soweit Schuldverhältnisse ohne Willen der Beteiligten durch *Gesetz* entstehen, oder soweit ein einseitiges Rechtsgeschäft vom Gesetz *ausdrücklich zugelassen* ist.[200] Für die *Entstehung eines Schuldverhältnisses* läßt das Gesetz allein bei der Auslobung gem. § 657 BGB ein einseitiges Rechtsgeschäft genügen.[201] Hier entsteht einseitig

[197] Soergel / *Wolf*, § 305 Rdnr. 1; Palandt / *Heinrichs*, vor § 305 Rdnr.2ff; Staudinger / *Löwisch*, § 305 Rdnr. 5; *Esser / Schmidt*, SchR AT I 1, § 10 I 2.; *Medicus*, SchR I, § 9 Rdnr. 58 ff.

[198] Palandt / *Heinrichs*, vor § 145 Rdnr. 1; Soergel / *Wolf*, § 145, Rdnr. 4.

[199] Das bestätigen die Motive (II § 342), die ausdrücklich aussprechen, daß einseitige Versprechen grundsätzlich unverbindlich sind. Dagegen hielt die germanistische Theorie des späten 19. Jahrhunderts das einseitige Schuldversprechen für einen ausreichenden Verpflichtungsgrund. Vgl. *Siegel*, Das Versprechen als Verpflichtungsgrund, 1873.

[200] Zu den Ausnahmen vom Vertragsprinzip eingehend: *Medicus*, SchR I, § 9 Rdnr. 60 ff.

[201] Soergel / *Wolf*, § 305 Rdnr.11; Staudinger / *Löwisch*, § 305 Rdnr. 13.

durch die *Auslobung* die Verpflichtung des Auslobenden zur Entrichtung der Belohnung.[202] Als einseitige Rechtsgeschäfte werden noch das Stiftungsgeschäft nach § 80, 82 BGB und das Vermächtnis nach § 1939, 2147ff. genannt. Diese lassen zwar schuldrechtliche Rechte und Pflichten entstehen, gehören aber *nicht zu den Schuldverhältnissen* im Sinne des zweiten Buchs des BGB.[203] Für das Handelsrecht sei an dieser Stelle noch auf die Haftung aus § 25 Abs. 3 HGB hingewiesen. Hat jemand ein Handelsgeschäft übernommen, ohne die bisherige Firma fortzuführen, so haftet der Erwerber gem. § 25 Abs. 3 HGB nur, wenn ein besonderer Verpflichtungsgrund gegeben ist.[204] Ein solcher liegt z. B. in § 419 BGB und § 613 a BGB. Im übrigen nennt § 25 Abs.3 HGB als Verpflichtungsgrund für die Übernahme der Verbindlichkeiten die *handelsübliche Bekanntmachung der Haftungsübernahme* durch den Erwerber.[205] Der Verpflichtungsgrund liegt allein in der öffentlichen Erklärung, ohne daß es einer Annahmeerklärung durch den Gläubiger bedürfte.[206]

Da einer der genannten Ausnahmetatbestände hier nicht einschlägig ist, sieht sich *U. H. Schneider* gezwungen, entgegen § 305 BGB einseitige Leistungsversprechen auch in gesetzlich nicht geregelten Fällen zuzulassen. Fraglich ist, inwieweit sich eine solche Ausweitung einseitiger Leistungsversprechen rechtlich vertreten läßt.

---

[202] *Medicus,* SchR II, § 109, Rdnr. 467.

[203] Das Stiftungsgeschäft, durch welches sich der Stifter einseitig verpflichtet, das zugesicherte Vermögen an die in diesem Zeitpunkt noch gar nicht existente Stiftung zu übertragen, gilt als Rechtsgeschäft besonderer Art, welches sich den Kategorien des Schuldvertrages nicht unterordnen läßt. Das Vermächtnis, welches durch einseitiges Rechtsgeschäft ein Rechtsverhältnis zwischen Beschwerten und Bedachten entstehen läßt, gehört dem Erbrecht an und hat dort seine besondere Regelung gefunden. Staudinger/ *Löwisch,* § 305 Rdnr. 15.

[204] Zur ratio legis und zur dogmatischen Einordnung des § 25 HGB, *Staub /Hüffer,* HGB, § 25 Rdnr.3 ff; *Canaris,* Handelsrecht, § 7 I 3d, S. 106; *K. Schmidt,* Handelsrecht, § 8 I .

[205] MünchKomm HGB / *Lieb,* § 25, Rdnr. 124; Staub / *Hüffer,* HGB, § 25, Rdnr. 105.

[206] § 25 Abs. 3 HGB geht auf die Rechtsprechung des Reichsoberhandelsgerichts zurück. Dieses hat betont: Die Bekanntmachung stelle einen "selbständig wirksamen, von der Acceptation des Gesellschaftsgläubigers unabhängigen obligatorischen Dispositionsakt" dar und habe als solcher kraft Handelssitte bindende Wirkung. ROHG 1,60, 67, 68.

II. Die Anerkennung von gesetzlich nicht geregelten einseitigen Leistungsversprechen am Beispiel der Gesamtzusage des Arbeitgebers.

Für eine Anerkennung von gesetzlich nicht geregelten einseitigen Leistungsversprechen führt *U. H. Schneider* an, daß die höchstrichterliche Rechtsprechung auch andere Erklärungen, die an eine Vielzahl von Personen gerichtet sind, als einseitige Leistungsversprechen gewertet habe, obwohl dies im Gesetz nicht ausdrücklich vorgesehen sei. Zu nennen sei insbesondere die Rechtsprechung des BAG zur *Gesamtzusage* des Arbeitgebers.[207]

Unter einer Gesamtzusage versteht man die von einem Arbeitgeber abgegebene Erklärung, in der dieser sich der Belegschaft oder einer Gruppe gegenüber verpflichtet, bestimmte Leistungen zu gewähren.[208] Auch bezüglich dieser Erklärung war umstritten, ob es sich um einen Vertragsantrag des Arbeitgebers gegenüber jedem einzelnen Arbeitnehmer handelt[209] oder die Verpflichtung des Arbeitgebers durch einseitiges Leistungsversprechen begründet wird.[210]

Tatsächlich hat der 3. Senat des Bundesarbeitsgerichts in der von *U. H. Schneider* angeführten Entscheidung vom 12. März 1963 die Erklärung des Arbeitgebers als *einseitiges Leistungsversprechen* gewertet.[211] Der Senat umgeht allerdings die Auseinandersetzung mit dieser Frage, inwieweit einseitige Leistungsversprechen neben den gesetzlichen Ausnahmeregeln zulässig sind, indem er eine einseitige Bindung des Arbeitgebers an das den Arbeitnehmern gemachte Versprechen kraft *Gewohnheitsrecht* anerkennt. Diesem gewohnheitsrechtlichen Satz stehe § 305 BGB nicht entgegen. § 305 BGB lasse nämlich in den gesetzlich normierten Ausnahmefällen einseitige Leistungsverpflichtungen zu. Gesetz im Sinne dieser Vorschrift sei jede Rechtsnorm (Art. 2 EGBGB) und daher auch ein Satz des Gewohnheitsrechts.[212]

---

207 *Schneider,* ZIP 1989, 619, 624; BAGE 14, 126 ff. = NJW 1963, 1996.

208 *Hilger,* Das betriebliche Ruhegeld, S.52; Münch ArbR – Richardi, § 12 Rdnr.38.

209 So schon die damals herrschende Ansicht vgl. *Hueck- Nipperdey,* Lehrbuch des Arbeitsrechts, I, § 25 V Fn.14 S.151. *Richardi,* Kollektivgewalt, S. 302ff.; ders. in RdA 1960, 401, 402; *Nikisch,* Allgemeine Lehren des Arbeitsvertragsrechts, S. 265. (jeweils mit weiteren Nachweisen)

210 *Hilger,* Das betriebliche Ruhegeld, S.52; im Prinzip zust. *Söllner,* Einseitige Leistungsbestimmung im Arbeitsverhältnis, S.32 ff.

211 BAGE 14, 126 = AP Nr.90 zu § 242 BGB.

212 BAGE 14, 126, 129.

Die Begründung des BAG läßt sie sich nicht auf die Patronatserklärung an die Allgemeinheit übertragen. Weiterhin ist zu berücksichtigen, daß die Urteilsbegründung des BAG auf starke Kritik gestoßen ist.[213] So wird auch im neueren Schrifttum einhellig die Auffassung vertreten, daß für eine einseitige kollektivrechtliche Gestaltung durch den Arbeitgeber neben der Betriebsvereinbarung kein Raum sei, zumal die Annahme eines einseitigen Leistungsversprechens mit dem Grundsatz des § 305 BGB nicht vereinbar sei.[214]

Auch das BAG hat in seiner späteren Rechtsprechung die Einordnung der Gesamtzusage als einseitiges Leistungsversprechen nicht mehr bestätigt, sondern im Gegenteil festgestellt, daß eine Ruhegeldordnung, die auf einer Gesamtzusage beruhe, erst auf "einzelvertraglicher Grundlage" verbindlich wird.[215] Der große Senat des BAG hat abschließend in seinem Beschluß vom 16.9.1986 klargestellt, daß die Kennzeichnung als Gesamtzusage "nichts über die *Rechtsnatur* der durch sie begründeten Ansprüche" besage, sondern nur auf die *Besonderheit bei der Begründung* der Ansprüche hinweise.[216] Zwischen Arbeitgeber und Arbeitnehmer käme ein Vertrag zustande, wobei das Angebot in allgemeiner Form, etwa am schwarzen Brett bekannt gemacht würde und die Annahme stillschweigend gem. § 151 Satz 1 BGB erfolge. Das BAG lehnt alle Versuche ab, in den Einheitsregelungen eine selbständige kollektivrechtliche Gestaltungsmöglichkeit auf betrieblicher Ebene neben der Betriebsvereinbarung zu sehen. Eine solche einseitige Gestaltung durch den Arbeitgeber widerspräche nicht nur dem Betriebsverfassungsrecht, sondern sei auch mit *allgemeinen Grundsätzen des Privatrechts*, das einseitige Verpflichtungserklärungen nicht kenne, nicht vereinbar.[217]

---

[213] *Zöllner*, Anm. zu BAG AP Nr.90 zu § 242 Ruhegehalt; *Richardi*, Kollektivgewalt, S.303; *Nikisch*, Allgemeine Lehren des Arbeitsvertragsrechts, S. 265

[214] Münch ArbR- *Richardi*, § 12 Rdnr. 39ff.; *Lieb*, Arbeitsrecht, § 1IIIc, Rdnr.53; MünchKomm- *Müller-Glöge*, § 611 Rdnr. 236.

[215] BAGE 22, 252, 258 (entschieden hat auch hier der 3. Senat); siehe aber auch BAGE 36, 327, 335, wo einerseits festgestellt wird, daß bei einseitiger Bekanntgabe einer Versorgungsordnung allen Arbeitnehmern ein Vertragsangebot gemacht würde, das von diesen "stillschweigend angenommen" werde, andererseits aber eine derartige Einheitsregelung "mit vertragsrechtlichen Begriffen nicht einheitlich zu erfassen sei, sondern kollektivrechtlichen Charakter trägt."

[216] BAGE 53, 42, 55ff.; BAG AP Nr.17 zu § 77 BetrVG 1972, NZA 1987, 168, 171.

[217] BAGE 53, 56-57; *Richardi*, RdA 1983, 201, 211, 212; *Hueck – Nipperdey*, Lehrbuch des Arbeitsrechts I, § 25 V, S. 151.

Wenn aber durch die höchstrichterliche Rechtsprechung klargestellt wurde, daß einseitige Leistungsversprechen schon für den Bereich des Arbeitsrechts nicht anzuerkennen sind, bleibt dann die Möglichkeit, sie im allgemeinen Privatrecht anzuerkennen? Das Arbeitsrecht ist im Gegensatz zum allgemeinen Privatrecht durch das Direktionsrecht des Arbeitgebers und die sich daraus ergebende Weisungsabhängigkeit des Arbeitnehmers gekennzeichnet.[218] Der Arbeitgeber ist außerdem zu kollektivrechtlichem Handeln befugt, indem er durch Betriebsvereinbarungen die Arbeitsverhältnisse gestalten kann. Dem Arbeitsrecht ist also im Gegensatz zum allgemeinen Privatrecht ein gewisses Maß an einseitiger Gestaltung der Arbeitsverhältnisse nicht unbekannt.[219] Dazu kommt die besondere *Schutzbedürftigkeit des Arbeitnehmers.* Dieser hat ein besonders starkes Interesse daran, den Anspruch auf den zugesagten Beitrag zur Altersvorsorge *schnell und unanfechtbar* in seiner Person zu begründen. Diesem Interesse wird die Theorie vom einseitigen Leistungsversprechen gerecht, weil der Arbeitnehmer danach allein mit Abgabe der Gesamtzusage den Anspruch erwirbt und folglich nicht die Gefahr besteht, wegen der Annahme der Zusage im Bedarfsfall in Beweisnot zu geraten.[220] Wenn das BAG trotz dieser Aspekte die Annahme eines einseitigen Leistungsversprechens auch für das Arbeitsrecht abgelehnt hat, muß dies wohl erst recht für das allgemeine Zivilrecht gelten.[221]

Im Ergebnis läßt sich die Rechtsprechung des BAG zur Gesamtzusage nicht als Indiz für die Anerkennung einseitiger Leistungsversprechen neben den gesetzlichen Ausnahmefällen heranziehen.

3. Kapitel: Die Patronatserklärung an die Allgemeinheit als einseitiges Leistungsversprechen gem. § 657 BGB analog

U. H. Schneider versucht des weiteren, über die analoge Anwendung der Auslobungsvorschriften seinen Lösungsweg mit § 305 BGB in Einklang

218 Jauernig / *Schlechtriem*, § 611 Rdnr. 3 a/ b.

219 Vgl. zu diesem Aspekt auch *Söllner*, Einseitige Leistungsbestimmung im Arbeitsrecht, S. 16, 30 und die Besprechung von *Richardi*, RdA 1970, 208 f.

220 *Adomeit*, BB 1964, 599, 602.

221 *Habersack*, ZIP 1996, 257, 262, betont, daß "für den Bereich des Arbeitsrechts eindeutig eine Abkehr von einseitigen kollektivrechtlichen Gestaltungsfaktoren und ein Hinzuwenden zum Vertragsmodell der § 145 ff., 305 BGB zu konstatieren (ist). Entsprechendes hat erst recht für die im allgemeinen Zivilrecht anzusiedelnde Patronatserklärung zu gelten."

zu bringen. Wenn der Gesetzgeber die Auslobung gem. § 657 BGB als einseitiges Leistungsversprechen qualifiziere, könne dies gem. § 657 BGB analog auch für die Patronatserklärung an die Allgemeinheit gelten. Die Situation bei der Auslobung und der Patronatserklärung seien durchaus vergleichbar. In beiden Fällen handele es sich um Erklärungen gegenüber der Allgemeinheit durch öffentliche Bekanntmachung, bei denen der Gläubiger einen Anspruch erhalten solle, ohne daß es auf die Kenntnis der Erklärung ankäme.[222] Fraglich ist, ob eine analoge Anwendung des § 657 BGB auf den Sachverhalt der Patronatserklärung gerechtfertigt ist.

Dies scheint zunächst in dogmatischer Hinsicht zweifelhaft. § 657 BGB stellt eine Ausnahmevorschrift zu dem in § 305 BGB normierten Vertragsprinzip dar. Nicht selten wird behauptet, solche Ausnahmevorschriften seien einer analogen Anwendung nicht fähig.[223] In dieser Allgemeinheit trifft diese Behauptung jedoch nicht zu. Es ist vielmehr zu fragen, warum der Gesetzgeber sich für die gesetzliche Regel entschieden hat, und aus welchem Grund gerade die Ausnahmevorschrift ausgenommen wurde. Sind diese Gründe auf den in Frage stehenden Sachverhalt übertragbar, kommt eine analoge Anwendung der Ausnahmevorschrift in Betracht.[224] Die analoge Anwendung der Ausnahmevorschrift darf aber im Ergebnis keinesfalls dazu führen, daß die Regelungsabsicht des Gesetzgebers in ihr Gegenteil verkehrt wird.[225] Es ist folglich in drei Schritten zu prüfen, welcher Gesetzeszweck hinter der gesetzlichen Regel steht, welche Gründe die Ausnahme von dieser Regel bedingen und ob diese Gründe auch für den der Patronatserklärung an die Allgemeinheit zu Grunde liegenden Sachverhalt einschlägig sind.

I. Der Gesetzeszweck des § 305 BGB

Das Vertragsprinzip des § 305 BGB läßt sich auf den Grundsatz der *Privatautonomie* zurückführen. Unter Privatautonomie versteht man die jeder Person zustehende Freiheit, ihre privaten Rechtsverhältnisse nach ihrem

---

[222] *Schneider,* ZIP 1989, 619, 624.

[223] RGZ 153, 23; BGHZ 2, 244; 4, 222; 11, 143; *Enneccerurs – Nipperdey,* AT S. 297 "daß singuläre Rechtssätze nicht zu allgemeiner analoger Anwendung geeignet, da sie das höhere Prinzip nicht aufheben, sondern nur für gesondert gelagerte Fälle durchbrechen wollen."

[224] *Larenz,* Methodenlehre, S.355 ff.; Palandt / *Heinrichs,* Einleitung Rdnr. 45.

[225] *Pawlowski,* AT des BGB, Rdnr. 489.

Willen selbst zu gestalten.[226] Ein Schuldverhältnis umfaßt zwei Personen mit ihren eigenen Interessen. Könnte es einseitig ohne Mitwirkungsakt des anderen begründet werden, würde statt einer *Selbstbestimmung* eine mit der Vertragsfreiheit nicht zu vereinbarende *Fremdbestimmung* eintreten.[227] Der Vertrag hingegen und der in ihm enthaltene Konsens gewährleistet die Selbstbestimmung des einzelnen *(Selbstbestimmungsfunktion des Vertrages).*[228]

Die Bedeutung der Selbstbestimmungsfunktion wird besonders deutlich, wenn es sich um gegenseitig verpflichtende Verträge handelt. Bei Patronatserklärungen an die Allgemeinheit handelt es sich dagegen um ein *einseitig verpflichtendes* Rechtsgeschäft. Nur der Patron wird aus der Patronatserklärung verpflichtet. Den Gläubiger trifft seinerseits keine Verpflichtung; er wird durch die Erklärung lediglich begünstigt. Das BGB hält an dem Vertragsprinzip aber regelmäßig auch dann fest, wenn es sich um ein einseitig verpflichtendes Rechtsgeschäft handelt und das Einverständnis des anderen Teils grundsätzlich ohne weiteres erwartet werden kann, weil er nur Nutzen von dem Rechtsgeschäft hat. Das Vertragsprinzip gewährleistet hier, daß der einzelne vor ihm *unerwünschten, aufgedrängten Bereicherungen* geschützt wird.[229] Ihm soll durch das Erfordernis der Annahme die Entscheidung obliegen, ob die Zuwendung für ihn persönlich eine Begünstigung darstellt oder nicht.[230] So erfordern z. B. der Erlaß gem. § 397 BGB und die Schenkung gem. § 516 BGB einen entsprechenden Vertrag.[231] Der Tatsache, daß bei lediglich vorteilhaften Geschäften vom Einverständnis des Begünstigten auszugehen ist, trägt § 516 Abs. 2 BGB

---

[226] BVerfGE 8, 274, 328; 72, 155, 170, nach der ständigen Rechtsprechung des BVerfG ist die Gestaltung der Rechtsverhältnisse durch den einzelnen nach seinem Willen ein Teil der gem. Art. 2 Abs. I GG geschützten allgemeinen Handlungsfreiheit.

[227] *Flume,* AT II, S. 609; *Medicus,* SchR I, § 9 Rdnr.58; Soergel / *Wolf,* § 305 Rdnr. 9.

[228] *Habersack,* Vertragsfreiheit und Drittinteressen, S.40 ff.; Soergel / *Wolf,* Vor § 145 Rdnr. 27.

[229] MünchKomm -*Kollhosser,* § 516 Rz. 9; *Larenz,* SchR I, § 4, S. 40

[230] Kritisch zur Bedeutung des § 305 BGB im Rahmen von einseitigen Leistungsversprechen *Stoll,* in Festschrift für Flume, S. 741, 748, 749, der betont: "Mit § 305 BGB weiß man in Wahrheit nichts anzufangen: man erblickt den "tieferen Grund" dieser Bestimmung darin, "daß das Gesetz niemandem den Erwerb einer Forderung aus dem Leistungsversprechen eines anderen ungewollt aufdrängen will" – so als ob die Abwehr einer schuldrechtlichen Begünstigung ein ernstzunehmendes Rechtsproblem wäre." In diese Richtung auch *Hawickhorst,* Quasi- vertragliche Haftung aufgrund von Versprechensakten, S.147; *Heck* Grundriß des Schuldrechts, S. 122.

[231] So ist auch völlig unstreitig, daß die Patronatserklärung, die gegenüber einem bestimmten Gläubiger abgegeben wird, entsprechend der Bürgschaft gem. § 765 BGB einer Annahmeerklärung bedarf.

dadurch Rechnung, daß das Schweigen des Beschenkten unter bestimmten Umständen als Annahme gilt. In gewisser Weise systemwidrig erscheint in diesem Zusammenhang allerdings der Vertrag zu Gunsten Dritter gem. § 328 BGB. Hier verzichtet der Gesetzgeber zwar nicht vollkommen auf einen Vertrag, Begünstigter aus dem Vertrag ist aber ein Dritter, der selbst am Vertragsschluß nicht beteiligt ist. So erwirbt der Dritte beim Vertag zu Gunsten Dritter den primären Leistungsanspruch unmittelbar ohne seine Mitwirkung allein aufgrund des Vertrages zwischen Versprechendem und Versprechensempfänger.[232] Die Selbstbestimmung des Dritten ist hier jedoch hinreichend durch die Regelung des § 333 BGB gesichert.[233] Der Dritte kann das Recht durch *einseitige Erklärung*[234] zurückweisen, mit der Folge, daß es rückwirkend als nicht entstanden gilt.

Im Ergebnis bleibt es folglich dabei, daß sich niemand gegen seinen Willen eine Forderung aufdrängen lassen muß. Bei einseitigen Rechtsgeschäften entsteht die Verpflichtung hingegen allein durch die Abgabe der Willenserklärung des Verpflichteten. Eine Mitwirkung des Begünstigten ist nicht erforderlich. Durch das einseitige Rechtsgeschäft wird folglich in das Selbstbestimmungsrecht des Anspruchsberechtigten eingegriffen. Ein solcher Eingriff in einen fremden Rechtsbereich setzt das Bestehen einer Berechtigung zum Eingriff voraus. Allgemein läßt sich hinsichtlich des einseitigen Rechtsgeschäfts sagen, daß seine Voraussetzung eine Rechtslage ist, welche den rechtsgeschäftlich Handelnden zu der Regelung durch einseitiges Rechtsgeschäft berechtigt.[235]

---

[232] Das praktische Bedürfnis dieser ungewöhnlichen Regelung liegt in dem Interesse des Versprechensempfängers, dem Dritten vornehmlich bei Versorgungsverträgen sofort eine gesicherte Rechtsposition zu verschaffen. Vgl. *Larenz*, SchR I, § 17 I, S. 219.

[233] Staudinger/ *Jagmann*, § 333 Rdnr.2; Palandt / *Heinrichs*, § 333 Rdnr.1, 3.

[234] Obwohl ein erworbenes Recht im allgemeinen nicht durch einseitige Erklärung sondern nur durch Verzichts- oder Erlaßvertrag zurückgewiesen werden kann (§ 397 BGB).

[235] *Flume*, AT II, S. 137 für das einseitige Stiftungsgeschäft gem. § 81 BGB ergibt sich die Rechtfertigung z. B. aus der Tatsache, daß die Stiftung zum Zeitpunkt der Zusicherung noch gar nicht besteht, zur Zeit der Entstehung durch behördliche Genehmigung den Anspruch aber bereits braucht. Das Vermächtnis oder Testament als einseitiges Rechtsgeschäft greift unmittelbar erst mit dem Erbfall in den Rechtskreis des Betroffenen ein, als Korrektiv hat dieser die Möglichkeit der Ausschlagung.

II. Die Auslobung als Ausnahmen vom Vertragsprinzip

Eine Auslobung ist die durch öffentliche Bekanntmachung ausgesetzte Belohnung für die Vornahme einer Handlung. Der Auslobende wird durch einseitige öffentliche Erklärung verpflichtet, ohne daß es der Annahme des Angebotes bedarf. Nach § 657 BGB erhält derjenige, der die ausgelobte Handlung vorgenommen hat, einen Anspruch auf die Belohnung, und zwar unabhängig davon, ob er mit Rücksicht auf die Auslobung gehandelt hat oder nicht.[236]

Der Gesetzgeber hat sich damit in § 657 BGB gegen die Vertragstheorie, die in der Auslobung einen Vertragsantrag sah, entschieden und der Versprechenstheorie, die die Auslobung als einseitiges Leistungsversprechen verstand, Geltung verschafft.[237] Entscheidend war hierbei die Fallgestaltung, daß der Handelnde ohne Kenntnis der Auslobung gehandelt hat.

Für den Fall, daß der Handelnde in Kenntnis der Auslobung gehandelt hat, ließe sich der Anspruch des Gläubigers auf die Belohnung nämlich bereits aus allgemeinen Vertragsgrundsätzen herleiten.[238] Die Auslobungserklärung wäre in diesem Fall als Vertragsantrag zu qualifizieren, welcher durch die Vornahme der ausgelobten Handlung angenommen würde. Ein Zugang der Annahmeerklärung wäre gem. § 151 BGB entbehrlich, weil das Belohnungsversprechens für den Antragsempfänger ein lediglich vorteilhaftes Geschäft ist und nach der Verkehrssitte ein Zugang der Annahmeerklärung deshalb nicht zu erwarten ist.[239]

Dagegen wäre ein solcher Anspruch nach allgemeinen Vertragsgrundsätzen nicht konstruierbar, wenn der Handelnde ohne Kenntnis der Auslobung gehandelt hat.[240] In diesem Fall kann die Vornahme der Handlung keine Vertragsannahme darstellen, weil dem Handelnden der dafür auch nach § 151 BGB erforderliche Annahmewille fehlen würde. Um einen vertraglichen Anspruch begründen zu können, müßte der Handelnde also die Annahme erklären, nachdem er von der Auslobung Kenntnis erlangt hat. Eine solche Annahmeerklärung wird aber im Normalfall nicht vorliegen. Der Handelnde wird vielmehr der Auffassung sein, daß, nachdem er

---

236 *Medicus*, SchR II, § 109 Rdnr. 466, 467.

237 Vgl. Motive I S. 519 ff.; zur Entstehungsgeschichte der Auslobung *Staudinger / Wittmann*, vor § 657 Rdnr. 1 ff.

238 *Habersack*, ZIP 1996, 257, 261, Fn. 41; eingehend zur Vertragstheorie im Rahmen der Auslobung, *Schopfer*, Probleme des Auslobungsrechts, S. 6 ff.

239 Palandt/ *Heinrichs*, § 151 Rdnr.4; Staudinger / *Bork*, § 151 Rdnr. 13.

240 Dazu eingehend *v. Mayer*, Die Auslobung, S. 110 ff.

die verlangte Handlung schon vorgenommen hat, eine zusätzliche Annahmeerklärung zur Entstehung des Anspruchs nicht mehr erforderlich sei. Zu dieser Problematik tritt hinzu, daß der Antrag im Regelfall zum Zeitpunkt der Kenntniserlangung bereits nach den allgemeinen Grundsätzen gem. § 146,147 BGB erloschen wäre, so daß die Möglichkeit einer nachträglichen Annahme von vorne herein ausscheiden würde.[241]

Für den Handelnden besteht folglich die Gefahr, daß er mangels rechtzeitiger Annahme keinen Anspruch auf die Belohnung erlangt. Nach Ansicht des Gesetzgebers wäre es jedoch unbillig, demjenigen, der die Handlung vornimmt, ohne Kenntnis von der Auslobung zu haben, den Anspruch auf die Belohnung zu versagen. Tritt hingegen die Bindung des Auslobenden bereits mit der öffentlichen Bekanntmachung der Auslobung ein, erhält der Handelnde allein mit Vornahme der Handlung den Anspruch auf die Belohnung, ohne daß es auf die Kenntnis ankommt.

Der Grund für die Ausnahmeregelung besteht also darin, auch demjenigen, der in Unkenntnis gehandelt hat, den Anspruch auf Belohnung zukommen zu lassen.[242] Dabei konnte sich der Gesetzgeber im Rahmen der Auslobung auf den Erfahrungssatz stützen, daß derjenige, der in Unkenntnis der Auslobung eine bestimmte Handlung vornimmt, dies auch mit Rücksicht auf die Auslobung getan hätte.[243] Es läßt sich also feststellen, daß die Auslobung als einseitiges Leistungsversprechen in das Selbstbestimmungsrecht des Gläubigers eingreift; dieser "Eingriff" ist jedoch durch die schutzwürdigen Interessen des Gläubigers, der ohne Kenntnis des Belohnungsversprechens gehandelt hat, gerechtfertigt.

III. Die Vergleichbarkeit der Sachverhalte

Fraglich ist nun, ob der der Auslobung zugrunde liegende Sachverhalt mit dem der Patronatserklärung zugrunde liegenden Sachverhalt vergleichbar ist, so daß auch für die Patronatserklärung an die Allgemeinheit die Annahme eines einseitigen Leistungsversprechens gerechtfertigt erscheint.

---

241 *Schopfer,* Probleme des Auslobungsrechts, S. 30; vgl. auch *v. Mayer*, Die Auslobung, S. 120 Fn. 41, der betont, daß für die Fälle der Auslobung, in denen eine Präsentation des Erfolges der Auslobung nicht verlangt ist, die Annahme von vorneherein nur durch Realleistung und nicht durch wörtliche Erklärung erfolgen kann.

242 *Medicus*, SchR I § 9, Rdnr. 60.

243 *Habersack,* ZIP 1996, 257, 261.

1. Unüberschaubarer Adressatenkreis

Die Sachverhalte sind unzweifelhaft dahingehend vergleichbar, daß es sich in beiden Fällen um Erklärungen handelt, die an eine unübersehbare, unbestimmte Personenzahl gerichtet sind und öffentlich bekanntgemacht wurden. Ob allerdings die Tatsache, daß der Adressat einer Erklärung unbestimmt ist, für die Einordnung als einseitiges Leistungsverprechen spricht, erscheint zweifelhaft[244]

U. H. Schneider betont, daß es dem Wortlaut und dem Willen des Patrons entspräche, allen Gläubigern gegenüber verpflichtet zu sein. Weil sich dieses Ergebnis aufgrund des unüberschaubaren Adressatenkreises nicht mit den allgemeinen Vertragsgrundsätzen erreichen ließe, sei eine Qualifizierung der Patronatserklärung als einseitiges Leistungsversprechen entsprechend der Auslobung gerechtfertigt.[245]

Diese Argumentation kann nicht überzeugen. Nach *Schneiders* Meinung sind es der Wille des Erklärenden nach Gleichberechtigung aller Gläubiger und die sich aufgrund der Größe und Unüberschaubarkeit des Adressatenkreis in der praktischen Umsetzung daraus ergebenden Schwierigkeiten, die eine Einordnung als einseitiges Rechtsgeschäft rechtfertigen. Diese Annahme führt aber zwangsläufig zu dem Ergebnis, daß dieselbe Verpflichtung auf zweierlei Weise entstehen könnte; bei *bestimmtem Adressat* durch Patronatsvertrag, bei *unbestimmtem Adressat* durch einseitiges Rechtsgeschäft. Ein solches Ergebnis erscheint rechtlich nicht tragbar. Das Gesetz sieht zwar die Möglichkeit vor, daß der *Inhalt* eines Schuldverhältnisses Einfluß auf dessen Begründung hat (§§ 151, 516 Abs. 2 BGB). Der Umstand, daß der Adressatenkreis unbestimmt ist, hat hingegen grundsätzlich keine Auswirkungen auf die Art und Weise des Zustandekommens der Verpflichtung. So wird nach der herrschenden Meinung auch in ande-

---

[244] Die Möglichkeit, die Offerte ad incertas personas allgemein durch die Annahme eines einseitigen Rechtsgeschäfts zu ersetzen, diskutiert bereits *Dahnke*, Besteht die Möglichkeit einer Offerte zwecks Vertragsschluß mit einer beliebigen Person, S. 68: "... ob nicht die Annahme eines einseitigen Rechtsgeschäfts da weiterhilft, wo die Konstruktion einer Offerte zwecks Vertragsschluß mit einer beliebigen Person scheitert. Wie nahe dieser Ausweg liegt, beweist der Umstand, daß die Auslobung ... einseitiges Rechtsgeschäft und zwar nicht empfangsbedürftiges geworden ist." Im Ergebnis auch er ablehnend.

[245] *Schneider,* ZIP 1989, 619, 624.

ren Fällen, in denen sich der Erklärende an die Allgemeinheit wendet, ein Vertragsangebot angenommen.[246]

Weitergedacht würde Schneiders Auffassung außerdem dazu führen, daß auch in anderen Bereichen, nämlich immer dann, wenn sich der Erklärende gegenüber einem unbestimmten Personenkreis einseitig verpflichten will, das einseitige Leistungsversprechen zulässig sein müßte.[247] Durch eine so weite analoge Anwendung des § 657 BGB würde die Fremdbestimmung in Form von einseitigen Leistungsversprechen nicht mehr die unter engen Voraussetzungen zugelassene Ausnahme bleiben, sondern für eine bestimmte Art der Erklärung die Regel werden.

2. Mitwirkungshandlung seitens der Gläubiger

Die Auslobung ist die Belohnung *für* die Vornahme einer Handlung. Damit ist auch bei der Auslobung als einseitigem Rechtsgeschäft der Erwerb des Anspruchs gewissermaßen von der Handlung des Erwerbers abhängig. Durch die Vornahme der Handlung erfüllt der Handelnde aber nur die *tatsächlichen Voraussetzungen* des Anspruchs, ohne daß es auf einen auf den Rechtserwerb gerichteten Willen ankäme. Die Vornahme der ausgelobten Handlung stellt damit gewissermaßen die Erfüllung eines Tatbestandsmerkmals der Auslobung dar, mit der Konsequenz, daß der Anspruch erst in diesem Moment entsteht.[248] Der Auslobende ist folglich vor Vollendung der Handlung zwar noch nicht zur Belohnung verpflichtet, aber doch insofern gebunden, als ohne sein Zutun ein Anspruch gegen ihn entstehen kann, wenn die tatsächliche Voraussetzung hinzutritt.[249] Andere bezeichnen die Vornahme der Handlung als Erfüllung einer *Bedingung.*[250] Die unterschiedliche Bezeichnung ist nur von theoretischer Bedeutung, weil

---

[246] Zu nennen ist hier z. B. das Aufstellen von Automaten. Der Aufsteller gibt durch die Aufstellung zu erkennen, daß jedermann den Automaten benutzen kann und macht dadurch ein Angebot an einen unbestimmten Personenkreis. *Staudinger/ Bork*, § 145 Rdnr. 8; OLG Düsseldorf ZMR 1987, 328; *Larenz / Wolf*, AT des BGB, § 29 Rdnr. 21; a. A. (invitatio ad offerendum) *Medicus*, AT des BGB, Rdnr. 362.

[247] So *Dahnke*, Besteht die Möglichkeit einer Offerte zwecks Vertragsschluß mit einer beliebigen Person?, S. 69, 70, der betont, daß der Grundsatz des § 305 BGB nicht dahingehend ausgehölt werden dürfte, daß immer dann, wenn man eine Offerte zum Abschluß mit einer beliebigen Person benötigt, ein einseitiges Rechtsgsgeschäft gegeben wäre.

[248] MünchKomm- *Seiler*, § 657 Rdnr. 8, 18; Staudinger / *Wittmann*, § 657 Rdnr.9; *Lühr*, Die Öffentliche Erklärung als Haftungsgrund, S. 2, 3.

[249] Wenn die Auslobung nicht gem. § 658 I BGB widerrufen wurde.

[250] *Larenz*, SchR II 1, § 55, S. 405, 406; Palandt / *Thomas*, § 657 Rdnr.7.

der Auslobende in beiden Fällen bereits mit der Erklärung gebunden ist, während der Anspruch des Handelnden *endgültig* erst mit Vornahme der Handlung entsteht.[251]

a. Die Bedeutung der Mitwirkungshandlung für die Selbstbestimmung des Handelnden

Handlung im Sinne von § 657 BGB ist die voraussehbare *Bewirkung* eines äußeren Erfolges, d. h. das ausgelobte Verhalten muß vom Willen des Handelnden abhängig sein. Für die Frage nach dem Eingriff in das Selbstbestimmungsrecht des einzelnen ergibt sich damit für die Auslobung als einseitiges Rechtsgeschäft folgende Einschränkung:

Kennt der Handelnde das Auslobungsversprechen, kann er dadurch, daß er die geforderte Handlung vornimmt oder nicht, darüber entscheiden, ob er die Belohnung für sich in Anspruch nehmen will oder nicht. Durch das Erfordernis der Bewirkung einer Handlung oder eines Erfolges ist folglich für den Fall der Kenntnis des Auslobungsversprechens das Prinzip der Selbstbestimmung gewahrt.

Kennt der Handelnde die Auslobung nicht, entsteht der Anspruch allein durch die Vornahme der Handlung. Eine Entscheidung des Handelnden in Bezug auf die Belohnung fehlt also. Die Auslobung als einseitiges Rechtsgeschäft stellt folglich nur insoweit eine wirkliche Ausnahme vom Selbstbestimmungsgrundsatz dar, als sie den Anspruch auch dann entstehen läßt, wenn der Gläubiger ohne Kenntnis der Auslobung gehandelt hat.[252] Aus diesem Grund können auch die vom Verhalten eines Menschen unabhängigen Zustände nicht Gegenstand einer Auslobung sein. Der Leistungsanspruch würde sonst *generell* völlig unabhängig von einer Mitwirkungshandlung des Gläubigers entstehen.[253] Sie können auch nicht im Wege einer Analogie unter die Vorschriften der Auslobung gebracht werden, weil eine solch weite Auslegung dazu führen würde, daß die Fremdbestimmung

---

[251] Wobei allerdings die Tatsache, daß die Auslobung gem. § 658 BGB bis zur Vornahme der Handlung widerrufbar ist, gegen die Bezeichnung als Bedingung sprechen wird. Gegen die Annahme einer Bedingung auch *Lühr*, Die öffentliche Erklärung als Haftungsgrund, S. 2, 3.

[252] *Habersack*, ZIP 1996, 257, 261.

[253] Z. B. das Versprechen jedem am 70. Geburtstag des Versprechenden in einer Gemeinde geborenen Kind einen Geldbetrag zukommen zu lassen. Hierbei handelt es sich um ein formbedürftiges Schenkungsversprechen § 516, 518 BGB; vgl. MünchKomm- *Seiler*, § 657 Rdnr.8.

im Rahmen der Auslobung nicht mehr auf die Fälle beschränkt bliebe, in denen der Handelnde keine Kenntnis von dem Belohnungsversprechen hat, sondern umfassend eintreten würde. Dieses Ergebnis würde gegen das in § 305 BGB verankerte Grundprinzip der Selbstbestimmung verstoßen.[254]

b. Die Mitwirkungshandlung der Gläubiger im Rahmen der Patronatserklärung an die Allgemeinheit

Habersack betont, daß die Annahme, die Patronatserklärung an die Allgemeinheit sei ein einseitiges Rechtsgeschäft, schon deshalb nicht auf die analoge Anwendung der Auslobungsvorschriften gestützt werden könne, weil andernfalls der Anspruch gegen den Patron ohne jede Mitwirkungshandlung des Gläubigers zustande käme. Auf diese Weise würde das System des § 305, § 516, § 333 BGB nicht nur formell, sondern auch materiell durchbrochen.[255]

Mit dieser Argumentation kann die analoge Anwendung der Auslobungsvorschriften nach der hier vertreten Ansicht nicht abgelehnt werden. Die Entstehung der Verpflichtung aus der Patronatserklärung setzt nämlich voraus, daß derjenige, der den Anspruch geltend macht, Gläubiger einer Tochtergesellschaft der Patronin ist. Es muß mit anderen Worten zwischen Tochtergesellschaft und Gläubiger eine Verbindlichkeit bestehen, der Gläubiger muß der Tochter z. B. Kredit gewährt haben, um für sich den Anspruch aus der Partronatserklärung begründen zu können. Kennt der Gläubiger die Patronatserklärung in den Geschäftsberichten, kann er von einem Vertragsschluß mit der Tochter Abstand nehmen, wenn er mit der Besicherung durch die Patronatserklärung nicht einverstanden ist. Folglich läge auch bei einem Verständnis der Patronatserklärung als einseitigem Leistungsversprechen ein Eingriff in das Selbstbestimmungsrecht nur für den Fall vor, daß der Gläubiger in Unkenntnis der Patronatserklärung mit der Tochtergesellschaft einen Vertrag schließt. Auch auf diesen Fall ließe sich aber der für die Auslobung geltende Erfahrungssatz übertragen, daß derjenige, der in Unkenntnis der Patronatserklärung mit der Tochter einen Vertrag schließt, dies erfahrungsgemäß auch in Kenntnis der Patronatserklärung getan hätte. In dem zur Begründung des Anspruchs erforderlichen Vertragsschluß zwischen Gläubiger und Tochter kann also durchaus eine *Mitwirkungshandlung* entsprechend der Handlung bei der Auslobung gesehen werden, so daß die Sachverhalte insofern noch vergleichbar erscheinen.

---

[254] *Schüler,* Welche Handlungen können Gegenstand der Auslobung bilden?, S. 36, 37.
[255] *Habersack,* ZIP 1996, 257, 261.

3. Gläubigerschutz

Der Grund für die Ausnahme vom Vertragsprinzip liegt im Fall der Auslobung gem. § 657 BGB darin, daß es der Gesetzgeber für angemessen hielt, auch demjenigen einen Anspruch zu geben, der die Handlung ohne Kenntnis von der Auslobung vorgenommen hat und sich dieses Ergebnis mit allgemeinen Vertragsgrundsätzen nicht erreichen läßt. Es ist somit zu fragen, ob auch im Fall der Patronatserklärung an die Allgemeinheit die Anwendung von Vertragsgrundsätzen in gleicher Weise zur Verletzung *schützenswerter Interessen* der Gläubiger führen würde.

U. H. Schneider hält die Sachverhalte in dieser Hinsicht für vergleichbar. Für die Einordnung als einseitiges Rechtsgeschäft spräche, daß die Patronatserklärung alle Gläubiger schützen soll, inländische ebenso wie ausländische, ganz unabhängig davon, ob sie von der Patronatserklärung wußten oder nicht.[256] Dieses Ergebnis könne nicht erreicht werden, wenn man die Entstehung der Verbindlichkeit aus der Patronatserklärung von der Annahme der einzelnen Gläubiger abhängig machen würde. Die Annahme der Erklärung setzt nämlich voraus, daß der Gläubiger von der Erklärung Kenntnis erlangt und diese nicht zurückgewiesen hat. Dies zu unterstellen sei bei einem Adressatenkreis mit unzähligen Gläubigern der Töchter- und Beteiligungsunternehmen im In- und Ausland eine reine Fiktion.[257] Folglich könne man lediglich von der Annahme einiger weniger, gut informierter Großgläubiger, die mit dem Inhalt der Geschäftsberichten vertraut sind, ausgehen. In der Konsequenz hätte der typische Sparer und Kleinanleger somit keinen Anspruch gegen den Patron. Dieses Ergebnis entspräche aber weder dem *Wortlaut* der Erklärung noch dem *Willen* des Patrons und sei unter dem Gesichtspunkt der *materiellen Gerechtigkeit* nicht vertretbar. Auch den Gläubigern einen Anspruch zu geben, die ohne Kenntnis von der Erklärung der Tochter Kredit gewährt haben, rechtfertige die Einordnung als einseitiges Leistungsversprechen.[258]

Tatsächlich wird es entsprechend den Ausführungen von *U. H. Schneider* oftmals an einer Annahmeerklärung durch den einzelnen Gläubiger fehlen. Grundsätzlich steht es dem Patron entsprechend den Grundsätzen der Privatautonomie frei, wem gegenüber er sich verpflichtet. Insbesondere ist er berechtigt, die Entstehung des Anspruchs von der Annahme der Gläubiger abhängig zu machen. Die Besonderheit bei der Patronatserklärung an die

---

[256] *Schneider,* ZIP 1989, 619, 624.
[257] *Schneider,* ZIP 1989, 619, 624.
[258] *Schneider,* ZIP 1989, 619, 624.

Allgemeinheit liegt allerdings darin, daß der Patron das Erfordernis der Annahmeerklärung geradezu *verschleiert*. Bei der gewählten Erklärungsform wird der einzelne Gläubiger nämlich nicht der Ansicht sein, daß eine ausdrückliche Annahmeerklärung gegenüber der Mutterbank erforderlich ist. Er wird vielmehr glauben, daß er allein aufgrund der Tatsache, daß er mit der Tochterbank einen Vertrag geschlossen hat, aus der Erklärung berechtigt ist. Diese Vorgehensweise entspricht dem Willen des Patrons, der eine ausdrücklich erklärte Annahme der einzelnen Gläubiger aus bilanzrechtlichen sowie aufsichtsrechtlichen Gründen gerade vermeiden will.[259]

Vor der Gefahr, daß die Gläubiger, obwohl sie die Patronatserklärung kennen, die Annahme nicht gegenüber dem Patron erklären, sind diese allerdings bereits durch § 151 BGB geschützt. § 151 BGB trägt dem Gedanken Rechnung, daß bei lediglich vorteilhaften Geschäften, wie der Patronatserklärung an die Allgemeinheit, der Gläubiger davon ausgeht, daß der Erklärende kein Interesse an dem Zugang einer Annahmeerklärung habe, weil an einer Annahme des Begünstigten nicht zu zweifeln sei.[260] Der Zugang der Annahmeerklärung ist in diesen Fällen entbehrlich, der Vertrag kommt bereits mit der eindeutigen Betätigung des Annahmewillens zustande.[261]

Es bleiben die Fälle, in denen der Gläubiger keine Kenntnis von der Patronatserklärung hatte und ein vertraglicher Anspruch folglich ausscheidet. Ein Schutz dieser Gläubiger erscheint anders als bei der Auslobung nicht sachgerecht. Zunächst ist der Handelnde bei der Auslobung besonders schutzwürdig, weil er ausschließlich im Interessenbereich eines anderen tätig wird, ohne dazu verpflichtet zu sein.[262] Der besondere Schutz desjenigen, der fremdnützig handelt, ist ein gesetzliches Prinzip, das sich über die Auslobung hinaus auch in anderen Vorschriften des BGB zeigt. Zu denken ist hier z. B an die eingeschränkte Haftung des unentgeltlich Handelnden.[263] Derjenige, der die ausgelobte Handlung ohne Kenntnis von der Belohnung vornimmt, handelt besonders uneigennützig. Gerade diesem den Anspruch zu verwehren, erscheint unbillig. Dazu kommt, daß es dem Auslobenden regelmäßig gleichgültig sein wird, ob der von ihm gewünschte Erfolg aufgrund und in Kenntnis seiner Auslobung herbeigeführt

---

[259] Durch eine ausdrückliche Annahme der Patronatserklärung würde das Haftungsrisiko zumindest teilweise bezifferbar und damit bilanzrechtlich sowie aufsichtrechtlich erfaßbar. Dazu noch ausführlich im 7. und 8. Teil der Arbeit.

[260] Staudinger / *Bork*, § 151 Rdnr. 8; Soergel / *Wolf* § 151 Rdnr. 18.

[261] Zum Vertragschluß gem. § 151 BGB noch ausführlich im 5. Teil der Arbeit.

[262] Aus diesem Grund wurde die Auslobung im Rahmen der Geschäfte gesetzlich geregelt, die einen Tätigkeit im Interesse eines anderen zum Gegenstand haben.

[263] § 521 BGB, § 599 BGB, § 690 BGB.

wurde oder nicht. Er ist allein an der tatsächlichen Vornahme der Handlung interessiert, zumal es für die Qualität der gewünschten Handlung keinen Unterschied machen wird, aus welcher Motivation heraus sie vorgenommen wurde.[264]

Der Gläubiger der Tochtergesellschaft handelt dagegen nicht ausschließlich im Interessenbereich des Patrons. Ihm geht es allein und ausschließlich um den wirtschaftlichen Vorteil, den er aus dem Vertrag mit der Tochtergesellschaft zieht. Er handelt somit *ausschließlich in seinem eigenen Interesse.* Das typisch altruistische Element der Auslobung, das die besondere Schutzbedürftigkeit des Handelnden überhaupt erst begründet, fehlt damit bei der Patronatserklärung an die Öffentlichkeit. Dazu kommt, daß die Unkenntnis des Auslobungsversprechens nicht auf der Unvorsichtigkeit oder Nachlässigkeit des Handelnden beruht. Der Handelnde wird vielmehr im Regelfall im Zeitpunkt der Vornahme der Handlung gar nicht wissen, in wessen Interesse er tätig wird. Für ihn ist es damit zwangsläufig unmöglich, sich über ein mögliches Belohnungsversprechen zu informieren. Er erfährt erst von der ausgesetzten Belohnung, nachdem er die Handlung bereits vorgenommen hat. Die Interessen des Auslobenden sind damit befriedigt, die Anwendung von Vertragsgrundsätzen würde für den Handelnden die Gefahr mit sich bringen, daß der Auslobende sein Versprechen nun nicht länger aufrecht erhält. Diese Gefahr besteht für den Gläubiger einer Tochtergesellschaft nicht. Tritt er mit der Tochter in Vertragsverhandlungen, besteht für ihn durchaus die Veranlassung, sich genau über die Haftungsverhältnisse zwischen Mutter- und Tochtergesellschaft zu informieren.

Im Ergebnis läßt sich also festhalten, daß die besondere Schutzbedürftigkeit des Handelnden, welche die Qualifizierung der Auslobung als einseitiges Rechtsgeschäft rechtfertigt, bezüglich der Gläubiger einer Patronatserklärung an die Allgemeinheit nicht gegeben ist. Die analoge Anwendung der Auslobungsvorschriften auf die Patronatserklärung an die Allgemeinheit scheidet daher aus.

Ergebnis des dritten Teils

Die in den Geschäftsberichten der Großbanken enthaltenen Patronatserklärungen an die Allgemeinheit können nicht als einseitiges Leistungsversprechen verstanden werden.

[264] *Von Mayer*, Die Auslobung, S. 83; *Schopfer*, Probleme des Auslobungsrechts, S. 50.

Vierter Teil: Die Patronatserklärung als Vertragsantrag ad incertas personas

Nachdem festgestellt wurde, daß die Patronatserklärung an die Öffentlichkeit nicht als einseitiges Leistungsversprechen eingeordnet werden kann, ist im folgenden zu untersuchen, ob und auf welche Weise ein vertragliches Schuldverhältnis zwischen dem Patron und den einzelnen Gläubigern entstehen kann. Damit ist zunächst zu untersuchen, ob die Patronatserklärung an die Allgemeinheit die Voraussetzungen eines wirksamen Vertragsantrags erfüllt. Anschließend ist die weitaus schwierigere Frage zu klären, wie ein solcher Vertragsantrag durch die Gläubiger angenommen werden kann.

1. Kapitel: Allgemeine Wirksamkeitsvoraussetzungen des Vertragsantrags

I. Bestimmtheit des Antrags

Ein Vertragsantrag muß zu seiner Wirksamkeit inhaltlich hinreichend bestimmt sein.[265] Der Antrag ist dann hinreichend bestimmt, wenn er die essentialia negotii bezeichnet. Demnach muß das Angebot grundsätzlich die Vertragsparteien, den Vertragsinhalt und den Vertragstyp beinhalten.[266] Ob ein Angebot hinreichend bestimmt ist, ist im Wege der Auslegung zu ermitteln.

1. Bestimmtheit der Vertragsparteien

Die Patronatserklärung in den Geschäftsberichten bestimmt keinen konkreten Vertragspartner, sie richtet sich an alle jetzigen und zukünftigen Gläubiger des patronierten Unternehmens. Das Bestimmtheitserfordernis ist aber auch dann gewahrt, wenn sich jemand, wie im konkreten Fall, an das Publikum wendet und einen Antrag ad incertas personas abgibt. Zwar ist die Person des Vertragspartners hier nicht konkret bestimmt, sie ist aber *bestimmbar*. Die Bestimmbarkeit des Antrags ergibt sich aus der Tatsache, daß sich der Erklärende gegenüber jedem beliebigen Vertragspartner, der

[265] *Staudinger/Bork*, § 145 Rdnr. 17a; MünchKomm – *Kramer*, § 145 Rdnr. 3; *Köhler*, BGB AT § 15 Rdnr. 8.

[266] *Flume*, AT II, § 35 I 1, S. 635.

den Antrag angenommen hat, binden will.[267] Der *Vertragsschluß* erfolgt mit einem vom bestimmbaren zum bestimmt gewordenen Individuum.

2. Bestimmtheit des Leistungsinhalts

Auch der Inhalt der Verpflichtungserklärung muß hinreichend bestimmt sein.[268] Die Erklärung beinhaltet die Verpflichtung des Patrons, die Tochter mit ausreichender Liquidität auszustatten, damit diese in der Lage ist, ihren fälligen Zahlungsverpflichtungen nachzukommen. Als Vertragsantrag ad incertas personas kann die Patronatserklärung im Zeitpunkt ihrer Abgabe zwangsläufig keine konkrete Verbindlichkeit bezeichnen, auf die sie sich bezieht. Dennoch ist die Erklärung hinreichend bestimmbar, weil eindeutig ist, bezüglich welcher Verbindlichkeiten der Patron eine Ausstattungsverpflichtung übernehmen will. Die Ausstattungsverpflichtung soll sich nämlich auf *alle Verbindlichkeiten* der Tochterunternehmen beziehen, zu deren Erfüllung die Tochter finanziell nicht in der Lage ist.

Allerdings wurde in anderem Zusammenhang die Übernahme einer Haftung für alle Verbindlichkeiten als inhaltlich nicht dem Bestimmtheitserfordernis entsprechend bezeichnet. So wird in der Rechtslehre teilweise die Ansicht vertreten, daß bezüglich der *Bürgschaft* die Übernahme der Haftung für alle nur irgendwie denkbaren Verbindlichkeiten des Hauptschuldners wegen mangelnder Bestimmbarkeit unwirksam sei.[269] Zur Begründung wird darauf hingewiesen, daß eine Begrenzung der Höhe nach wegen des mit § 766 BGB bezweckten Schutzes des Bürgen vor unüberlegten Bürgschaftserklärungen erforderlich sei.[270] Diese Ansicht erscheint allerdings mittlerweile überholt. So hat der BGH betont, daß solche *"Globalbürgschaften"* durchaus dem Bestimmtheitserfordernis genügen.[271] Es sei nicht Aufgabe des Bestimmtheitserfordernisses, den Schuldner vor den

---

[267] Münch Komm -*Kramer,* § 145 Rdnr. 8; *Staudinger / Bork,* § 145 Rdnr. 19; a. A. OLG Karlsruhe NJW- RR 1989, 19 welches grds. fordert, daß sich der Antrag an eine konkrete Person richtet, vgl. zur Diskussion um das Erfordernis der Bestimmtheit des Adressaten bereits *Sohm,* ZHR 17 (1872), 16 ff.

[268] MünchKomm – *Kramer,* § 145 Rdnr.3; Staudinger / *Bork,* § 145 Rdnr. 17a.

[269] BGHZ 25, 318, 321= BGH NJW 1957, 1873; BGH NJW 1990, 1909, 1910; BGH NJW 1994, 1656; *Tiedtke,* ZIP 1994, 1237, 1238.

[270] Gleichwohl hat die Rechtsprechung diese erhöhten Anforderungen an den Bestimmtheitsgrundsatz auch auf Bürgschaften erstreckt, die nach § 350 HGB formfrei sind. WM 1978, 1065, 1066.

[271] BGHZ 130, 19, 20, 21; so auch MünchKomm – *Habersack,* § 765 Rdnr. 69; *Larenz/ Canaris,* SchR II/ 2, § 60 II 2., S. 6.

Risiken einer derart umfassenden Bürgschaft zu schützen.[272] Auch bezüglich der Patronatserklärung sind demzufolge unter Gesichtspunkten des Schuldnerschutzes keine besonders strengen Anforderungen an das Bestimmtheitserfordernis zu stellen. Die Patronatserklärung, die sich auf alle Verbindlichkeiten der Töchterunternehmen bezieht, ist im Ergebnis also hinreichend bestimmt.

II. Vertretungsmacht

Die Patronatserklärung müßte weiterhin von dem zuständigen Organ abgegeben worden sein. Der Vorstand handelt gem. § 78 Abs. 2 AktG als Organ der juristischen Person. Der Vorstand ist gemeinschaftlich zur Vertretung der Gesellschaft befugt. Wird die Patronatserklärung in den Geschäftsberichten veröffentlicht, ergeben sich keine Probleme bezüglich der Vertretungsvollmacht, da alle Vorstandsmitglieder den Geschäftsbericht unterzeichnet haben.[273]

III. Das Wirksamwerden des Antrags

Die besondere Problematik der Offerte ad incertas personas zeigt sich darin, daß bestimmte Regeln des BGB über die Willenserklärung auf eine solche Offerte nicht anwendbar sind. Das gilt insbesondere für den Zugang der Erklärung als Voraussetzung für deren Wirksamwerden.

Gem. § 130 I 1 BGB wird eine Willenserklärung, *die einem anderen gegenüber abzugeben ist*, in dem Zeitpunkt wirksam, in dem sie dem anderen zugeht. § 130 BGB unterscheidet zwischen empfangsbedürftigen und nicht empfangsbedürftigen Willenserklärungen. Empfangsbedürftig ist eine Willenserklärung, die an einen *bestimmten Adressaten*, den Erklärungsempfänger, gerichtet ist.[274]

Der Vertragsantrag ist grundsätzlich eine empfangsbedürftige Willenserklärung.[275] Hinsichtlich der Offerte ad incertas personas besteht hingegen

---

[272] MünchKomm – *Habersack*, § 765 Rdnr. 69. Geht es um AGB- Klauseln, in denen der Kreis der gesicherten Forderungen extrem weit ausgedehnt wird, wird der Schutz des Bürgen über § 3, 9 AGBG erreicht. Solche Klauseln sind in der Regel unwirksam; vgl. MünchKomm- *Habersack*, § 765 Rdnr. 72, 73; *Larenz / Canaris*, SchR II 2, § 60 II 2, S. 7; BGHZ 130, 19, 23 f.

[273] *Kohout*, Patronatserklärungen S. 63.

[274] *Köhler*, BGB AT, § 13 Rdnr. 10; *Medicus*, AT des BGB, § 22 Rdnr. 259.

[275] Palandt / *Heinrichs*, vor § 104 Rdnr.11,12; MünchKomm- Kramer, § 145 Rdnr.2.

die Besonderheit, daß diese nicht an einen bestimmten Empfänger, sondern an eine Vielzahl von Adressaten gerichtet ist, die dem Erklärenden im Zeitpunkt der Erklärung noch unbekannt sind.[276] Da die Erklärung nicht an einen individuellen Adressaten gerichtet ist, kann es für die Wirksamkeit der Offerte nicht darauf ankommen, wann die Erklärung in die Verfügungsgewalt der individuellen Person gelangt ist. Dies hätte nämlich zur Folge, daß der Vertragsantrag zu unterschiedlichen Zeitpunkten wirksam würde. Die Offerte ad incertas personas wird aber als ein einheitlicher Vertragsantrag angesehen. Unter diesem Gesichtspunkt muß der Vertragsantrag ad incertas personas zu einem einheitlichen Zeitpunkt wirksam werden. Auf das Angebot an einen unbestimmten Personenkreis ist § 130 Abs. 1 S.1 BGB folglich nicht anwendbar.[277]

Entscheidet nicht der Zugang i. S. d § 130 Abs. 1 S. 1 BGB über das Wirksamwerden des Vertragsantrags, dann stellt sich die Frage, zu welchem Zeitpunkt die Offerte ad incertas personas wirksam wird. In der Rechtsprechung wird betont, daß infolge der Unanwendbarkeit des § 130 BGB auf das Angebot an das Publikum der Zeitpunkt der Wirksamkeit durch *Auslegung* der Erklärung gem. § 133 BGB zu bestimmen ist.[278] Es ist folglich zu fragen, ab welchem Zeitpunkt sich der Erklärende in der Weise an sein Angebot gebunden wissen will, daß eine Person aus dem angesprochenen Personenkreis den Vertrag durch die Annahmeerklärung zustande bringen kann. Das wird bei einem Angebot an die Allgemeinheit regelmäßig dann der Fall sein, wenn er der Öffentlichkeit tatsächlich zugänglich gemacht wird, also mit seiner Veröffentlichung.[279] Wird eine Offerte ad incertas personas mit ihrer Veröffentlichung wirksam, folgt daraus zwangsläufig, daß ein Angebot gegenüber der Öffentlichkeit auch gegenüber solchen Personen gilt, die indirekt, also beispielsweise durch Mitteilung eines

---

[276] Anders stellt sich das Problem in den Fällen dar, in denen die Erklärung zwar an eine Vielzahl von Personen gerichtet ist, der Kreis der Empfänger jedoch bestimmt ist. Der Zugang beurteilt sich hier nach § 130 BGB.

[277] OLG Frankfurt a. M. NJW 1971, 2177; Soergel / *Hefermehl,* § 130 Rdnr. 6; *Köndgen*, Selbstbindung ohne Vertrag, S. 156, 290.

[278] OLG Frankfurt a. M. NJW 1971, 2177, 2178, allerdings mit der Besonderheit, daß der Anbietende seine Erklärung für unwiderruflich erklärt hat. Dazu noch im folgenden.

[279] *Larenz / Wolf,* AT des BGB, § 26 I 2, Rdnr. 4, S. 504; *Köndgen*, Selbstbindung ohne Vertrag, S.156, 190; so im Ergebnis auch *Danke,* Besteht die Möglichkeit einer Offerte zwecks Vertragsschluß mit einer beliebigen Person?, S. 74 ff., der für die Offerte ad incertas personas als *öffentliche Bekanntmachung* eine eigenständige gesetzliche Regelung fordert, weil sie mit den allgemeinen Vorschriften über die Willenserklärung nicht zu erfassen sei.

Dritten, Kenntnis von der Erklärung haben, ohne daß es auf die Vertretungs- oder Botenmacht des Überbringers ankäme.[280]

Im Ergebnis wird die Patronatserklärung folglich in dem Moment wirksam, in dem die Mutterbank den Geschäftsbericht veröffentlicht hat.

2. Kapitel: Bindung an die Patronatserklärung ad incertas personas

Weiterhin stellt sich die Frage, wie lange der Patron an die Patronatserklärung an die Allgemeinheit gebunden ist.

Die Bindungswirkung des Vertragsantrags beginnt gem. § 145 BGB mit dessen Wirksamwerden.[281] Auf die Offerte ad incertas personas übertragen bedeutet das, daß die Bindungswirkung hier mit deren Veröffentlichung beginnt. Die Bindungswirkung des Antrags bleibt grundsätzlich bestehen, solange die Offerte nach § 147, 148 BGB angenommen werden kann.

I. Die befristete Offerte ad incertas personas

Entsprechend dem Grundsatz der Privatautonomie kann der Antragende gem. § 148 BGB den Antrags befristen. Nur wenn eine solche Befristung fehlt, sind die gesetzlichen Bestimmungen über die zeitliche Geltung des Angebots anwendbar.

Dieser Grundsatz gilt auch für das Vertragsangebot an einen unbestimmten Personenkreis. Enthält das Angebot ad incertas personas eine Frist, dann ist der Erklärende innerhalb dieser Frist an sein Angebot gebunden. Der Vertrag kommt folglich mit jedem Gläubiger zustande, der das Angebot innerhalb der Frist angenommen hat.[282] Die Patronatserklärung an das Publikum enthält keine ausdrückliche Bestimmung über die Geltung des Angebots.[283]

---

280 *Köndgen*, Selbstbindung ohne Vertrag, S. 290.

281 Flume, AT II, § 35 I 3b, S. 641; *Jauernig*, BGB, § 145 Rdnr.4.

282 So z. B. BGH NJW- RR 1994, 1185; hier war der Erklärende an sein Angebot an die Allgemeinheit zum Abschluß eines Gesellschaftsvertrages bis zum 31.12.1991 gebunden.

283 *Habersack*, ZIP 1996, 257, 263.

II. Die Offerte ad incertas personas als langfristig bindendes Angebot

Fehlt eine ausdrückliche Fristbestimmung, ist zu fragen, ob sich eine solche Befristung konkludent aus den Umständen des Angebots ergibt.[284] Es kommt insbesondere darauf an, ob für den konkreten Sachverhalt eine andere als die gesetzlich vorgeschriebene Geltung des Angebots sachgerecht ist.[285] Nach der gesetzlichen Regel kann ein Antrag unter Abwesenden gem. § 147 Abs. 2 BGB bis zu dem Zeitpunkt angenommen werden, zu dem der Eingang der Antwort unter regelmäßigen Umständen zu erwarten ist. Das Gesetz geht im Grundsatz von einem *kurzfristig bindenden Angebot* aus.

Zu berücksichtigen ist allerdings, daß der Regelung des § 147 BGB der Vertragsantrag an eine bestimmte Person zugrunde liegt. Wer ein Vertragsangebot an einen bestimmten Adressaten abgibt, geht in der Regel davon aus, daß sich der Empfänger alsbald oder innerhalb einer nicht zu langen Frist entscheiden wird. Der Erklärende will nicht dauerhaft an sein Angebot gebunden sein, weil er sich die Möglichkeit offenhalten möchte, das Angebot bei Veränderung der zugrunde liegenden Umstände zu ändern, oder es bei Nichtannahme einem anderen unterbreiten zu können.[286]

Bei der Patronatserklärung an die Allgemeinheit ist die Interessenlage anders. Hierbei handelt es sich um ein Angebot, daß sich nicht an einen konkreten Empfänger richtet, sondern allgemein an die Gläubiger der Tochtergesellschaften gerichtet ist. Ist der Empfänger jedoch nicht bestimmt, kann es sich begriffsnotwendig nicht um ein kurzfristig anzunehmendes Angebot handeln. Da der Patron nämlich über die veröffentlichte Offerte einen besonders weiten Kreis von Gläubigern ansprechen will, richtet er sich darauf ein, daß nicht alle Interessenten kurzfristig von der Erklärung Kenntnis nehmen werden.[287] Die Patronatserklärung an die Allgemeinheit stellt damit ein langfristiges Angebot dar.

---

284 MünchKomm-*Kramer,* § 148 Rdnr. 2; *Flume,* AT II, § 35 I 2, S. 637.

285 *Medicus,* AT des BGB, § 26 Rdnr. 370; Palandt /*Heinrichs,* § 148 Rdnr. 4.

286 *Larenz* / Wolf, AT des BGB, § 29 II, Rdnr. 23, S. 577.

287 Allgemein für Offerten ad incertas personas *Köndgen,* Selbstbindung ohne Vertrag, S. 290; für die Gesamtzusage des Arbeitgebers führt das BAG (BAGE 11, 236, 250) aus: "Ein Erlöschen der Offerte nach § 147 BG anzunehmen, wird dem Sachverhalt und den Regeln der Verkehrssitte nicht gerecht. Es ist lebensfremd."

III. Zulässigkeit von langfristigen Angeboten

Inwieweit solche langfristig bindenden Angebote zulässig sind, ist umstritten.[288] Gegen die Annahme von langfristigen Angeboten wird eingewendet, ein solches Angebot sei mit der Regelung der § 145 ff. BGB nicht vereinbar.[289] Das Gesetz gehe davon aus, daß der Zeitraum zwischen Angebot und Annahme möglichst kurz sein müsse. Die Anerkennung von langfristigen Angeboten widerspräche der Natur des Vertrages als eines einheitlichen Aktes und der Bestrebung des Gesetzes, die Gebundenheit des Antragenden in engen Grenzen zu halten.[290]

Diese Überlegungen können nicht überzeugen. § 148 BGB sieht gerade die Möglichkeit vor, daß der Einzelne die Annahmefrist selbst bestimmen kann. Dann muß er aber auch die Möglichkeit haben, bei entsprechender Interessenlage, so z. B. bei Angeboten an einen unbestimmten Personenkreis, eine langfristiges Angebot abzugeben.[291] Langfristige Angebote sind damit zulässig.

IV. Langfristiges Angebot mit Widerrufsrecht

In der Literatur wird die Ansicht vertreten, der Patron sei aufgrund der Patronatserklärung solange an das Angebot gebunden, wie die Beteiligung an der Tochtergesellschaft besteht.[292] Weil die Patronatserklärung für den Patron folglich eine derartig lange Bindung begründe, sei der Vertragsantrag so auszulegen, daß die Erklärung einen Widerrufsvorbehalt für den Patron beinhalte.[293] Der Widerruf könne dabei allerdings nur mit Wirkung für die Zukunft ausgeübt werden und müsse der Öffentlichkeit gegenüber in gleicher Weise bekannt gemacht werden wie die Patronatserklärung selbst.

Die Annahme eines Widerrufsvorbehaltes kann nicht überzeugen. Allein die Tatsache, daß das Angebot den Erklärenden langfristig bindet, recht-

---

[288] Die Diskussion wurde insbesondere im Zusammenhang mit der Frage nach der Rechtsnatur der Option geführt. Vgl. dazu *von Einem*, Rechtsnatur der Option, S. 18 ff. (mit weiteren Nachweisen).

[289] *Flume*, AT II, § 35 I 2, S. 637; *Georgiades*, Festschrift für Larenz, S. 409, 413, 414.

[290] *Georgiades*, Festschrift für Larenz, S. 413.

[291] *Von Einem*, Schriften zum Bürgerlichen Recht, Bd. 20, S. 18, 20. So auch die herrschende Meinung BGHZ 47, 387, 388; BGH NJW 1958, 1281; BGH DNotZ 63, 230, 231.

[292] *Kohout*, Patronatserklärungen, S. 54.

[293] *Kohout*, Patronatserklärungen, S. 54.

fertigt nämlich für sich nicht die Auslegung eines Vertragsantrags im Sinne eines Widerrufsrechts des Erklärenden. Ein Widerrufsvorbehalt muß sich vielmehr aus der Erklärung selbst ergeben.[294]

Ein noch weitergehendes Widerrufsrecht räumt *U. H. Schneider* dem Patron ein. Aufgrund seines Verständnisses von der Patronatserklärung als einseitigem Leistungsversprechen gewährt *Schneider* dem Patron entsprechend § 658 BGB ein Widerrufsrecht auch gegenüber den Gläubigern, die der Tochtergesellschaft zum Zeitpunkt des Widerrufs bereits Kredit gewährt haben. Diese *"Altgläubiger"* hätten im Fall des Widerrufs im Zweifel nur die Möglichkeit, den Kredit zu kündigen.[295] Ein so umfassendes Widerrufsrecht scheint aber selbst bei einem Verständnis von der Patronatserklärung als einseitigem Leistungsversprechen zu weitgehend.[296] Nach § 658 BGB kann nämlich die Auslobung nur bis zur Vornahme der Handlung widerrufen werden. Die Vorschrift zeigt somit, daß auch das einseitige Leistungsversprechen nicht frei widerruflich ist. Sobald die Auslobung Rechtswirkungen zeigt, was mit Vornahme der Handlung der Fall ist, kann sie dagegen nicht mehr widerrufen werden. Auf die Patronatserklärung an die Allgemeinheit übertragen würde das bedeuten, daß mit der Begründung des durch die Patronatserklärung gesicherten Anspruchs gegen die Tochtergesellschaft die Patronatserklärung nicht mehr widerrufen werden könnte.[297]

V. Bindung an die Offerte solange diese aufrechterhalten wird

Ein sachgerechtes Ergebnis läßt sich dadurch erreichen, daß man für die unbefristete Offerte ad incertas personas grundsätzlich eine Bindung des Erklärenden annimmt, solange dieser das Angebot aufrecht erhält.[298]

Für die Patronatserklärung an die Allgemeinheit bedeutet dies im Ergebnis, daß die Erklärung solange angenommen werden kann, wie sie in den Geschäftsberichten der jeweiligen Bank enthalten ist. Enthält der Ge-

---

[294] *Larenz / Wolf*, AT des BGB, § 29 Rdnr. 36.
[295] *Schneider*, ZIP 1989, 619, 624, 625.
[296] So auch *Habersack*, ZIP 1996, 257, 262.
[297] Vgl. *Habersack*, ZIP 1996, 257, 262, der außerdem betont, daß der Patron von seinem Recht auf Widerruf der Patronatserklärung typischerweise bei drohender Inanspruchnahme durch den Gläubiger Gebrauch machen wird; zu diesem Zeitpunkt dem Tochtergläubiger aber durch die außerordentliche Kündigung des Kredits nicht mehr geholfen ist.
[298] *Larenz / Wolf*, AT des BGB, § 29 Rdnr. 21.

schäftsbericht für die nachfolgenden Jahre keine Patronatserklärung, kann sich der Gläubiger folglich nicht auf die Erklärung der vorangehenden Jahre berufen. Auf der anderen Seite hat die Tatsache, daß der Patron die Patronatserklärung an die Allgemeinheit nicht länger aufrechterhält, keine Auswirkung auf den bereits zustande gekommenen Patronatsvertrag.

VI. Bindung an die Patronatserklärung in faktischer Hinsicht

Auch wenn der Patron in rechtlicher Hinsicht die Möglichkeit hat, in den Geschäftsbericht des folgenden Geschäftsjahres keine Patronatserklärung mehr aufzunehmen, so ist er in faktischer Hinsicht daran gehindert, eine einmal abgegebene Patronatserklärung nicht länger aufrechtzuerhalten. Ein solches Verhalten würde der Öffentlichkeit dokumentieren, daß der Mutterkonzern nicht länger hinter dem Tochterunternehmen steht, die wirtschaftliche Lage des Unternehmens also fraglich erscheint. Für den gesamten Konzern würde dies einen Vertrauensverlust der Öffentlichkeit mit sich bringen, der für das auf dieses Vertrauen besonders angewiesene Bankgewerbe untragbar wäre.

Ergebnis des vierten Teils:

Als Vertragsantrag ad incertas personas wird die Patronatserklärung mit ihrer Veröffentlichung im Geschäftsbericht wirksam. Ab diesem Zeitpunkt ist der Patron an die Erklärung gebunden. Die Bindung besteht solange fort, wie der Patron das Angebot aufrechterhält.

Fünfter Teil: Die Annahme der Patronatserklärung an die Allgemeinheit durch den einzelnen Gläubiger

Es wurde festgestellt, daß die den in den Geschäftsberichten enthaltenen Patronatserklärungen als Antrag auf Abschluß eines Patronatsvertrages ad incertas personas zu qualifizieren sind.

Es gilt im folgenden zu klären, wie die Annahme dieses Antrags durch die Gläubiger erfolgt. Die Frage nach der Annahme seitens der Gläubiger läßt sich nicht einheitlich beantworten. Sie soll deshalb anhand von Sachverhaltsbeispielen erörtert werden.

1. Kapitel: Annahme durch Annahmeerklärung

Sachverhalt: Ein Gläubiger will der Tochtergesellschaft Kredit gewähren, informiert sich über mögliche Sicherheiten und wird in diesem Zusammenhang durch die Mutter- oder die Tochtergesellschaft selbst auf die in den Geschäftsberichten enthaltenen Patronatserklärungen hingewiesen. Er bestätigt ausdrücklich gegenüber der Muttergesellschaft die Bezugnahme auf diese Patronatserklärung und gewährt der Tochtergesellschaft den Kredit.

Diese Fallgestaltung erscheint unproblematisch. Der Patronatsvertrag kommt hier durch die Annahme in Form der *ausdrücklichen Bezugnahme* des Gläubigers zustande. Die Annahme erfolgt dabei gem. § 78 Abs. 2 AktG gegenüber einem Vorstandsmitglied oder gegenüber einem durch den Vorstand zur Annahme ermächtigten Dritten.[299]

Weil in der Praxis der Patronatsvertrag im Zweipersonenverhältnis häufig auf diese Art und Weise begründet wird[300], kommt es nicht selten vor, daß

---

[299] Passivvertretung als Einzelvertretung, vgl. *Mertens* in Kölner Kommentar zum AktG, § 78 Rdnr. 33; *Geßler/ Hefermehl*, AktG § 78 Rdnr. 76; vgl. bzgl. der Frage der Empfangsvollmacht der Tochtergesellschaft die folgende Sachverhaltsvariante.

[300] So empfiehlt *Obermüller*, Ersatzsicherheiten im Kreditgeschäft, Rdnr.67,die ausdrückliche Bestätigung der Patronatserklärung. Vgl. auch das entsprechende Muster einer Empfangsbestätigung Rdnr. 95; so auch *Bodenstein/ Jahn*, Kreditsicherung im Geschäftsverkehr mit dem Ausland, Bd. II (Italien), S.102 vgl. auch *Seiler*, Die Pa-

insbesondere bei bedeutenden Vertragsabschlüssen mit der Tochtergesellschaft die Gläubiger auch bezüglich der Patronatserklärung ad incertas personas die Annahme schriftlich gegenüber dem Patron bestätigen. Dieser Vorgehensweise stehen die Banken ablehnend gegenüber.[301] Diese ablehnende Haltung ist rechtlich jedoch irrelevant. Die schriftliche Bezugnahme auf die Patronatserklärung ist nämlich nicht lediglich als ein Angebot des Gläubigers zum Abschluß eines Patronatsvertrages zu qualifizieren, welches durch die Bank abzulehnen oder anzunehmen wäre. Die Bestätigung stellt vielmehr nach der hier vertretenen Auffassung bereits die Annahme des Antrags ad incertas personas dar, so daß für die Bank kein Entscheidungsspielraum mehr verbleibt.

Der Patronatsvertrag kommt mit Zugang der Annahmeerklärung des Gläubigers zustande.

Sachverhaltsvariante: Der Gläubiger erklärt die Annahme der Patronatserklärung gegenüber der Tochtergesellschaft.

Nicht selten wird der Gläubiger ausschließlich mit der Tochtergesellschaft in Verhandlungen treten und folglich allein dieser gegenüber die Annahme der Patronatserklärung erklären. Die Tochtergesellschaft fungiert bei dieser Sachverhaltsgestaltung gem. § 164 Abs. 3 BGB als *Empfangsvertreterin* der Muttergesellschaft .[302] Die dazu erforderliche Empfangsvollmacht läßt sich im Wege der Auslegung aus der Patronatserklärung selbst herleiten.[303] Durch die Veröffentlichung in den Geschäftsberichten kann die Patronatserklärung nämlich ohne weitere Mitwirkung der Mutterbank zum Verhandlungsgegenstand zwischen Tochter und Gläubiger werden. Gibt die Mutterbank auf diese Weise die Verhandlung über die Besicherung des Kredits aus der Hand, kann der Gläubiger davon ausgehen, daß die Tochtergesellschaft die Muttergesellschaft folglich auch bei der Annahme vertreten darf. Dazu kommt die konzernrechtliche Verflechtung zwischen Mutter- und Tochtergesellschaft.[304] Im Regelfall besteht eine enge Zu-

tronatserklärung, S.13 und *Jährig / Schuck*, Handbuch des Kreditgeschäfts, S.645, die diese Entstehungsform als Regelfall ansehen.

301 Das haben verschiedene Gespräche mit den zuständigen Vertretern der jeweiligen Banken gezeigt. Zu den rechtlichen Hintergründen für diese ablehnende Haltung noch im 7. Und 8. Teil dieser Arbeit.

302 Zur Abgrenzung Empfangsvertreter, Empfangsbote vgl. Palandt / *Heinrichs*, Vor § 164 Rdnr. 11; MünchKomm- *Schramm*, Vor § 164 Rdnr. 52 ff.

303 *Habersack*, ZIP 1996, 257, 263.

304 *Wagner*, Die internationale Tätigkeit der Banken, S.33 der aufgrund der konzernrechtlichen Verbindung die ausländische Tochterbank sogar für bevollmächtigt hält,

sammenarbeit zwischen Mutter- und Tochtergesellschaft. Diese Verbindung wird durch die Abgabe der Patronatserklärung noch verstärkt. Die Mutterbank demonstriert den Gläubigern durch die Abgabe der Erklärung, daß sie mit der Tochtergesellschaft eine Einheit bildet. Die Tochtergesellschaft kann die Annahmeerklärung folglich als Empfangsvertreterin der Mutterbank entgegennehmen.

Im Ergebnis kommt der Patronatsvertrag mit der Annahmeerklärung gegenüber Mutterbank oder mit der Annahmeerklärung gegenüber der Tochtergesellschaft als Empfangsvertreterin der Mutterbank zustande.

2. Kapitel: Annahme durch Betätigung des Annahmewillens

Sachverhalt: Der Gläubiger kennt die Patronatserklärung in den Geschäftsberichten und gewährt der Tochtergesellschaft Kredit. Eine ausdrückliche Bezugnahme auf die Patronatserklärung fehlt.

In der Regel wird der Gläubiger die Patronatserklärung ad incertas personas weder der Muttergesellschaft noch der Tochtergesellschaft gegenüber ausdrücklich annehmen. Fraglich ist, ob und wie in diesem Fall der Vertrag zustande kommen kann.

Grundsätzlich muß die Annahme als *empfangsbedürftige Willenserklärung* dem Empfänger gegenüber erklärt werden und diesem gem. § 130 Abs. 1 Satz 1 BGB zugehen.[305] Von diesem Grundsatz macht § 151 BGB eine Ausnahme. Nach § 151 BGB ist der *Zugang der Annahmeerklärung* beim Anbietenden entbehrlich. Der Vertrag kommt im Fall des § 151 BGB ausnahmsweise bereits durch eine Betätigung des Annahmewillens zustande. Zu untersuchen ist also, ob für den konkreten Sachverhalt die Voraussetzungen eines Vertragsschlusses gem. § 151 BGB vorliegen.

---

eigenständig eine Patronatserklärung zu Lasten der Mutterbank abzugeben. *Wagner* geht in diesem Fall von einer konkludent erteilten Vollmacht, mindestens aber von einer Duldungsvollmacht aus. Im Ergebnis aber zu weitgehend.

[305] *Medicus*, AT des BGB, § 26 Rdnr. 380; Palandt /*Heinrichs*, § 148 Rdnr.1.

I. Betätigung des Annahmewillens

Auch für die Fälle des § 151 BGB ist ein objektiver äußerer Erklärungstatbestand erforderlich.[306] Es muß ein Verhalten vorliegen, das auf einen endgültigen Annahmewillen des Angebotsempfängers schließen läßt. Der bloße Annahmeentschluß des Angebotsempfängers reicht nicht aus.[307] Der Annahmewille muß vielmehr objektiv nach außen erkennbar hervorgetreten sein. Er muß wahrnehmbar geworden sein.[308] Nach außen erkennbar ist im konkreten Fall zum einen der Abschluß des die zu sichernde Forderung begründenden Vertrages zwischen Gläubiger und Tochter, zum anderen die Auszahlung der Kreditsumme selbst. Fraglich ist, ob dieses Verhalten auf einen Annahmewillen des Gläubigers schließen läßt.

Ob ein Verhalten als Betätigung des Annahmewillens gewertet werden kann, ist im Wege der *Auslegung* zu ermitteln. Da die Annahme gem. § 151 BGB nicht gegenüber dem Empfänger abzugeben ist, kann es in diesem Fall bei der Auslegung auch nicht auf den Empfängerhorizont ankommen. Entscheidend ist vielmehr, ob das Verhalten des Angebotsempfängers vom Standpunkt eines *unbeteiligten objektiven Dritten* aufgrund aller äußeren Indizien auf einen wirklichen Annahmewillen schließen läßt.[309] Die h. M. erblickt die Annahme i. S. des § 151 BGB in den sogenannten Erfüllungs-, Aneignungs- und Gebrauchshandlungen.[310] Bei einseitig verpflichtenden Verträgen wie der Patronatserklärung scheiden solche Handlungen begriffsnotwendig aus. Als Betätigung des Annahmewillens bezüglich eines einseitig verpflichtenden Vertrages kann ein Verhalten des Gläubigers gewertet werden, aus dem deutlich wird, daß er die Begünstigung aus dem Vertrag für sich im Anspruch nehmen möchte. Die Tatsache, daß der Vertragsabschluß für den Antragsempfänger lediglich vorteilhaft ist, stellt bereits ein Indiz für das Vorliegen eines Annahme-

306 Vgl. dagegen NJW- RR 1994, 281 ausreichend sei eine "Annahme als solche", für eine Annahmeerklärung bestehe kein "Erklärungsbedürfnis" kritisch dazu *Jauernig*, BGB, § 151 Rdnr. 1, der richtigerweise betont, daß sich die Willensbetätigung nicht von einer nichtempfangsbedürftigen schlüssigen Willenserklärung unterscheidet.

307 A. A. *Flume*, AT II § 35 II 3, S.640, der hier von einem *Willensgeschäft* spricht, bei dem es genügt, daß der Angebotsempfänger den Entschluß zur Annahme faßt. Diese Ansicht ist abzulehnen, weil sie mit dem Wortlaut des Gesetzes nicht vereinbar ist.

308 So die ganz h. M. vgl. BGHZ 74, 352, 356; BGH NJW- RR 1994, 280, 281; WM 1990, 812, 813; Soergel / *Wolf*, § 151 Rdnr. 4; *Larenz* / *Wolf*, AT des BGB, § 30, I 1, Rdnr. 2, S. 592.

309 BGHZ 111, 97, 101; BGH WM 1990, 812, 813; NJW -RR 1986, 415; Staudinger/ Bork, § 151 Rdnr. 15; MünchKomm- Kramer, § 151 Rdnr. 50.

310 RGZ 103, 312, 313; 105, 8, 16; BGHZ 74, 352.

willens dar.[311] Hier zum Schutze des Angebotsempfängers besonders hohe Anforderungen an die Betätigung des Annahmewillens zu stellen, erscheint unbegründet.[312]

Als eine eindeutige Betätigung des Annahmewillens kann der *Abschluß des Kreditvertrages* mit der Tochtergesellschaft in Kenntnis der Patronatserklärung gewertet werden.[313] Vom Standpunkt eines objektiven Dritten ist davon auszugehen, daß der Gläubiger, der die Patronatserklärung in den Geschäftsberichten kennt[314], sie auch im Rahmen seines Kreditvertrages zur Geltung bringen will, da sie auf jeden Fall einen Vorteil gegenüber einem Blanco-Kredit bedeutet und für ihn keinerlei Verpflichtung gegenüber dem Patron begründet. Sollte dem Sicherungsgeber die bestehende Sicherung des Kredits nicht genügen, hätte er andererseits den Kreditvertrag nicht abgeschlossen. Es ist für die Annahme der Patronatserklärung kein Grund ersichtlich, neben dem Abschluß des Kreditvertrages ein darüber hinaus gehendes zusätzliches Verhalten des Gläubigers zu verlangen.[315] Insofern schient es auch unbegründet, erst in der Auszahlung der Kreditsumme eine Betätigung des Annahmewillens zu sehen.[316] Der Gläu-

---

[311] BGH NJW 1990, 1656, 1657.

[312] So ist nach der Rechtsprechung bei lediglich vorteilhaften Vertragsangeboten z. B. bereits das schlichte Behalten einer Urkunde ausreichend; BGH WM 1984, 243; BGHZ 78, 373; Kiel OLGE 45, 137.

[313] A. A. *Habersack*, ZIP 1996, 257,263: "Gemäß § 151 Satz 1 BGB kann allerdings an die Stelle des Zugangs der Annahmeerklärung des Gläubigers eine nach außen hervortretende unzweideutige Betätigung des Annahmewillens treten; der Abschluß eines die zu sichernde Forderung begründenden Vertrages mit der Tochtergesellschaft genügt insoweit freilich nicht."

[314] Die Kenntnis der Patronatserklärung ist eine Tatsache, deren Feststellung der Auslegung vorauszugehen hat. Die Feststellung dieser für die Auslegung relevanten Tatsachen erfolgt nach den Grundsätzen der *Behauptungs- und Beweislast.* Die Auslegung beinhaltet dann die rechtliche Würdigung dieser festgestellten Tatsachen. Um das Verhalten des Gläubigers auslegen zu können, ist die Kenntnis der Patronatserklärung hier folglich zu unterstellen. Vgl. zu den Voraussetzungen der Auslegung Palandt / *Heinrichs,* § 133 Rdnr. 5, 29.

[315] In Betracht kommen könnten hier allein beweisrechtliche Aspekte, da es schwierig erscheint nachzuweisen, daß der einzelne Gläubiger tatsächlich Kenntnis von der Erklärung hatte. Diese Fragen müssen aber bei der materiellrechtlichen Beurteilung außer Acht bleiben. In diesem Sinne ist wohl auch die Empfehlung von *Bodenstein – Jahn,* Kreditsicherung im Geschäftsverkehr mit dem Ausland, (Italien) S.102, zu verstehen, die Annahme der Patronatserklärung stets schriftlich vor der Kreditgewährung zu bestätigen.

[316] *Michalski,* WM 1994, 1229, 1232; *Stecher,* "Harte" Patronatserklärungen, S. 27; *Kohout,* Patronatserklärungen, S. 57, 58, die betonen, daß spätestens die Auszahlung

biger ist dazu bereits aus dem Kreditvertrag endgültig verpflichtet. Es ist auch nicht einzusehen, worin bei diesem Verhalten ein "Plus" an nach außen hervortretendem Annahmewillen gegenüber dem Abschluß des Kreditvertrages zu sehen sein soll.

II. Entbehrlichkeit des Zugangs

Der Abschluß des Vertrages mit der Tochtergesellschaft bringt als Betätigung des Annahmewillens den Patronatsvertrag gem. § 151 BGB nur dann zustande, wenn der Zugang der Annahmeerklärung entweder nach der Verkehrssitte nicht zu erwarten ist oder der Antragende auf sie verzichtet hat. Eine entsprechende Verkehrssitte liegt z. B. dann vor, wenn es sich um ein für den Antragsempfänger lediglich vorteilhaftes Geschäft handelt, weil der Erklärende hier von der uneingeschränkten Annahme ausgehen kann.[317] So besteht für Bürgschaften, Schuldmitübernahmen oder Garantieverträge eine entsprechende Verkehrssitte.[318]

Ob eine solche Verkehrssitte auch bezüglich der Patronatserklärung an die Allgemeinheit anzunehmen ist, erscheint zweifelhaft, weil es sich um ein in der Praxis seltenes, außergewöhnliches Geschäft handelt.[319] Jedenfalls wird hier aber ein *Verzicht* auf den Zugang der Annahme vorliegen. Der Verzicht muß dabei nicht ausdrücklich erfolgen, er kann sich vielmehr auch konkludent aus den Umständen ergeben.[320] Ein stillschweigender Verzicht auf den Zugang der Annahme kann zugrunde gelegt werden, wenn das Angebot für den Empfänger günstig ist und es deshalb in der Erwartung des völligen Einverständnisses übersandt wird.[321] Bei der für die Gläubiger lediglich vorteilhaften Patronatserklärung an die Allgemein-

des Kreditbetrags an die Tochtergesellschaft als Betätigung des Annahmewillens anzusehen sei.

317 Palandt / *Heinrichs*, § 151 Rdnr. 4; Staudinger / *Dilcher*, § 151 Rdnr. 8.

318 Bürgschaft: BGH NJW- RR 1992, 555, 556; Schuldmitübernahme: BGH NJW-RR 1994, 280, 281; Garantieverträge BGHZ 104, 82, 85.

319 Für die im Zweipersonenverhältnis abgegebene Patronatserklärung wird eine entsprechende Verkehrssitte angenommen. So *Stecher*, "Harte" Patronatserklärungen, S. 27; *Kohout*, Patronatserklärungen, S.59, der für die einzelvertragliche Vereinbarung eine entsprechende Verkehrssitte annimmt, für die Patronatserklärung an die Allgemeinheit diese aber ablehnt. Dazu sogleich.

320 Palandt / *Heinrichs*, § 151 Rdnr. 3.

321 BGHZ 104, 82, 85, BGHZ 78, 369, 372; OLG Frankfurt a. M. NJW- RR 1995, 36, 39; Staudinger / *Bork*, § 151 Rdnr. 13. Soergel / *Wolf*, § 151 Rdnr. 23.

heit ist folglich ein Verzicht auf den Zugang der Annahmeerklärung anzunehmen.[322]

Die gegenteilige Auffassung hält § 151 S.1 BGB für die Patronatserklärung an die Allgemeinheit für unanwendbar.[323] Das Interesse der Muttergesellschaft an der Individualisierung des Vertragspartners stehe einem Verzicht auf die Annahmeerklärung entgegen. Dieses Interesse ergebe sich primär daraus, daß die Muttergesellschaft aus bilanzrechtlichen Gründen wissen wolle, in welchem Rahmen sie Eventualverbindlichkeiten eingegangen sei. Daneben habe der Patron als Sicherungsgeber ganz allgemein ein Interesse daran, den Umfang seiner Haftung möglichst genau zu kennen, um die Risiken jederzeit abschätzen zu können.[324]

Diese Argumentation kann nicht überzeugen. Durch die Verwendung einer Patronatserklärung ad incertas personas macht der Patron nämlich gerade deutlich, daß die Verpflichtung gegenüber jedem Gläubiger bestehen soll, ohne daß es auf die Individualisierung der einzelnen Gläubiger ankommt. Auch wenn er als Sicherungsgeber zwangsläufig ein Interesse daran hat, den Umfang seiner möglichen Haftung überblicken zu können, so ist dazu nicht zwingend die individuelle Annahmeerklärung jedes einzelnen Gläubigers erforderlich. Der Muttergesellschaft sind nämlich die bilanzrechtlichen Zahlen ihrer Tochtergesellschaften bekannt. Sie kann jederzeit die erforderlichen Informationen bei der Tochtergesellschaft einholen und sich so über den bestehenden Haftungsumfang informieren. Auch aus bilanzrechtlichen Gründen besteht kein Interesse des Patrons an einer Annahmeerklärung. Die Muttergesellschaft verwendet die Patronatserklärung an die Allgemeinheit nämlich unter anderem gerade weil sie aufgrund dieser Erklärungsform die Höhe der Eventualverbindlichkeiten nicht beziffern kann.[325] Der Patron hat mit anderen Worten ein bilanzrechtliches Interesse daran, daß eine ihm gegenüber erklärte Annahme unterbleibt. Insofern ist auch für die Patronatserklärung an die Allgemeinheit von einem Verzicht auf den Zugang der Annahmeerklärung gem. § 151 S.1 BGB auszugehen.

Es läßt sich also im Ergebnis festhalten, daß der Patronatsvertrag nach § 151 S. 1 BGB durch den Abschluß des Vertrages mit der Tochtergesellschaft zustande kommt.

---

322 *Habersack*, ZIP 1996, 257, 263; *Wagner*, Die internationale Tätigkeit der Banken, S. 29, 30.

323 *Kohout*, Patronatserklärungen, S.59.

324 So *Kohout*, Patronatserklärungen, S 59, 60.

325 Dazu noch ausführlich im 7. Teil der Arbeit.

3. Kapitel: Ausdrückliche Annahmeerklärung nach Vertragsabschluß mit der Tochtergesellschaft

Sachverhalt: Der Gläubiger schließt in Unkenntnis der in den Geschäftsberichten enthaltenen Patronatserklärung den Vertrag mit der Tochtergesellschaft ab. Nach der Kreditgewährung erhält er Kenntnis von der Patronatserklärung und erklärt jetzt die Annahme gegenüber der Muttergesellschaft.

I. Vertragsschluß durch Kreditgewährung

Der Vertragsabschluß mit der Tochtergesellschaft kann bei dieser Sachverhaltsgestaltung nicht als Betätigung des Annahmewillens gem. § 151 BGB gewertet werden. Auch die nicht empfangsbedürftige Annahme nach § 151 BGB setzt nämlich einen *Annahmewillen* des Gläubigers voraus.[326] Da der Gläubiger das in den Geschäftsberichten enthaltene Angebot zum Abschluß eines Patronatsvertrages nicht kennt, fehlt es ihm folglich an einem darauf bezogenen Annahmewillen. Der Patronatsvertrag kommt damit nicht gem. § 151 BGB durch den Vertragsschluß mit der Tochtergesellschaft zustande.

II. Vertragsschluß durch Annahmeerklärung nach Kreditgewährung

Zu untersuchen bleibt, ob der Patronatsvertrag durch die nach Kenntniserlangung ausdrücklich erklärte Annahme zustande kommen kann. Zweifelhaft ist, ob diese Annahmeerklärung noch rechtzeitig erfolgt. Es wurde bereits festgestellt, daß der Patron auf die Annahme innerhalb einer bestimmten Frist verzichtet. Die Patronatserklärung an die Allgemeinheit kann langfristig von dem angesprochenen Personenkreis angenommen werden.[327] Es stellt sich allerdings die Frage, ob in dem Moment, in dem sich die Patronatserklärung auf einen konkreten Gläubiger bezieht, dieser die Annahme innerhalb einer bestimmten Frist erklären muß, um den Anspruch in seiner Person begründen zu können.

[326] Palandt / *Heinrichs,* § 151 Rdnr.2; BGH NJW- RR 1986, 415; 90, 1656; *Eckart,* BB 1996,1945.

[327] Siehe dazu die Ausführungen im 4. Teil der Arbeit.

1. Annahme spätestens bis zur Begründung der Forderung gegen die Tochtergesellschaft?

Habersack vertritt die Auffassung, daß für die Patronatserklärung an die Allgemeinheit zwar von einem Verzicht auf die Annahme innerhalb einer bestimmten Frist auszugehen sei, daß die Annahme der Patronatserklärung jedenfalls aber *spätestens bis zur Begründung der Forderung* gegen die Tochtergesellschaft erklärt werden müsse.[328] Wäre nämlich eine Annahme auch nach der Kreditgewährung an die Tochter möglich, hätte dies zur Folge, daß die Gläubiger nachträglich einen von ihnen beim Vertragsschluß mit der Tochtergesellschaft nicht einkalkulierten Vorteil erlangen würden. Dieses Ergebnis stünde aber im Widerspruch mit allgemeinen Grundsätzen. So solle nämlich "dem Gesichtspunkt des Vertrauensschutzes eine negative Seite zukommen, der zufolge bei Vertragsschluß nicht zu erwartende und damit in das einvernehmlich erzielte Verhandlungsergebnis eingreifende Begünstigungen den Vertragspartner nicht im nachhinein nach Art einer unerwarteten Erbschaft zugewiesen werden dürfen."[329]

Für die konkrete Sachverhaltsgestaltung würde diese Einschränkung bedeuten, daß der Gläubiger, der erst nach dem Vertragsschluß mit der Tochtergesellschaft von der Patronatserklärung Kenntnis erhält, die Patronatserklärung nicht mehr annehmen kann. Die Annahmeerklärung seitens der Gläubiger wäre folglich gem. § 150 Abs. 1 BGB als neues Angebot zu werten, dessen Annahme im Ermessen des Patrons stünde.[330]

2. Stellungnahme

Ob die Patronatserklärung in den Geschäftsberichten der Banken tatsächlich ein nur bis zum Vertragsschluß mit der Tochtergesellschaft anzunehmendes Angebot darstellt, erscheint aber zweifelhaft. Die Aussage, den Gläubigern dürften die von ihnen bei Vertragsschluß mit der Tochter nicht einkalkulierten Sicherheiten nicht nachträglich zugute kommen, ist nämlich nach dem für das Vertragsrecht geltenden Grundsatz der Privatautonomie dahingehend zu ergänzen, daß eine solche nachträgliche Begünstigung der Gläubiger dann zulässig sein muß, wenn dies dem Willen des Erklärenden entspricht.

[328] *Habersack*, ZIP 1996, 257, 263, ders. in MünchKomm vor § 765 Rdnr. 48.
[329] *Habersack*, ZIP 1996, 257, 263.
[330] So im Ergebnis *Habersack*, ZIP 1996, 257,263, ders. in MünchKomm vor § 765 Rdnr. 48.

Ob die Annahme nur bis zur Begründung der Forderung erklärt werden kann, ist folglich im Wege der Auslegung der Erklärung festzustellen. Es ist zu fragen, ob es dem Willen und den Interessen des Patrons entspricht, daß nur die Gläubiger aus der Patronatserklärung begünstigt sein sollen, die in Kenntnis der Erklärung, und folglich auch im Vertrauen auf die Erklärung mit der Tochtergesellschaft einen Vertrag abgeschlossen haben. Bei dieser Frage spielen zunächst die Motive, aus denen die Mutterbank die Patronatserklärung in den Geschäftsberichten abgegeben hat, eine wesentliche Rolle. Entscheidend ist dabei, ob es dem Patron ausschließlich darauf ankommt, mit der Abgabe der Patronatserklärung die Gläubiger zu einem Vertragsschluß mit der Tochtergesellschaft zu veranlassen. Ist das der Fall, scheint es nämlich sachgerecht, die *Ursächlichkeit* zwischen Patronatserklärung und Vertragsschluß zu verlangen, so daß eine nachträgliche Annahmeerklärung ausscheidet. Will der Patron hingegen umfassend sowohl für bereits bestehende als auch für zukünftige Verbindlichkeiten der Tochtergesellschaft verpflichtet sein, wird man zwangsläufig zu dem Ergebnis kommen, daß eine Annahme auch nach bereits erfolgter Kreditgewährung noch möglich ist.

Unzweifelhaft beabsichtigt der Patron, durch die Abgabe der Erklärung das Vertrauen der Gläubiger in die Bonität der Tochtergesellschaften zu stärken und sie auf diese Weise zu einer Kreditgewährung an die Gesellschaft zu bewegen. Darüber hinaus soll der Öffentlichkeit mit der Veröffentlichung der Patronatserklärung aber auch allgemein demonstriert werden, daß die Mutterbank hinter ihren Tochter- und Beteiligungsgesellschaften steht.[331] Unter diesem Gesichtspunkt soll durch die Erklärung rechtlich das vollzogen werden, was den herkömmlichen Anschauungen im Kreditgewerbe entspricht, nämlich für die Verbindlichkeiten der Tochtergesellschaften einzustehen. In der Literatur wird auf die Parallele der Patronatserklärung an die Allgemeinheit zu der Gewährträgerhaftung der öffentlich rechtlichen Kreditinstitute hingewiesen.[332] Der Gewährträger haftet den Gläubigern für alle bestehenden und zukünftigen Verbindlichkeiten des Kreditinstituts; demzufolge genießen alle Gläubiger das Privileg der Gewährträgerhaftung. Es entspricht damit dem Willen des Patrons, daß sich die Patronatserklärung umfassend auf alle Verbindlichkeiten der Tochter- und Beteiligungsgesellschaften bezieht.

---

331 Zu den Hintergründen der Patronatserklärung aus Sicht der Muttergesellschaft bereits im 1. Teil dieser Arbeit.

332 Wagner, Die internationale Tätigkeit der Banken, S. 26; *Siebel*, Eigenkapital und Quasieigenkapital, S. 73, der betont: "Eine derartige Patronatserklärung deckt quasi *analog der Gewährträgerhaftung* sämtliche Verbindlichkeiten des Kreditinstituts."

Wenn aber der Wille des Patrons, gleichmäßig für die Verbindlichkeiten der Tochtergesellschaften einzustehen, auf der einen Seite nicht die Annahme eines einseitigen Leistungsversprechens zu rechtfertigen vermag, so ist dieser Wille auf der anderen Seite jedenfalls bei der Frage zu berücksichtigen, wie lange das Angebot angenommen werden kann.[333] Durch die Möglichkeit einer Annahme nach Vertragsschluß mit der Tochtergesellschaft können auch die Gläubiger einen Anspruch aus der Patronatserklärung erlangen, deren Verbindlichkeit zum Zeitpunkt der Abgabe der Erklärung schon bestand oder die erst nachträglich von der zum Zeitpunkt des Vertragsschlusses bereits existierenden Patronatserklärung Kenntnis erlangt haben.

Zu berücksichtigen ist weiterhin, daß die Kenntnis von der Patronatserklärung in den Geschäftsberichten den einzelnen Gläubiger nicht dazu veranlassen wird, deren Existenz im Rahmen des ausgehandelten Vertrages zugunsten der Tochtergesellschaft z. B. zinsmindernd zu berücksichtigen. Wird nämlich die Erklärung an die Allgemeinheit abgegeben, ist kein Gläubiger in besonderem Maße durch die Erklärung begünstigt, sie stellt die Gläubiger vielmehr auf eine Stufe. Bedeutet die Erklärung aber für den einzelnen Gläubiger keinen wirtschaftlichen Vorteil gegenüber den anderen Gläubigern, besteht für ihn nach allgemeinen Grundsätzen des Wettbewerbs keine Veranlassung, sie in seinem Vertragsverhältnis zu Gunsten der Tochtergesellschaft zu berücksichtigen.[334] Hat die Existenz der Patronatserklärung aber insoweit keinen Einfluß auf die zwischen den Parteien ausgehandelten Vertragskonditionen, besteht auch nicht die Gefahr, daß durch die Möglichkeit einer nachträglichen Annahme dem Gläubiger die Begünstigung quasi ohne "Gegenleistung" zugewiesen wird und damit das Äquivalenzverhältnis des ursprünglich ausgehandelten Vertrages nachträglich gestört wird. Aus denselben Gründen ist auch der Einwand unbegründet, die Möglichkeit einer nachträglichen Annahme würde zu einer *Wettbewerbsverzerrung* zu Lasten der Gläubiger führen, die im Vertrauen auf die Patronatserklärung deren Existenz begünstigend bei dem jeweils erzielten Verhandlungsergebnis berücksichtigt hätten.[335]

Folglich steht die Möglichkeit einer Annahme nach Vertragsschluß mit der Tochtergesellschaft weder im Widerspruch zu den Interessen des Patrons, noch werden dadurch die Interessen der Gläubiger betroffen, die bei Ver-

---

[333] Vgl. die Auseinandersetzung mit der Frage nach der Zulässigkeit von einseitigen Leistungsversprechen im 3. Teil dieser Arbeit.

[334] A. A *Habersack*, ZIP 1996, 257, 262.

[335] So aber *Habersack*, ZIP 1996, 257, 262.

tragsschluß von der Erklärung Kenntnis hatten. Im Ergebnis stellt auch die nach Vertragsschluß mit der Tochtergesellschaft abgegebene Annahmeerklärung eine rechtzeitige Annahme i. S. d. § § 146, 148 BGB dar.

III. Angebot mit mehrfacher Annahmemöglichkeit

An dieser Stelle sei noch ergänzend darauf hingewiesen, daß das Angebot nicht durch die einmalige Annahme der Patronatserklärung bezüglich einer konkreten Verbindlichkeit für den jeweiligen Gläubiger ausgeschöpft ist. Es kann vielmehr zur Sicherung weiterer, möglicherweise noch entstehender Verbindlichkeiten erneut angenommen werden. Der Patron will umfassend für alle Verbindlichkeiten der Töchter- und Beteiligungsgesellschaften einstehen. Aus der Erklärung ist nicht zu entnehmen, daß er jedem Gläubiger nur hinsichtlich *einer* Verbindlichkeit einstehen möchte.

Hat der Gläubiger zum Zeitpunkt des Vertragsschlusses mit der Tochtergesellschaft keine Kenntnis von der Patronatserklärung, erfährt er aber im Verlauf des Vertragsverhältnisses von deren Existenz, dann kann er die Annahme der Patronatserklärung auch noch zu diesem Zeitpunkt erklären. Der Patronatsvertrag kommt mit der Annahmeerklärung gegenüber der Muttergesellschaft zustande.

4. Kapitel: Annahme durch Untätigkeit

Sachverhalt: Der Gläubiger erhält erst nach Kreditgewährung Kenntnis von der Patronatserklärung. Eine nachträgliche ausdrückliche Annahmeerklärung seitens der Gläubiger erfolgt aber nicht.

Die Beurteilung diese Sachverhalts erscheint problematisch, weil hier lediglich Untätigkeit bzw. Schweigen auf Seiten des Angebotsempfängers vorliegt. Ob diese Untätigkeit den Patronatsvertrag zustande bringen kann, erscheint zweifelhaft.

I. Schweigen im Rechtsverkehr

Grundsätzlich hat Schweigen im Rechtsverkehr keine rechtliche Wirkung, es wirkt weder als Zustimmung noch als Ablehnung eines Vertragsantrags.[336] Vereinzelt ordnet das Gesetz ausdrücklich an, das Schweigen solle als Annahme eines Vertragsantrags zu werten sein.[337] In diesen Fällen *gilt* das Schweigen als Annahme. Man spricht in diesem Zusammenhang auch von *fingierten, unechten Willenserklärungen.*[338] Hier tritt die Rechtsfolge nicht aufgrund einer rechtsgeschäftlichen Erklärung durch Schweigen ein, das Schweigen ist vielmehr Element eines gesetzlichen Tatbestandes, aufgrund dessen die Rechtsfolge eintritt.[339] Ein solcher gesetzlicher Ausnahmetatbestand ist im konkreten Fall nicht einschlägig.[340]

II. Stillschweigende Annahme gem. § 151 BGB bei einseitig verpflichtenden Rechtsgeschäften

Bezüglich der Problematik der Annahme der an die Öffentlichkeit gerichteten Patronatserklärung wird die Ansicht vertreten, daß an einer Annahme seitens der Kreditoren nicht zu zweifeln sei. Aus demselben Grund brauche nach der Verkehrssitte die Annahme gem. § 151 BGB nicht erklärt zu werden.[341] Diese Begründung nimmt Bezug auf die von Rechtsprechung entwickelten Fälle der *stillschweigenden Annahme im Sinne des § 151 BGB.*[342] Nach der Rechtsprechung ist auch in den Fällen, in denen ein den

336 *Flume*, AT II, § 5 2 a, b, S. 64 ff.; *Larenz* / Wolf, AT des BGB, § 28 III 2, Rdnr. 47, S. 546, auch wenn diese Aussage richtig erscheint, ist zu beachten, daß gem. § 146 BGB die nicht rechtzeitige Annahme den Antrag zum Erlöschen bringt, und damit letztlich das Schweigen *wie eine Ablehnung* wirkt. Insofern wird teilweise vertreten, Schweigen im Rechtsverkehr sei als Ablehnung des Antrags zu werten. So *Enneccerus* / *Nipperdey*, AT des BGB, Bd. I, 2. Hb. § 153 III; Heymann / *Horn*, HGB, § 346 Rdnr. 43.

337 Vgl. § 362 I HGB, § 516 II 2 BGB.

338 Vgl. zu den verschiedenen Bezeichnungen: *Bickel*, NJW 1972, 607.

339 Insofern finden die Vorschriften über die Willenserklärungen auch nur eingeschränkt Anwendung im einzelnen aber str., vgl. *Larenz* / Wolf, AT des BGB, § 28 III, Rdnr. 53, S. 547; *von Thur*, AT II 1, § 61 VI 6 S. 423 f.; *Pawlowski*, AT des BGB, Rdnr. 403.

340 Insbesondere liegt hier kein Fall von § 362 I HGB vor, weil die Annahme eines Antrags auf Abschluß einer Patronatserklärung keine Geschäftsbesorgung ist. Der Gläubiger handelt, um seinen Kredit zu sichern und damit allein im eigenen Interesse. Heymann /*Horn*, HGB, § 362 Rdnr. 6; *Michalski*, WM 1994, 1229, 1232; *Stecher*, "Harte" Patronatserklärungen, S. 26.

341 *Wagner*, Die internationale Tätigkeit der Banken, S. 29.

342 Der Begriff "stillschweigende Annahme" wird in der Rechtsprechung nicht einheitlich verwendet. Einerseits sind damit die Fälle gemeint, in denen ein konkludentes Verhalten seitens des Empfängers vorliegt. Man spricht in diesem Zusammenhang von stillschweigender Annahme, weil es an einer ausdrücklichen Erklärung fehlt. Andererseits wird der Begriff bei schlichter Untätigkeit auf seiten des Erklärungs-

Annahmewillen betätigendes Verhalten des Erklärungsempfängers ganz fehlt, von einer stillschweigenden Annahme gem. § 151 BGB auszugehen, wenn das Vertragsangebot für den Empfänger *lediglich vorteilhaft* ist.[343] Zu nennen ist in diesem Zusammenhang wiederum die Rechtsprechung zur Gesamtzusage des Arbeitnehmers. Auch hier fehlt es regelmäßig an einem Verhalten seitens der Arbeitnehmer, welches als Ausdruck des Annahmewillens gem. § 151 BGB gewertet werden könnte.[344] Die Urteilsbegründungen begnügen sich jeweils mit dem Hinweis, daß es sich bei der Gesamtzusage um ein Vertragsangebot handele, welches nach § 151 BGB durch die Arbeitnehmer stillschweigend angenommen werde. Eine stillschweigende Annahme seitens der Arbeitgeber könne *unterstellt werden*, da es sich um eine günstige Abrede handele, mit der die Arbeitnehmer einverstanden seien.[345]

Diese Begründung erscheint problematisch. Innerhalb der Argumentation werden nämlich zwei Ansätze miteinander verknüpft, die rechtlich unterschiedliche Aussagen haben.[346] Die Annahme in Form des § 151 BGB verzichtet allein auf die Erklärung *gegenüber* dem Antragenden, sie verlangt aber eine nach außen erkennbare Betätigung des Annahmewillens. Ein bloßes Nichtstun oder eine innere Zustimmung reicht nicht aus.[347] Soweit bloßes Schweigen ausnahmsweise als Annahme zu werten sein kann, folgt dies nicht aus § 151 BGB, sondern aus anderen Rechtsgrundsätzen.[348] Es muß also deutlich zwischen einer Annahme im Sinne des § 151 BGB und einer Annahme durch Schweigen unterschieden werden.[349] Das Schweigen

empfängers verwendet. Diese Fälle der Annahme durch Untätigkeit sind hier gemeint.

343 WM 1962, 1057, 1058; BGH WM 1984, 243 (Preisnachlaß); BAG AP Nr. 110 zu § 242; BAGE 22, 252, 258; 36, 327, 335.

344 *Zielonka*, Einseitig verpflichtende Gesamtzusage im Arbeitsrecht, S. 65, 66; *Adomeit*, BB 1964, 599, 601.

345 BAG AP Nr. 110 zu § 242; BAGE 22, 252, 258; 36, 327, 335; weitere Nachweise bei *Hilger*, Das betriebliche Ruhegeld, S. 38.

346 Vgl. in diesem Zusammenhang auch die Kritik an der Urteilsbegründung zu BGH NJW 1995, 1281 von *Scheffer*, NJW 1995, 3166, 3167.

347 Staudinger / *Bork*, § 151 Rdnr. 3, 15; BGHZ 111, 101; Münch Komm- *Kramer*, § 151 Rdnr. 49.

348 Palandt / *Heinrichs* § 151 Rdnr. 1; Staudinger / *Bork*, § 151 Rdnr. 3.

349 *Schulz* MDR 1995, 1187; Staudinger / *Bork*, § 151 Rdnr.3; *Musielak*, Grundkurs BGB, § 3 Rdnr. 125; *Medicus*, AT des BGB, § 26 Rdnr. 387; *Wolf*, AT des BGB, § 8 C Va; a. A. *von Thur*, 2. Bd 1. Hbd., S. 420; widersprüchlich Erman /*Hefermehl*, § 151 Rdnr. 5, 9, der auf der einen Seite behauptet, daß es eine Annahme durch Schweigen nicht gibt (Rdnr.5), dann aber annimmt, daß auch Schweigen Ausdruck des Annahmewillens sein kann (Rdnr.9).

des Gläubiger kann den Patronatsvertrag folglich nicht gem. § 151 BGB zustande bringen.[350]

III. Schweigen als konkludente Willenserklärung

In der Literatur wird die Ansicht vertreten, daß aufgrund der Tatsache, daß das Schweigen des Gläubigers den Vertrag nicht nach § 151 BGB zustande bringen kann, der Patronatsvertrag in den Fällen, in denen der Vertrag mit der Tochtergesellschaft bereits geschlossen war, nur noch durch ausdrückliche Annahmeerklärung zustande kommen könnte.[351]

Diese Ansicht übersieht, daß das Schweigen bei Vorliegen besonderer Umstände ausnahmsweise eine (echte) Willenserklärung darstellen kann.[352] In diesem Zusammenhang wird von *stillschweigenden Willenserklärungen* gesprochen. Dieser Begriff erscheint jedoch irreführend, da er auch hier umfassend sowohl für die Fälle der Annahme durch konkludentes Verhalten als auch für die Fälle der Annahme durch Schweigen verwendet wird.[353] Begrifflich genauer erscheint es von dem Oberbegriff der *konkludenten Willenserklärung* auszugehen und darunter auf der einen Seite die konkludente Willenserklärung *durch aktives Verhalten* und auf der anderen Seite die konkludente Willenserklärung *durch Schweigen* zu verstehen.[354] Es ist also entscheidend, ob nach Lage der Umstände unter Berücksichtigung von Treu und Glauben aus Sicht des Patrons das Schweigen des Gläubigers so aufgefaßt werden kann, daß der Gläubiger mit dem Vertragsantrag einverstanden sei. Aus der Interessenlage ergibt sich, daß das Schweigen auf einen Vertragsantrag, dessen Inhalt *nur Vorteile für den*

---

350 So auch *Kohout,* Patronatserklärungen, S. 58, für die einzelvertragliche Patronatserklärung.

351 So *Kohout,* Patronatserklärungen, S. 58.

352 *Canaris,* Festschrift für Willburg, S. 77; *Flume,* AT II, § 5, 2a, S. 64; Staudinger / *Dilcher,* § 151, Rdnr. 3; *Musielak,* Grundkurs BGB, § 3 Rdnr. 107 f., 125; ablehnend gegenüber der Möglichkeit, Schweigen könne als Willenserklärung gewertet werden: *Hanau,* AcP 165 (1965) 241 f.; *Bickel,* NJW 1972, 607 ff.

353 Richtiger Weise bezeichnet er nur Tatbestände, in denen die Erklärungswirkung dem bloßen Nichtstun entspricht, dagegen spricht man von schlüssigen, konkludenten Willenserklärungen, in den Fällen, in denen der Geschäftswille nicht aus sprachlichen Äußerungen, sondern anders gearteten Handlungen entnommen wird. Vgl. *Larenz / Wolf,* AT des BGB, § 28 III Rdnr. 56, S.548; *Hanau,* AcP 165 (1965), 220, 222.

354 *Kramer,* Jura 1984, 235, 239; a. A. Staudinger / *Bork,* § 151 Rdnr. 3, der betont, daß das Schweigen keine konkludente Willenserklärung sei, sondern lediglich als solche *gewertet* werden könne.

Vertragspartner mit sich bringt, als Zustimmung zu diesem Vertragsantrag gewertet werden kann.[355] Die Rechtsprechung hat dazu ausgeführt, daß in diesen Fällen das bloße Schweigen als Annahme gewertet werden könne, "weil nach der ganzen Sachlage anzunehmen sei, daß mit diesem Schweigen die Zustimmung hat ersichtlich gemacht werden sollen". Bei einer unentgeltlichen Zuwendung werde eine Annahme nicht erwartet, die Zustimmung vielmehr als selbstverständlich angesehen. Dieser aus § 516 BGB sich ergebende Rechtsgedanke müsse allgemein bei der Gewährung von Rechtsvorteilen gelten.[356]

Der in den Geschäftsberichten enthaltene Antrag auf Abschluß eines Patronatsvertrages ist für den Gläubiger lediglich vorteilhaft. Insofern kann das Schweigen des Gläubigers auf dieses Angebot nach Treu und Glauben aus Sicht des Patrons nur als Annahme gewertet werden. Der Patronatsvertrag kommt bei dieser Fallgestaltung folglich durch das Schweigen des Gläubigers zustande. Erklärt der Gläubiger, nachdem er von der Existenz der Patronatserklärung an die Allgemeinheit erfährt, nicht ausdrücklich deren Annahme, kommt der den Gläubiger lediglich begünstigende Patronatsvertrag durch das Schweigen des Gläubigers auf das Angebot zustande.

5. Kapitel: Zusammenfassende Bewertung

Insbesondere Kleinanleger und Gläubiger aus dem Ausland werden häufig weder zum Zeitpunkt der Kreditgewährung noch zu einem späteren Zeitpunkt Kenntnis von der in dem Geschäftsbericht enthaltenen Patronatserklärung haben. Hat der Gläubiger keine Kenntnis von der Patronatserklärung, kann aufgrund des fehlenden Annahmewillens zwangsläufig weder die Kreditgewährung noch das Schweigen der Gläubiger eine Annahme der Erklärung darstellen.[357]

Die Rechtslage ändert sich aber spätestens in dem Moment, in dem das Tochterinstitut zahlungsunfähig wird und der Gläubiger einen Ausfall seiner Forderung befürchten muß. Zu diesem Zeitpunkt wird die Frage nach einer Inanspruchnahme der Mutterbank aktuell. Der Gläubiger wird in die-

[355] *Kramer*, Jura 1984, 235, 247; *Canaris*, Festschrift für Willburg, S.78; MünchKomm- *Kramer*, § 151 Rdnr. 4; Staudinger/ *Bork*, § 151 Rdnr.8; Soergel / *Wolf*, § 151 Rdnr.18.

[356] JW 1907, 329, 330, JW 1911, 87; BAGE 11, 236, 249: BAG DB 1961, 1261.

[357] Zu einem gegenteiligen Ergebnis kommt die Theorie vom einseitigen Leistungsversprechen, nach der der Anspruch des Gläubigers bereits mit Aufnahme der Erklärung in den Geschäftsbericht entsteht, vgl. *Schneider*, ZIP 1989,619, 624.

sem Moment regelmäßig Kenntnis von der Patronatserklärung erhalten. Nach der hier vertretenen Ansicht kann die in dem Geschäftsbericht enthaltene Patronatserklärung auch zu diesem Zeitpunkt noch angenommen werden. Einer ausdrücklichen Annahmenerklärung bedarf es dazu nicht, weil das Schweigen der Gläubiger als Annahme zu werten ist. Im Ergebnis kann sich im Konkurs des patronierten Unternehmens deshalb jeder Gläubiger auf die Patronatserklärung berufen. Die Mutterbank ist damit verpflichtet, die zum Zeitpunkt des Konkurses bestehenden Verbindlichkeiten aller Gläubiger des Tochterunternehmens zu erfüllen.[358]

Ergebnis des fünften Teils

Die in den Geschäftsberichten der Banken enthaltene Patronatserklärung ist als Vertragsantrag ad incertas personas zu qualifizieren. Dieser Vertragsantrag bedarf der Annahme durch den einzelnen Gläubiger, um Leistungspflichten des Patrons zu begründen. Die Annahme kann durch *ausdrückliche Erklärung* entweder gegenüber der Muttergesellschaft oder gegenüber der Tochtergesellschaft als Empfangsvertreterin der Muttergesellschaft erfolgen. Fehlt es an einer ausdrücklichen Erklärung, kann der Patronatsvertrag weiterhin gem. *§ 151 BGB* zustande kommen. Dabei ist der in Kenntnis der Patronatserklärung vorgenommene Vertragsschluß mit der Tochtergesellschaft als Betätigung des Annahmewillens i. S. d § 151 BGB zu werten. Hat der Gläubiger zum Zeitpunkt des Vertragsschlusses mit der Tochtergesellschaft keine Kenntnis von der Patronatserklärung, *erfährt er aber später von ihrer Existenz*, kann er nach der hier vertretenen Ansicht auch zu diesem Zeitpunkt noch die *Annahme erklären*. Fehlt es an einer ausdrücklichen Erklärung, ist das *Schweigen* des Gläubigers als Zustimmung zu diesem - für ihn lediglich vorteilhaften - Vertragsantrag zu werten.

[358] Das Bundesaufsichtsamt für Kreditwesen vergleicht die Patronatserklärung an die Allgemeinheit mit einem *Blankoscheck*, der unter dem Strich dazu führt, daß der Patron im Falle des Konkurses des patronierten Unternehmens dessen eventuellen Schuldenüberhang vollständig absorbieren muß. Bekanntmachung des Bundesaufsichtsamtes für Kreditwesen (BAK I 3-41-1/94), abgedruckt im Anhang zu dieser Arbeit (Anhang V).

Sechster Teil: Die Patronatserklärung an die Allgemeinheit im internationalen Privatrecht

Die Patronatserklärung in den Geschäftsberichten richtet sich auch an die Gläubiger ausländischer Tochter- und Beteiligungsunternehmen.[359] Der Patronatsvertrag kann damit mit einem im Ausland ansässigen Dritten zustande kommen. In diesem Fall liegt ein internationales Sicherungsgeschäft vor. Durch den Auslandsbezug wird zwangsläufig die Rechtsordnung des Staates berührt, in dem der Gläubiger seinen Wohn- oder Geschäftssitz hat. Es stellt sich somit die Frage, welche Rechtsordnung für die rechtliche Beurteilung der Patronatserklärung maßgeblich ist.[360]

Nach Art. 3 Abs. 1 S. 1 EGBGB bestimmen bei Sachverhalten mit einer *Verbindung zum Recht eines ausländischen Staates* die Vorschriften des deutschen internationalen Privatrechts, welche Rechtsordnung anzuwenden ist. Welches Recht für vertragliche Schuldverhältnisse maßgeblich ist, richtet sich im deutschen internationalen Privatrecht nach Art 27, 28 EGBGB. Danach erfolgt die Ermittlung des auf den Vertrag anwendbaren Rechts in mehreren Stufen. An erster Stelle ist der *reale Parteiwille*, insbesondere eine ausdrückliche Rechtswahl zu beachten, in zweiter Linie kommt es auf eine möglicherweise *stillschweigend getroffene Vereinbarung* an. Hilfsweise ist eine *objektive Anknüpfung* nach der engsten Verbindung bzw. der charakteristischen Leistung des Vertrages vorzunehmen.[361]

---

[359] So verpflichtet sich die Deutsche Bank z. B. für die Erfüllung der Verbindlichkeiten der Töchterbanken in London, Paris, Singapur u. s. w. (vgl. Geschäftsbericht Deutsche Bank 1996, S. 86) einzustehen.

[360] Eingehend zur Patronatserklärung im internationalen Recht: *Seiler*, Die Patronatserklärung im internationalen Wirtschaftsverkehr, S. 133 ff.; *Hoffmann*, Die Patronatserklärung im deutschen und österreichischen Recht, S. 183.

[361] MünchKomm-*Martiny*, vor Art. 27 Rdnr. 6; Palandt / *Heldrich* Art 28 Rdnr. 1.

1. Kapitel:
Rechtswahl

I. Ausdrückliche Rechtswahl

Entsprechend dem Grundsatz der Privatautonomie können die Parteien im Wege der freien Rechtswahl gem. Art. 27 Abs. I S. 1 EGBGB darüber bestimmen, welches Recht auf den Vertrag Anwendung finden soll. Eine ausdrückliche Rechtswahl wurde bei der in den Geschäftsberichten abgegebenen Patronatserklärung nicht getroffen.

II. Stillschweigende Rechtswahl

Eine Rechtswahl muß allerdings nicht ausdrücklich getroffen werden, sie kann gem. Art 27 Abs. 1 S.2 EGBGB auch konkludent erklärt werden, sofern sich ein entsprechender realer Parteiwille mit hinreichender Sicherheit aus den Bestimmungen des Vertrags oder den Umständen des Falles ergibt. Zu untersuchen und abzuwägen sind insbesondere der Inhalt des Vertrages, die Umstände seines Abschlusses sowie das Parteiverhalten.[362] Eine konkludente Rechtswahl ist z. B. dann anzunehmen, wenn die Parteien juristisch-technische Klauseln verwenden, die auf das Recht eines bestimmten Staates zugeschnitten sind. Dies gilt insbesondere dann, wenn bestimmte Rechtsbegriffe oder für ein Recht typische Formulare verwendet werden, die auf einer bestimmten Rechtsordnung basieren.[363]

Dieses Indiz könnte im Zusammenhang mit der Patronatserklärung eine Rolle spielen. Die Mutterbank benutzt nämlich die Standardformulierung einer harten Patronatserklärung. Sie verwendet einen *Formulartext,* der auf deutschem Recht basiert.[364] Zu berücksichtigen ist allerdings, daß die Erklärung in dem Geschäftsbericht der Mutterbank enthalten ist, dessen Aufbau und Inhalt sich ausschließlich nach deutschem Recht richtet. Insofern wird die Erklärung zwangsläufig in Form der auf deutschem Recht beruhenden Standardformulierung abgegeben. Darüber hinaus gilt die Erklärung auch für die inländischen Tochterunternehmen, so daß eine einheitliche Erklärung in Form des deutschen Formulartextes zwingend ist. Inso-

---

[362] BGHZ 53, 189, 193; *Kümpel,* Bank- und Kapitalmarktrecht, Rdnr. 7.14.

[363] Palandt / *Heldrich,* Art. 27 Rdnr.5, 6; *Kegel,* Internationales Privatrecht, § 18 I c, S. 487; OLG Frankfurt a. M. NJW 63, 450; Bankrecht und Bankpraxis, Band III Teil 5 (Auslandsgeschäft) Rdnr. 5/ 12; *Finger,* AWD BB 1969, 486, 489.

[364] *Rümker,* WM 1974, 990, 996.

weit ist zweifelhaft, ob aus der Verwendung der Formulierung einer harten Patronatserklärung auf einen bewußten Willen zur Rechtsanwendungsbestimmung zu schließen ist. Art. 27 Abs. 1 S.2 EGBGB verbietet aber die Erforschung des hypothetischen Parteiwillens. Er verlangt, daß sich die stillschweigende Rechtswahl mit *hinreichender Sicherheit* ergibt. Vage Anhaltspunkte genügen dabei nicht, die Rechtswahl muß sich mit Bestimmtheit aus den konkreten Umständen ergeben.[365] Eine solche Bestimmtheit ist nicht allein aufgrund der Verwendung der Standardformulierung einer "harten" Patronatserklärung in den Geschäftsberichten der Mutterbank zu erzielen.[366]

Die Patronatserklärung enthält also im Ergebnis weder eine ausdrückliche noch eine stillschweigend getroffene Rechtswahl.

2. Kapitel: Objektive Anknüpfung gem. Art. 28 EGBGB

Fehlt es an einer ausdrücklichen oder stillschweigenden Parteivereinbarung, ist das maßgebliche Recht nach Art. 28 EGBGB im Wege einer *objektiven Anknüpfung* zu ermitteln. Maßgebend ist dann das Recht, zu dem der Sachverhalt i. S. einer vernünftigen Interessenabwägung auf objektiver Grundlage die engste Verbindung aufweist.[367] Dabei wird nach Art. 28 Abs. 2 EGBGB vermutet, daß der Vertrag die engste Verbindung mit dem Staat aufweist, in dem die Partei, welche die charakteristische Leistung zu erbringen hat, im Zeitpunkt des Vertragschlusses ihren gewöhnlichen Aufenthalt oder, wenn es sich um eine Gesellschaft oder juristische Person handelt, ihre Hauptverwaltung hat.

---

[365] Palandt / *Heldrich,* Art. 27 Rdnr. 5, 6; MünchKomm- *Martiny,* Art.27 Rdnr.46.

[366] Vgl. in diesem Zusammenhang auch *Kegel,* Die Bankgeschäfte im deutschen internationalen Privatrecht, Gedächtnisschrift für Rudolf Schmidt, 215, 219, der betont, daß die Annahme eines konkludenten Parteiwillens allein aufgrund der Verwendung von Formulartexten, das Interesse des Gläubigers an der Anwendung seines Rechts zu wenig beachte. So auch *Rümker,* WM 1974, 990, 996 bezüglich der Patronatserklärung; Finger, AWD BB 1969, 486, 489.

[367] Vor der Reform des IPR bestimmte die Rechtsprechung das Vertragsstatut bei fehlen einer Rechtswahl nach dem hypothetischen Parteiwillen. Vgl. Erman / *Hohloch* Art. 28 EGBGB Rdnr.1.

I. Engere Verbindung Art. 28 Abs. 5 EGBGB (akzessorische Anknüpfung)

Die Vermutung des Art. 28 Abs. 2 EGBGB gilt allerdings gem. Art 28 Abs. 5 EGBGB nicht, wenn sich aus der Gesamtheit der Umstände ergibt, daß der Vertrag eine *engere Verbindung* mit einem anderen Staat aufweist. Eine Abweichung von der für die einzelne Vertragsart maßgeblichen Regelanknüpfung kommt insbesondere dann in Betracht, wenn der in Frage stehende Vertrag mit einem anderen Vertrag inhaltlich derart eng verbunden ist, daß eine selbständige Anknüpfung nicht sachgerecht erscheint.[368] In diesen Fällen bestimmt das Rechtsverhältnis, zu dem der Vertrag die Verbindung aufweist, das anwendbare Recht, so daß ein einheitliches Statut für den gesamten Sachverhalt anzunehmen ist.

Bei der Patronatserklärung besteht die Besonderheit darin, daß es sich bei dem zugrunde liegenden Sachverhalt um eine dreiseitige Rechtsbeziehung handelt. Rechtsverhältnisse bestehen zwischen Patron und Tochterunternehmen, zwischen Tochter und Gläubiger und zwischen Patron und Gläubiger. Zu prüfen ist, ob diese Rechtsbeziehungen derart eng miteinander verbunden sind, daß eine einheitliche Anknüpfung erforderlich erscheint.

1. Sicherungsverträge

Die Patronatserklärung steht in direktem Zusammenhang mit dem zwischen Gläubiger und Tochtergesellschaft abgeschlossenen Vertrag. Sie sichert den aus diesem Vertrag bestehenden Rückzahlungsanspruch des Gläubigers. Sicherungsverträge, welche die Erfüllung von Verbindlichkeiten aus einem anderen Vertrag sichern und einen engen Zusammenhang mit dem gesicherten Geschäft aufweisen, sind in der Regel demselben Recht zu unterstellen.[369] Als atypischer Sicherungsvertrag könnte die Patronatserklärung deshalb dem Recht des Kreditvertrages zu unterstellen sein.

Dem steht jedoch entgegen, daß sowohl die Bürgschaft als auch die Garantie nach der herrschenden Meinung ein eigenes Statut haben, also vom Statut der Hauptschuld gesondert angeknüpft werden.[370] Der Grund für

[368] *Kegel*, Internationales Privatrecht, § 18 Id; MünchKomm -*Martiny*, Art. 28 Rdnr. 90 ff.

[369] *Reithmann / Martiny*, Internationales Vertragsrecht, Rdnr. 156; *Finger*, AWD BB 1969, 486, 489.

[370] MünchKomm- *Martiny*, Art 28 Rdnr. 100, 220 mit weiteren Nachweisen.

diese eigenständige Anknüpfung ist die Tatsache, daß bei Bürgschaft und Garantie *Dritte am Vertrag beteiligt sind.* Sind Dritte am Vertrag beteiligt, so bestimmt das Statut der Hauptverbindlichkeit nicht mehr das Statut des von ihnen geschlossenen Sicherungsvertrages.[371] Der Patronatsvertrag weist als atypische Personalsicherheit wesentliche Ähnlichkeit mit Bürgschaft und Garantie auf. So ist auch bei der Patronatserklärung der Patron als Dritter am Vertrag beteiligt. Dem steht nicht entgegen, daß der Patron gesellschaftsrechtlich mit der Tochter verbunden ist und mit dieser eine wirtschaftliche Einheit bildet. Unzweifelhaft ist die Tochtergesellschaft nämlich eine juristisch selbständige Person und damit als Dritte anzusehen.[372]

2. Angelehnte Verträge

Auch die sogenannten angelehnten Verträge unterstehen grundsätzlich dem Recht des Hauptvertrages.[373] Angelehnte Verträge sind solche Verträge, die lediglich eine untergeordnete Hilfsfunktion erfüllen und zur Vorbereitung, notwendigen Ergänzung, Erfüllung oder Abänderung des Hauptvertrages dienen.[374] Zu nennen ist hier beispielsweise der Vorvertrag oder die Option.

Namentlich *K. Wagner* vertritt die Auffassung, bei der Patronatserklärung handele es sich um einen zumindest *wirtschaftlich* an den jeweiligen Darlehensvertrag angelehnten Vertrag, so daß die Patronatserklärung nach dem Recht zu beurteilen sei, nach dem auch der Darlehensvertrag zu beurteilen ist.[375] Diese Ansicht kann nicht überzeugen. Der Patronatsvertrag kann nicht als Vertrag bezeichnet werden, der lediglich eine untergeordnete Hilfsfunktion zu dem abgeschlossenen Darlehensvertrag aufweist. Patronatsvertrag und Darlehensvertrag stellen vielmehr zwei eigenständige Verträge dar. Für die Eigenständigkeit spricht die Tatsache, daß die Vertragsparteien des Patronatsvertrages und des Darlehensvertrages nicht

---

371 *Firsching / von Hoffmann,* Internationales Privatrecht., Rdnr. 62; *Reithmann / Martiny,* Internationales Vertragsrecht, Rdnr. 1023 ff.,1032 ff.

372 LG Hamburg RIW 1993, 144, 145 (Bürgschaft für eine Firma, an welcher der Bürge maßgeblich beteiligt ist); *Seiler,* Die Patronatserklärung im internationalen Wirtschaftsrecht, S. 135, die betont, daß es ist nicht einzusehen sei, warum hinsichtlich der Patronatserklärung anders angeknüpft werden soll als hinsichtlich der Bürgschaft und Garantie.

373 *Kegel,* Internationales Privatrecht, S. 494; *Gamillscheg,* AcP 157 (1957), 334.

374 *Reithmann / Martiny,* Internationales Vertragsrecht, Rdnr. 155; *Firsching / von Hoffmann,* Internationales Privatrecht, Rdnr.62.

375 *Wagner,* Die internationale Tätigkeit der Banken, S. 34.

identisch sind. Sind Dritte am Sicherungsvertrag beteiligt, ist es nicht interessengerecht, diesen Vertrag als wirtschaftlich angelehnten Vertrag dem Recht des Darlehensvertrages zu unterstellen.

3. Anknüpfung an das Personalstatut der Tochtergesellschaft

K. Wagner betont weiterhin, daß insbesondere bei Patronatserklärungen an die Allgemeinheit die Rechtsbeziehung zwischen Mutter und Tochtergesellschaft ein wesentlicher Anknüpfungspunkt für die Frage nach dem anwendbaren Recht sei.[376] Das gesellschaftsrechtliche Verhältnis zwischen der Mutter- und der Tochtergesellschaft wird kollisionsrechtlich vom Personalstatut der Tochtergesellschaft beherrscht. Anknüpfungspunkt für das Personalstatut ist nach herrschender Meinung der Sitz der Tochtergesellschaft. Folglich wäre die Patronatserklärung ausländischem Recht zu unterstellen. *K. Wagner* führt zur Begründung an, die Erklärung stünde in direkter Abhängigkeit zu der gesellschaftsrechtlichen Beziehung zwischen Mutter- und Tochterunternehmen. Der Mutterkonzern gäbe die in den Geschäftsberichten enthaltene Patronatserklärung ab, um das Vertrauen der Gläubiger in die Bonität der ausländischen Tochterbank zu stärken. Letztlich gehe es damit bei der Patronatserklärung an die Allgemeinheit ausschließlich um Standing-Fragen, weshalb das Rechtsverhältnis zwischen Patron und Tochtergesellschaft die Anknüpfung für den gesamten Vertrag bestimmen müsse.[377]

Trotz des motivatorischen Hintergrundes der Muttergesellschaft, durch die Abgabe der Patronatserklärung die Kreditwürdigkeit der Tochtergesellschaft zu verbessern, ist die Erklärung nicht als Teil der mitgliedschaftlichen Beziehung zwischen Mutter- und Tochtergesellschaft oder auch nur in direkter Abhängigkeit zu dieser gesellschaftsrechtlichen Beziehung zu sehen. Eine solche Erklärung ist vielmehr Gegenstand der selbständigen schuldrechtlichen Beziehung zwischen der Muttergesellschaft und dem jeweiligen Gläubiger.[378]

Im Ergebnis läßt sich also festhalten, daß das Rechtsverhältnis zwischen der Muttergesellschaft und dem Gläubiger aus der Patronatserklärung gesondert zu betrachten ist. Die Patronatserklärung hat ihr *eigenes Statut*, das

---

[376] *Wagner,* Die internationale Tätigkeit der Banken, S. 34.

[377] *Wagner,* Die internationale Tätigkeit der Banken, S. 35.

[378] *Seiler,* Die Patronatserklärung im internationalen Wirtschaftsverkehr, S. 134; *Hoffmann,* Die Patronatserklärung im deutschen und österreichischem Recht, S.184.

selbständig anzuknüpfen ist .[379] Es gilt folglich zu klären, zu welchem Staat der Patronatsvertrag die engste Verbindung gem. Art. 28 EGBGB aufweist.

II. Anknüpfung an die vertragstypische Leistung gem. Art. 28 Abs. 2 EGBGB

Nach Art 28 Abs. 2 EGBGB ist für die Frage, mit welchem Staat der Vertrag die engste Verbindung aufweist, entscheidend, in welchem Staat derjenige ansässig ist, der die *charakteristische Leistung* zu erbringen hat.[380] Fraglich ist also, wer in dem Rechtsverhältnis zwischen Patron und Gläubiger die charakteristische Leistung gem. Art. 28 Abs. 2 EGBGB erbringt. Nach der sog. Vertragstypenlehre ist für einen Vertrag die Leistung charakteristisch, die dem Vertragstypus ihr Gepräge gibt und die ihn von anderen Vertragstypen unterscheidbar macht.[381]

Der Patronatsvertrag ist ein *einseitig verpflichtender Vertrag*; eine Verpflichtung erbringt nur der Patron. Bei einseitig verpflichtenden Verträgen stellt die Schuldnerleistung die charakteristische Leistung dar.[382] Das bedeutet im Ergebnis, daß für die Beurteilung der Patronatserklärung das Recht am Sitz der Muttergesellschaft anzuwenden ist.[383] Der Patronatsver-

---

[379] So auch *Hoffmann,* a. a. O., S. 183 f.; *Seiler,* a. a. O., S. 133; *Rippert,* Patronatserklärungen im deutschen und französischem Recht, S.156; *Reithmann / Martiny,* Internationales Vertragsrecht, Rdnr. 1046; *Jander / Hess,* RIW 1995, 730, 735; LG Frankfurt AG 1977, 321 allerdings ohne Begründung.

[380] Nach altem Recht wurde hingegen der Erfüllungsort der vertraglichen Verpflichtung vielfach bei der Bestimmung des Schwerpunktes des Vertragsverhältnisses berücksichtigt. In diesem Zusammenhang weist *Wagner* bezüglich der Patronatserklärung an die Allgemeinheit darauf hin: "Im Zusammenhang mit der *standing*-Frage wird als *Erfüllungsort der Sitz der Tochterbank* gewählt, so daß sich daraus ein weiterer Anknüpfungspunkt für das ausländische Schuldstatut ergibt." Die Anknüpfung an den Erfüllungsort ist nach neuem Recht nicht mehr vorgesehen, vgl. MünchKomm – *Martiny,* Art. 28 Rdnr. 81.

[381] MünchKomm- *Martiny,* Art. 28 Rdnr. 30; Bankrecht und Bankpraxis Band III Teil 5 (Auslandsgeschäft) Rdnr. 5/ 15.

[382] Erman / *Hohloch,* Art. 28 Rdnr. 22; BGH NJW 1993, 1126; ZIP 1985, 1101, 1113; *Finger,* AWD BB 1969, 486, 489, der im Zusammenhang mit der Bestimmung des hypothetischen Parteiwillens betont, daß der Schuldner, weil nur er eine Leistung erbringt, sich stets mit der Anwendung des Heimatrechts durchsetzen kann.

[383] LG Frankfurt AG 1977, 321, siehe zu der Entscheidung auch IPR Rspr. 1979 Nr. 10, S. 47; 10b, S. 49, wobei noch auf den hypothetischen Parteiwillen abgestellt wird. *Jander / Hess,* RIW 1995, 735; Erman / *Hohloch,* Art. 28 EGBGB Rdnr. 52; so auch

trag mit einem im Ausland ansässigen Gläubiger ist folglich nach deutschem Recht zu beurteilen.

Ergebnis des sechsten Teils

Kommt aufgrund der in den Geschäftsberichten zugunsten der ausländischen Tochter und Beteiligungsbanken abgegebenen Patronatserklärung an die Allgemeinheit eine Patronatsvertrag mit einem ausländischen Vertragspartner zustande, dann beurteilt sich die Frage, welches Recht auf diesen Vertrag Anwendung findet, nach dem deutschen Internationalen Privatrecht. Weil eine ausdrückliche oder stillschweigende Rechtswahl nicht vorliegt, ist nach Art. 28 EGBGB entscheidend, mit welchem Recht der Vertrag die engste Verbindung aufweist. Die Patronatserklärung an die Allgemeinheit folgt dabei nicht dem Statut der zu sichernden Hauptverbindlichkeit. Als eigenständiger Sicherungsvertrag hat die Patronatserklärung ihr eigenes Statut, das selbständig anzuknüpfen ist. Die objektive Anknüpfung führt zu dem Recht des Staates, in dem die Mutterbank ihren Sitz hat, denn diese erbringt die charakteristische Leistung. Die Patronatserklärung an die Allgemeinheit ist folglich auch für die Fälle, in denen sie sich an ausländische Kreditoren richtet, nach deutschem Recht zu beurteilen.

schon *Rümker* WM 1974, 996 f.; *Seiler,* Die Patronatserklärung im internationalen Wirtschaftsverkehr, S.150; *Graf von Westphalen*, Exportfinanzierung, S. 395.

Siebter Teil: Bilanzrechtliche Aspekte der Patronatserklärung an die Allgemeinheit

Schon im ersten Teil dieser Arbeit wurde darauf hingewiesen, daß die Existenz von Patronatserklärungen an die Allgemeinheit vor allem auf deren bilanzrechtliche Vorteile gegenüber der einzelvertraglichen harten Patronatserklärung zurückzuführen ist.[384] Im folgenden sollen deshalb die bilanzrechtlichen Aspekte der von der Mutterbank abgegebenen Patronatserklärung an die Allgemeinheit näher untersucht werden. Zunächst empfiehlt sich allerdings eine allgemeine Darstellung der gesetzlichen Grundlagen für die Rechnungslegung von Kreditinstituten, da diese teilweise von den Vorschriften über die Rechnungslegung von Nicht-Kreditinstituten abweichen.

1. Kapitel: Allgemeines zur Rechnungslegung der Kreditinstitute

Neben den allgemeinen Vorschriften existieren für Kreditinstitute *branchenspezifische Gesetzesbestimmungen* für die Rechnungslegung. Die besonderen Anforderungen an die Rechnungslegung der Kreditinstitute läßt sich mit der besonderen volkswirtschaftlichen Bedeutung der Kreditwirtschaft begründen. Aufgrund der Tatsache, daß Kreditinstitute nahezu ausschließlich mit fremden Geldern wirtschaften, besteht ein besonderes Informationsbedürfnis der Allgemeinheit an der Vermögens-, Finanz- und Ertragslage des Kreditinstituts.[385]

I. Anwendbare Vorschriften

Im Interesse der Übersichtlichkeit wurde durch das *Bankbilanzrichtlinie-Gesetz* (BaBiRiLiG) vom 30. 11.1990[386] in Umsetzung der Richtlinie des Rates der Europäischen Gemeinschaften vom 8.12.1986 über den konsoli-

---

[384] Siehe dazu im 1. Teil der Arbeit.

[385] Der Jahresabschluß und das Ergebnis über dessen Prüfung durch Abschlußprüfer sind die maßgebliche Grundlage für die Tätigkeit des Bundesaufsichtsamtes für Kredit-wesen. Dazu noch eingehend im 8. Teil dieser Arbeit. *Krumnow / Sprißler*, Rechnungslegung der Kreditinstitute, § 340 a Rdnr.4.

[386] Gesetz zur Durchführung der Richtlinie des Rates der Europäischen Gemeinschaften über den Jahresabschluß und den konsolidierten Abschluß von Banken und anderen Finanzinstituten Richtlinie 86/ 635/ EWG (Amtsblatt der EG Nr. L 372 v. 31.12.86 S.1) Gesetz vom 30.11. 90 (BGBl. I, S. 2570).

dierten Abschluß von Banken und anderen Finanzinstituten das gesamte Rechnungslegungsrecht für Kreditinstitute im Dritten Buch des HGB und dem dazugehörenden Verordnungsrecht zusammengefaßt.[387]

Aufgrund ihrer Kaufmannseigenschaft haben Kreditinstitute zunächst die allgemeinen Vorschriften der § 238 – § 263 HGB anzuwenden. Darüber hinaus sind insbesondere die § 340 ff. HGB und die aufgrund der Verordnungsermächtigung des § 330 Abs. 2 HGB erlassene und am 31.12.1992 in Kraft getretene *Verordnung über die Rechnungslegung der Kreditinstitute* (RechKredV) zu beachten.[388] Im Gegensatz zu den Rechnungslegungsvorschriften des HGB für Nichtkreditinstitute, die grundsätzlich zwischen Einzelkaufleuten und Personenhandelsgesellschaften einerseits und Kapitalgesellschaften andererseits, innerhalb der Kapitalgesellschaften dann wiederum zwischen kleinen und großen (§ 267 HGB) Kapitalgesellschaften unterscheiden, und an diese Unterscheidung unterschiedlich hohe Anforderungen an die Rechnungslegung knüpfen, gilt diese Unterscheidung nicht für Kreditinstitute. Gem. § 340 a HGB haben Kreditinstitute *rechtsform- und größenunabhängig* auf ihren Jahresabschluß die für *große Kapitalgesellschaften* geltenden Rechnungslegungsvorschriften gem. § 264-289 HGB anzuwenden, wobei gem. § 340a Abs. 2 HGB allerdings bestimmte Vorschriften nicht anzuwenden sind (§ 340a Abs. 2 Satz 1 und 3 HGB) oder durch die entsprechenden Regelung der Verordnung über die Rechnungslegung der Kreditinstitute ersetzt werden (§ 340 a Abs. 2 Satz 2).[389] Darüber hinaus sind die Vorschriften des § 340 b ff. HGB ergänzend anzuwenden.[390]

---

[387] Bis zu diesem Zeitpunkt waren die ergänzenden Rechnungslegungsvorschriften für Kreditinstitute vor allem im KWG (§ 25a-29 KWG a. F), in der Formblatt-VO (BGBl I S.2170) und in den vom BAKred erlassenen Bilanzierungsrichtlinien sowie in Spezialgesetzen z. B dem PublG enthalten. Diese sehr unübersichtliche Rechtslage wurde durch das Bankbilanzrichtlinie- Gesetz wesentlich verbessert. Vgl. zu der Entwicklung der Vorschriften für die Rechnungslegung der Kreditinstitute *Krumnow / Sprißler*, Rechnungslegung der Kreditinstitute, Einführung A Rdnr. 1 ff.

[388] Verordnung über die Rechnungslegung der Kreditinstitute vom 10. 2. 92 BGBl I, 203; abgedruckt bei *Consbruch / Möller / Bähre / Schneider*, Nr. 14.01 der Textsammlung; auszugsweise im Anhang dieser Arbeit (Anhang III). Die Verordnung regelt hauptsächlich formelle Fragen der Gliederung der Bilanz und der Gewinn und Verlustrechnung, sowie den Inhalt einzelner Bilanzposten und Zusatzangaben im Anhang.

[389] Entscheidend für die Rechnungslegung ist damit allein die Tätigkeit als Kreditinstitut. Kreditinstitute sind nach der *Legaldefinition* in § 1 Abs. 1 KWG Unternehmen, die mehrere oder einzelne in dieser Vorschrift aufgeführte Bankgeschäfte betreiben, wenn deren Umfang einen in kaufmännischer Weise eingerichteten Geschäftsbetrieb erfordert. Zu den Bankgeschäften gehören das Einlagen -,Kredit-, Diskont-, Effek-

II. Bestandteile der Rechnungslegung

Bezüglich der Rechnungslegung ist zwischen dem *Einzelabschluß* jedes einzelnen Kreditinstituts und dem *Konzernabschluß* des gesamten Bankkonzerns zu unterscheiden.

1. Jahresabschluß, Anhang und Lagebericht

Das einzelne Kreditinstitut ist als rechtlich selbständiges Unternehmen zur eigenen Rechnungslegung verpflichtet. Es hat gem. § 340 a HGB i. V. m. § § 242, 264 Abs. 1 HGB einen *Jahresabschluß* aufzustellen. Der Jahresabschluß umfaßt gem. § 242 Abs. 3 HGB die *Bilanz* und die *Gewinn- und Verlustrechnung*.[391] Die genaue Gliederung der Bilanz und der Gewinn- und Verlustrechnung richtet sich bei Kreditinstituten gem. § 2 Abs. 1 RechKredV nach dem bankspezifischen Formblatt 1 (Gliederung der Bilanz) bzw. Formblatt 2, 3 (Gliederung der Gewinn und Verlustrechnung).[392] Entsprechend der für Kreditinstitute anwendbaren Rechnungslegungsvorschriften für große Kapitalgesellschaften ist der Jahresabschluß gem. § 264 Abs. 1 HGB um einen *Anhang* zu erweitern, der mit der Bilanz und der Gewinn- und Verlustrechnung eine Einheit bildet.[393] Der Anhang dient der Erläuterung und dem Verständnis von Bilanz und Gewinn- und Verlustrechnung, insbesondere soweit diese Jahresabschlußelemente kein ausreichendes Bild von der tatsächlichen Vermögens-, Finanz- und Ertragslage vermitteln.[394]

Weiterhin sind die Kreditinstitute nach § 340 a i. V. m § 264 Abs. 1, § 289 HGB verpflichtet, einen *Lagebericht* aufzustellen. Der Lagebericht ist nicht Teil des Jahresabschlusses. Er hat die Aufgabe, den Jahresabschluß durch zusätzliche Informationen zu ergänzen. Der Bericht soll einen zusammenfassenden Überblick über die Situation der Gesellschaft geben und

---

ten-, Depot- Investment-, Garantie und Girogeschäft, sowie das Eingehen der Verpflichtung, Darlehensforderungen vor Fälligkeit zu erwerben, vgl. *Bähre / Schneider,* § 1 KWG Anm. 6.

390 Vgl. zu der Frage der anwendbaren Vorschriften im einzelnen: *Windmöller* in WP-Handbuch Band I, Abschnitt J Rdnr. 25 ff.

391 *Baumbach / Hopt,* HGB, § 242, Rdnr. 2.

392 Muster der Formblätter für den Jahresabschluß der Kreditinstitute abgedruckt bei *Consbruch / Möller / Bähre / Schneider,* Nr.15 der Textsammlung.

393 Siehe zu den Begriffen der Bilanz und der Gewinn- und Verlustrechnung im einzelnen *Baumbach / Hopt,* § 242 HGB Rdnr. 2, 9.

394 *Heymann / Jung,* HGB, § 284 Rdnr. 1 ff.; *Baumbach /Hopt,* § 284 Rdnr. 2 ff.

über die zukünftige Entwicklung informieren.[395] Üblicherweise werden Jahresabschluß und Lagebericht in einem einheitlichen Druckstück mit dem Namen *Geschäftsbericht* veröffentlicht.

2. Konzernabschluß, Konzernanhang und Konzernlagebericht

Neben der Pflicht zur Erstellung eines Einzelabschlusses besteht im Bankkonzern gem. § 340 i HGB i. V. m § 290 HGB für Kreditinstitute die rechtsform- und größenunabhängige Pflicht zur Aufstellung eines *Konzernabschlusses* und eines *Konzernlageberichts.*[396]

Der Konzernabschluß besteht gem. § 297 HGB aus der *Konzernbilanz*, der *Konzerngewinn- und Verlustrechnung* und dem *Konzernanhang.* Dem Konzernabschluß kommt gem. § 297 Abs. 2, 3 HGB die Aufgabe zu, ein den tatsächlichen Verhältnissen entsprechendes Bild der Vermögens-, Finanz- und Ertragslage des *gesamten Konzerns* zu vermitteln. Da der Konzern, auch wenn er aus rechtlich selbständigen Unternehmen besteht, *wirtschaftlich* gesehen *eine Einheit* darstellt, ist die Vermögens-, Finanz- und Ertragslage im Konzernabschluß so darzustellen, als handele es sich bei den einbezogenen Unternehmen insgesamt um ein einziges Unternehmen.[397] Konzerninterne Beziehungen müssen deshalb durch den Konzernabschluß untereinander ausgeglichen und verrechnet werden. Die Mutterbank hat darüber hinaus gem. § 340 i, § 290 HGB die Pflicht zur Aufstellung eines *Konzernlageberichtes.*

Der Konzernabschluß ersetzt nicht die Einzelabschlüsse der im Konzern zusammengefaßten Unternehmen. Dies gilt auch für den Abschluß des Mutterunternehmens. Er steht selbständig neben dem Einzelabschluß. Im Sinne einer *Berichterstattungserleichterung* kann jedoch gem. § 298 Abs. 3 HGB der Konzernanhang und der Anhang des Jahresabschlusses der Muttergesellschaft sowie gem. § 315 Abs. 3 i. V. m. § 298 Abs. 3 HGB auch der Konzernlagebericht mit dem Lagebericht der Mutterbank zusammengefaßt werden. Macht die Mutterbank von dieser Möglichkeit Gebrauch, müssen gem. § 298 Abs. 3 Satz 2 HGB der Einzelabschluß und der Konzernabschluß gemeinsam offengelegt werden.

---

[395] *Heymann / Jung*, HGB, § 289 Rdnr. 5 ff.

[396] *Emmerich/ Sonnenschein*, Konzernrecht, § 32 II 2; *Morck* in Koller / Roth / Morck, HGB, § 340 i Rdnr. 1.

[397] Dementsprechend liegt den Vorschriften über die Konzernrechnungslegung die sog. *Einheitstheorie* zugrunde. Vgl. *Havermann* in WP-Handbuch Bd. I, Abschnitt M 6 f.; *Emmerich / Sonnenschein*, Konzernrecht, § 30 III.

a. Voraussetzungen der Pflicht zur Konzernrechnungslegung

Nach § 290 Abs. 1 HGB besteht die Pflicht zur Konzernrechnungslegung, wenn in einem Konzern die Unternehmen unter einheitlicher Leitung einer Kapitalgesellschaft, dem Mutterunternehmen, mit Sitz im Inland stehen und wenn dem Mutterunternehmen eine Beteiligung im Sinne des § 271 Abs. 1 HGB an diesem Unternehmen, dem Tochterunternehmen, gehört.[398] Beteiligungen im Sinne des § 271 Abs. 1 HGB sind Anteile an einem anderen Unternehmen, die dazu bestimmt sind, dem eigenen Geschäftsbetrieb des Mutterunternehmens durch Herstellung einer dauernden Verbindung zu dienen. Nach § 271 Abs. 1 S. 3 HGB wird die Beteiligungsabsicht dann vermutet, wenn dem Unternehmen mehr als 20 % der Anteile an einer Kapitalgesellschaft zustehen. Die Pflicht zur Konzernrechnungslegung besteht gem. § 290 Abs. 2 HGB auch dann, wenn dem Mutterunternehmen die Mehrheit der Stimmrechte der Gesellschafter zusteht (§ 290 Abs. 2 Nr. 1 i. V. m § 290 Abs. 4 HGB), wenn ihm das Recht zusteht, die Mehrheit der Mitglieder des Verwaltungs- Leitungs- oder Aufsichtsorgans zu bestellen oder abzuberufen und es gleichzeitig Gesellschafter ist (§ 290 Abs. 2 Nr. 2 HGB), oder wenn dem Mutterunternehmen das Recht zusteht, einen beherrschenden Einfluß aufgrund eines mit dem Tochterunternehmen abgeschlossenen Beherrschungsvertrages oder aufgrund einer Satzungsbestimmung dieses Unternehmens auszuüben.(§ 290 Abs. 2 Nr. 3 HGB)[399]

b. Konsolidierungskreis

Der Konzernabschluß hat gem. § 294 Abs. 1 HGB alle inländischen und ausländischen Tochterunternehmen i. S. d § 290 HGB mit einzubeziehen.[400] Bei der zunehmenden Auslandstätigkeit deutscher Banken kommt der Konzernrechnungslegung besonders als umfassendem Informationsinstrument in Bezug auf die Auslandstöchter eine wesentliche Rolle zu.[401]

Zur Aufstellung des Konzernabschlusses ist das Mutterunternehmen auf Informationen des Tochterunternehmens angewiesen. Gem. § 294 Abs. 3

---

[398] Eingehend zur Konzernrechnungslegung der Kreditinstitute *Krumnow / Sprißler*, Rechnungslegung der Kreditinstitute, § 340 i Rdnr. 12 ff.

[399] *Adler / Düring / Schmaltz*, § 290 Rdnr. 27 f.; Heymann / *Niehus / Scholz*, HGB, § 290 Rdnr. 12 ff.

[400] Zum Umfang der Konsolidierungspflicht sowie deren Ausnahmen *Emmerich / Sonnenschein*, Konzernrecht, § 31, S. 482 ff.; *Adler / Düring / Schmaltz*, § 294 Rdnr. 1 ff.

[401] Das gilt insbesondere für die Bankaufsicht. Vgl. dazu noch im 8. Teil der Arbeit.

HGB ist das Tochterunternehmen deshalb verpflichtet, die genannten Unterlagen wie beispielsweise den Jahresabschluß und den Lagebericht dem Mutterunternehmen vorzulegen und die vom Mutterunternehmen verlangten Auskünfte zu erteilen.[402]

2. Kapitel: Die bilanzrechtliche Behandlung der Patronatserklärung

Im folgenden soll geklärt werden, wie die Patronatserklärung an die Allgemeinheit im Rahmen dieser Rechnungslegung bilanzrechtlich zu behandeln ist. Hierbei ist zunächst darzustellen, welche allgemeinen Grundsätze für die Bilanzierung der Patronatserklärung entwickelt wurden, um darauf aufbauend die Besonderheiten im Zusammenhang mit der Patronatserklärung an die Allgemeinheit zu erarbeiten.

I. Allgemeines zur Vermerkpflicht von Patronatserklärungen

Bei der Frage nach der bilanzrechtlichen Behandlung von Patronatserklärungen ist zunächst zwischen harten und weichen Patronatserklärungen zu unterscheiden.

1. Harte Patronatserklärungen

a. Harte Patronatserklärungen als Gewährleistungsvertrag gem. § 251 HGB

Nach § 251 HGB sind Haftungsverhältnisse gesondert unter dem Bilanzstrich aufzuführen. Haftungsverhältnisse im bilanzrechtlichen Sinne sind alle Verbindlichkeiten aufgrund von Rechtsverhältnissen, aus denen der Verpflichtete nur unter bestimmten Umständen, mit deren Eintritt *er nicht rechnet*, in Anspruch genommen werden kann.[403] Als ein unter der Bilanz zu vermerkendes Haftungsverhältnis ist in § 251 HGB unter anderem der *Gewährleistungsvertrag* genannt. Unter Gewährleistungsvertrag i. S. d.

[402] Zur Vorlagepflicht und zum Auskunftsrecht eingehend *Adler / Düring / Schmaltz*, § 294 Rdnr. 26. Zu den Problemen bei der Durchsetzung insbesondere bei Tochterunternehmen außerhalb der europäischen Wirtschaftsgemeinschaft vgl. ebenda Rdnr. 43.

[403] *Cisk / Dörner*, in Küting / Weber, § 251 HGB Anm. 2. *Ellrott* in Beck Bil- Komm, § 251 Anm2, § 249 Anm. 53; vgl. zum Vorrang der Passivierung im folgenden unter d.

§ 251 HGB ist jeder, nicht als Bürgschaft zu qualifizierende Vertrag zu verstehen, mit dem eine Gewährleistung bezweckt wird, so z. B. das Einstehen für einen bestimmten Erfolg oder eine Leistung oder für den Nichteintritt eines bestimmten Nachteils oder Schadens.[404] Der Gewährleistungsvertrag umfaßt typischerweise die Gewährleistung für fremde Leistung gegenüber dem Gläubiger eines Dritten für dessen gegenwärtige und zukünftige Verbindlichkeiten.[405]

Durch die harte Patronatserklärung übernimmt der Patron die Gewähr für die gegenwärtige und zukünftige Leistungsfähigkeit des Tochterunternehmens. Dementsprechend besteht in der Literatur spätestens seit der Stellungnahme des Hauptfachausschusses des Instituts der Wirtschaftsprüfer in Deutschland e. V. zur Vermerk- und Berichterstattungspflicht bei Patronatserklärungen von 1976 weitestgehend Einigkeit darüber, daß harte Patronatserklärungen als Gewährleistungsverträge gem. § 251 HGB zu subsumieren sind und folglich unter der Bilanz vermerkt werden müssen.[406]

Eine abweichende Ansicht bezüglich der bilanzrechtlichen Behandlung von harten Patronatserklärungen wird lediglich von *Th. Küffner* vertreten.[407] Nach dem von ihm vorgenommenen neuen Auslegungsversuch des Begriffs des Gewährleistungsvertrages sind als Gewährleistungsverträge gem. § 251 HGB nur solche Verträge zu werten, mit denen sowohl für die Zahlungsfähigkeit als auch für die *Zahlungswilligkeit* des Hauptschuldners eingestanden wird.[408] Dieses Auslegungsergebnis ergebe zum einen der Vergleich mit den anderen in § 251 HGB genannten Haftungsverhältnissen, weil sowohl bei der (selbstschuldnerischen) Bürgschaft als auch bei der Bestellung von Sicherheiten für fremde Verbindlichkeiten für die Zahlungswilligkeit gehaftet wird. Zum anderen entspräche die einschränkende Auslegung des § 251 HGB der ratio der Vermerkpflicht, vor einer

[404] Stellungnahme des HFA des IdW 2/ 76, WPg 1976, 528, 529. Die weite bilanzrechtliche Auslegung des Gewährleistungsverhältnisses (im Vergleich zur bürgerlichrechtlichen Definition des Garantievertrages, der die selbständige und nicht akzessorische Haftung des Garanten verlangt) gründet auf dem Gebot eines sicheren Einblicks in die Vermögens- und Finanzlage, vgl. *Bordt,* in HdJ Abt. III / 9 Rdnr. 47.

[405] *Bordt*, in HdJ Abt III/ 9 Rdnr. 50, 51.

[406] Stellungnahme des HFA des IdW 2/76, WPg 1976,528 ff.; MünchKomm- *Habersack*, vor § 765 Rdnr. 46; *Adler / Düring / Schmaltz*, § 251 Rdnr.51 ff.; *Bordt*, WPg 1975, 285 ff. ders. HdJ Abt. III / 9 Rdnr. 53; *Obermüller*, ZGR 1975, 1, 40; *Jährig/ Schuck*, Handbuch des Kreditgeschäfts, S. 644.

[407] *Küffner*, DStR 1996, 146, 150 f.

[408] *Küffner,* DStR 1996, 146, 150.

"*unkontrollierbaren*" Inanspruchnahme zu warnen.[409] Weil sich der Patron im Rahmen einer harten Patronatserklärung jedoch ausschließlich für die Zahlungsfähigkeit des Tochterunternehmens und nicht für deren Zahlungswilligkeit verpflichtet[410], könne folglich keine pauschale Vermerkpflicht für harte Patronatserklärungen angenommen werden. Vielmehr bestünde für harte Patronatserklärungen lediglich eine Informationspflicht im Anhang gem. § 285 Nr. 3 HGB, wobei er den Zeitpunkt der Ausweispflicht vom Geschäftsverlauf des Tochterunternehmens abhängig macht und hierbei zwischen *regulärem Geschäftsverlauf* und *Krise* des Tochterunternehmens unterscheidet. Treten im regulären Geschäftsverlauf Störungen der Kreditbeziehungen ein (z. B. Zahlungsunwilligkeit der Tochtergesellschaft), müsse das Mutterunternehmen spätestens nach Geltendmachung des Anspruchs durch den Gläubiger eine Pflichtangabe nach § 285 Nr. 3 HGB vornehmen.[411] In der Krise des Tochterunternehmens - insoweit unterscheidet *Küffner* hier drei Stufen, nämlich die Unterbilanz, die Überschuldung und die Zahlungsunfähigkeit – bestünde grundsätzlich eine Informationspflicht gem. § 285 Nr. 3 HGB. Darüber hinaus habe das Mutterunternehmen zu beurteilen, ob wegen der drohenden Inanspruchnahme eine Rückstellung gem. § 249 Abs. 1 Satz 1 HGB gebildet werden muß.[412]

Die Ansicht *Küffners* kann nicht überzeugen. Die Angabe gem. § 285 Nr. 3 HGB stellt nämlich im Verhältnis zu § 251 HGB lediglich einen Auffangtatbestand dar. Als *schwächstes Publizitätsmittel* kommt die Informationspflicht im Anhang nur dann in Betracht, wenn das Haftungsverhältnis nicht gem. § 251 HGB zu vermerken ist. Zweck der Vermerkpflicht gem. § 251 HGB ist, den Bilanzleser umfassend auf außergewöhnliche Risiken hinzuweisen, die auf das Unternehmen zukommen können und damit für die Beurteilung der Vermögens – und Ertragslage von Bedeutung sind.[413] Durch die Verwendung des Begriffs "Gewährleistungsvertrag" hat der Gesetzgeber deutlich gemacht, daß mit diesem allgemeinen Tatbestand alle übrigen, im Haftungsrisiko den Verbindlichkeiten aus Bürgschaften ähnliche Verbindlichkeiten von diesem Tatbestand erfaßt werden sollen.[414] Das Haftungsrisiko, aus einer Verpflichtung für die Zahlungsunfähigkeit eines Dritten einzustehen, ist aber nicht geringer einzuschätzen als das Haftungs-

---

[409] *Küffner*, DstR 1996, 146, 150.
[410] OLG Düsseldorf, NJW- RR 1989, S.1116 ff.
[411] *Küffner*, DStR 1996, 146, 150, 151.
[412] *Küffner*, DStR 1996, 146, 151.
[413] *Adler / Düring / Schmaltz*, § 251 Rdnr. 6; *Bordt* in HdJ Abt. III / 9 Rdnr. 4.
[414] Eingehend zur Auslegung des Begriffs der Gewährleistungsvertrages des § 251 HGB vgl. *Fey*, Grundsätze ordnungsgemäßer Bilanzierung für Haftungsverhältnisse, S. 70f.

risiko, aus der Verpflichtung für die Zahlungswilligkeit eines Dritten einzustehen. Insoweit kann der einschränkenden Auslegung des Begriffs "Gewährleistungsvertrag" nicht gefolgt werden.

Soweit *Küffner* darüber hinaus von einer Informationspflicht im Anhang erst ab einem Zeitpunkt ausgeht, in dem die Tochtergesellschaft bereits zahlungsunfähig ist, muß er sich entgegenhalten lassen, daß dieses Ergebnis nicht im Einklang mit dem für das Bilanzrecht geltenden Vorsichtsprinzip steht.[415] Nach seinem Ansatz bestünde nämlich erst zu einem Zeitpunkt eine Angabepflicht für die harte Patronatserklärung, in dem die Gläubigerinteressen bereits stark gefährdet sind. Der mit der Bilanzierung beabsichtigte Gläubigerschutz könnte zu diesem Zeitpunkt nicht mehr gewährleistet werden. Im Ergebnis ist deshalb dem Gebot eines sicheren Einblicks in die Vermögens- und Finanzlage entsprechend einer Vermerkpflicht unter der Bilanz als *stärkeres Publizitätsmittel* der Vorzug zu geben.[416] Die harte Patronatserklärung ist folglich als Gewährleistungsvertrag unter dem Bilanzstrich zu vermerken.

b. Höhe des Vermerks

Die betragsmäßige Angabe gem. § 251 HGB hat grundsätzlich den vollen Haftungsbetrag zu erfassen. Es ist insbesondere nicht danach zu fragen, bis zu welcher Höhe die Inanspruchnahme wahrscheinlich ist.[417] Soweit sich die Haftung auf die Verbindlichkeit eines Dritten bezieht, ist für den Umfang des Vermerks der Bestand der Hauptschuld maßgeblich.[418]

Sofern in der Patronatserklärung auf die zu sichernde Verbindlichkeit ausdrücklich Bezug genommen wird[419], ist sie unter dem Bilanzstrich mit dem Betrag zu vermerken, der der Hauptschuld der Tochtergesellschaft ent-

[415] *Ammelung/ Sorocean,* RIW 1996, 669, 670.

[416] *Ammelung/ Sorocean,* RIW 1996, 669, 670.

[417] *Claussen* in Kölner Kommentar zum AktG, § 251 Rdnr. 6; *Bordt* in HdJ, Abt III/ 9 Rdnr. 58.

[418] *Elrott* in Beck Bil-Komm, § 251 Rdnr.10; *Adler / Düring / Schmaltz,* § 251 HGB, Rdnr. 67, 68: zur Frage der Bezifferbarkeit, wenn sich die Patronatserklärung nicht auf eine konkrete Verbindlichkeit bezieht, im folgenden im Zusammenhang mit der Problematik der Bezifferbarkeit der Patronatserklärung an die Allgemeinheit.

[419] Die Patronatserklärung lautet in diesem Fall: Wir verpflichten uns, die Tochter finanziell so ausgestattet zu halten, daß sie ihren Verbindlichkeiten *aus dem Kreditvertrag* nachkommen kann.

spricht.[420] Zwar kann die Muttergesellschaft unter Umständen dazu verpflichtet sein, zur Unterstützung der Tochtergesellschaft insgesamt mehr als den Kreditbetrag aufzuwenden. Da sie aber auch im Wege der Ersetzungsbefugnis direkt an den Gläubiger leisten kann, ist es ihr auf diese Weise möglich, den Gesamteinsatz an Geldmitteln auf den Betrag der Kreditschuld der Tochter zu beschränken.[421] Der Vermerk in Höhe der Hauptschuld ist damit in diesen Fällen ausreichend. Die einzelnen in § 251 HGB genannten Haftungsverhältnisse können gesondert unter der Bilanz aufgeführt, oder gem. § 251 HGB in einem Betrag zusammengefaßt angegeben werden.[422]

c. Besonderheit für Kapitalgesellschaften gem. § 268 Abs. 7 HGB

Kapitalgesellschaften haben bezüglich der Angabe von Eventualverbindlichkeiten die weitergehende Vorschrift des § 268 Abs. 7 HGB zu beachten. Danach dürfen die Haftungsverhältnisse nicht ausschließlich in einem Betrag angeben werden. Kapitalgesellschaften müssen die vier Haftungsverhältnisse des § 251 HGB vielmehr *gesondert angeben.* Allerdings ist der gesonderte Ausweis sowohl unter der Bilanz als auch im Anhang zulässig.[423]

Gem. § 268 Abs. 7 HGB 2. Halbsatz besteht darüber hinaus eine Verpflichtung der Kapitalgesellschaft zur gesonderten Angabe, wenn eines der in § 251 HGB genannten Haftungsverhältnisse gegenüber einem verbundenen Unternehmen besteht.[424] Diese gesonderte Angabepflicht ist jedoch für die Patronatserklärung nicht einschlägig. Auch wenn das Tochterunter-

---

420 Stellungnahme des HFA des IdW 2/ 1976, WPg 1976,528,530 (Grundform4), i. d. F. von 1990, Abschnitt III, Grundform 4.; *Glade,* Praxishandbuch der Rechnungslegung und Prüfung, § 251 Rdnr. 21.

421 *Bordt,* WPg 1975, 285, 290; *Scholz / Lwowski,* Das Recht der Kreditsicherung, Rdnr. 430; *Mosch,* Patronatserklärungen deutscher Muttergesellschaften, S. 188.

422 Werden die Haftungsverhältnisse gesondert angegeben, sind sie mit den gesetzlich vorgeschriebenen Bezeichnungen zu vermerken. Werden sie zusammengefaßt angegeben, kommt eine Kurzbezeichnung "Haftungsverhältnisse" in Betracht; *Ellrott* in BeckBil-Komm § 251 Rdnr.7; *Forster* in WP- Handbuch Band I, Abschnitt E Rdnr.63.

423 Die AG kann also unter der Bilanz alle Haftungsverhältnisse in einem Betrag angeben und die Einzelaufschlüsselung im Anhang liefern. Wobei diese doppelte Befassung des Jahresabschlusses mit Haftungsverhältnissen i. d. R unzweckmäßig erscheint, so daß die Einzelangabe unter der Bilanz für die AG den sinnvolleren Weg darstellt, so *Claussen* in Kölner Kommentar, Rechnungslegung § 251 Rdnr. 6.

424 Vgl. zum Begriff der verbundene Unternehmen § 271 Abs. 2 HGB.

nehmen aus der Patronatserklärung begünstigt ist, weil es im Bedarfsfall finanziell ausgestattet wird, ist allein der Gläubiger anspruchsberechtigt. Eine Verpflichtung gegenüber einem verbundenen Unternehmen besteht folglich nicht.[425]

Im Ergebnis sind harte Patronatserklärungen damit grundsätzlich entweder gem. § 251 HGB unter der Bilanz zu vermerken oder gegebenenfalls gem. § 251 i. V. m. § 268 Abs. 7 HGB im Anhang anzugeben.

d. Passivierung im Konkurs der Tochtergesellschaft

Die Vermerkpflicht des § 251 HGB tritt nur ein, wenn die Verbindlichkeiten "nicht auf der Passivseite auszuweisen sind." Der Passivierung wird damit grundsätzlich die höhere Priorität zugewiesen.[426] Demnach ist bei Bestehen eines Haftungsverhältnisses zu fragen, ob nicht die *Passivierung* als Verbindlichkeit oder Rückstellung geboten ist. Ist eine Verbindlichkeit oder Rückstellung passiviert, entfällt damit regelmäßig die Angabepflicht unter den Haftungsverhältnissen.[427]

Die Frage, wann eine Passivierung geboten ist, richtet sich nach der Wahrscheinlichkeit der Geltendmachung der Verbindlichkeit und ihrer Durchsetzbarkeit.[428] Wie bereits betont wurde, beinhaltet eine unter der Bilanz anzusetzende oder im Anhang anzugebende Eventualverbindlichkeit die vertraglich eingegangene, aber in ihrer Realisierung *nicht wahrscheinliche* Haftung. Sofern sich aber Anhaltspunkte für eine *drohende Inanspruchnahme* ergeben, ist der Ansatz einer Rückstellung gem. § 249 HGB geboten. Sobald die Inanspruchnahme *eindeutig feststeht*, ist die Verpflichtung als echte Verbindlichkeit gem. § 253 I HGB auszuweisen.[429] Die Inanspruchnahme aus einer Eventualverbindlichkeit steht regelmäßig erst dann

---

[425] Man könnte hier lediglich von einer Verpflichtung *zugunsten* verbundener Unternehmen sprechen. Vgl. *Fey,* Grundsätze ordnungsgemäßer Bilanzierung für Haftungsverhältnisse, S. 213, 214.

[426] Für die Rechnungslegung der Haftungsverhältnisse ergibt sich damit folgende Reihenfolge: Passivierung, Vermerk oder Angabepflicht nach § 251, 268 Abs. 7 HGB, Angabepflicht als sonstiges Haftungsverhältnis gem. § 285 Nr. 3 HGB.

[427] *Ellrott* in Beck Bil- Komm. § 251 Rdnr.3.

[428] *Claussen* in Kölner Kommentar § 251 HGB Rdnr. 3, 4; *Bordt,* Wpg 1975, 285, 287, 288; eingehend zur Frage der Wahrscheinlichkeit der Inanspruchnahme *Fey,* Grundsätze ordnungsgemäßer Bilanzierung für Haftungsverhältnisse, S. 65.

[429] *Fey* in Küting / Weber, Handbuch der Rechnungslegung, Rdnr. 5; *Adler / Düring / Schmaltz,* § 249 Rdnr.39; *Claussen* in Kölner Kommentar § 251 HGB Rdnr. 3, 4; *Bordt* in HdJ Abt III/ 9, Rdnr. 5.

eindeutig fest, wenn der Anspruch geltend gemacht und zwischen den Parteien unstreitig ist; außerdem muß die Höhe der Inanspruchnahme feststehen.[430]

Im Konkurs der Tochtergesellschaft verwandelt sich die Liquiditätsausstattungspflicht des Patrons in eine Verpflichtung zur Direktleistung. An der Zahlungsunfähigkeit der Tochter als Voraussetzung für die Inanspruchnahme der Muttergesellschaft bestehen keine Zweifel. Für die drohende Inanspruchnahme ist zu diesem Zeitpunkt folglich ein Rückstellung für das Verlustrisiko zu bilden.[431]

2. Weiche Patronatserklärungen

Weiche Patronatserklärungen sind in *nicht vermerkpflichtig*. Sie begründen keinen Gewährleistungsvertrag i. S. d § 251 HGB.[432]

Inwieweit weiche Patronatserklärungen im Anhang gem. § 285 Nr. 3 HGB als sonstige finanzielle Verpflichtung aufzuführen sind, ist in der Literatur umstritten. Teilweise wird angenommen, daß eine weiche Patronatserklärung dann im Anhang anzugeben ist, wenn die Erklärung ihrem Inhalt nach eine Zahlungspflicht zur Folge hat.[433] Die herrschende Meinung lehnt dagegen für weiche Patronatserklärungen eine Informationspflicht im Anhang gem. § 285 Nr. 3 HGB ab.[434] Dem ist zuzustimmen. Zwar können weiche Patronatserklärungen Schutzpflichten für den Patron begründen,

---

430 *Hüttemann* in HdJ Abt III/ 8, Rdnr. 20, der betont, daß aufgrund dieser Voraussetzungen im Normalfall für Eventualverbindlichkeiten nur die Alternative der Rückstellung oder des Vermerks unter der Bilanz oder im Anhang besteht

431 MünchKomm- *Habersack*, vor § 765 Rdnr. 46, der allgemein von einer Pflicht zur Passivierung der harten Patronatserklärung im Konkurs der Tochter spricht; *Jander / Hess*, RIW 1995, 730, 734; für die Bürgschaft *Adler / Düring / Schmaltz*, § 251 Rdnr. 31.

432 Münch Komm- *Habersack*, vor § 765 Rdnr. 49; *Ellrott* in Beck Bil-Komm § 251 Rdnr. 41, 42; *Glade*, Praxishandbuch der Rechnungslegung und Prüfung, § 251 Rdnr. 21; *Scholz / Lwowski*, Das Recht des Kreditsicherung, Rdnr.426 ff.

433 *Adler / Düring / Schmaltz*, § 285 Rdnr. 67; *Elrott* in. Beck Bil-Komm § 285 Rdnr. 55.

434 *Dörner / Wirth* in Küting/ Weber, § 285 Rdnr. 163, der betont, daß Patronatserklärungen, die Zahlungspflichten für den Patron begründen, keine weichen Patronatserklärungen sind; *Küffner* DStR 1996, 146, 151; *Mosch*, Patronatserklärungen deutscher Konzernmuttergesellschaften, S. 194, *Obermüller* ZGR 1975, 1, 42; *Bordt*, Wpg 1975, 285, 294; *Scholz / Lwowski*, Recht der Kreditsicherheiten, Rdnr. 432.

deren Verletzung Schadensersatzansprüche auslösen können[435], diese Haftung begründet jedoch keine gem. § 285 Nr. 3 HGB anzugebenden sonstigen finanziellen Verpflichtungen. Unter § 285 Nr. 3 HGB fallen nämlich nur solche finanzielle Verpflichtungen, die sich aus schwebenden Geschäften ergeben.[436] Der Patron wird aber bei dieser Form der weichen Patronatserklärung nicht mit einem wirtschaftlichen Risiko aus einer bedingten oder sonstigen ungewissen Verbindlichkeit belastet. Die Erklärung begründet vielmehr eine klar bezeichnete Erfüllungspflicht, so daß die Entstehung des Anspruchs allein vom Handeln der Muttergesellschaft abhängig ist. Verletzt der Patron diese Pflicht, sind die daraus resultierenden Schadensersatzpflichten nach allgemeinen Bilanzierungsregeln zu behandeln, d. h., es sind für die drohende Inanspruchnahme Rückstellungen zu bilden oder die Schadensersatzpflicht ist in der Bilanz als Verbindlichkeit auszuweisen.[437] Weiche Patronatserklärungen sind folglich nicht gem. § 285 Nr. 3 HGB im Anhang anzugeben.

II. Vermerkpflicht der von Banken abgegebenen Patronatserklärungen

Es wurde festgestellt, daß Kreditinstitute größen- und rechtsformunabhängig auf ihren Jahresabschluß die für große Kapitalgesellschaften geltenden Rechnungslegungsvorschriften anzuwenden haben. Demzufolge würde sich die Angabepflicht der Patronatserklärungen grundsätzlich nach § 251, § 268 Abs. 7 HGB richten. Gem. § 340 a Abs. 2 HGB sind jedoch § 251, § 268 Abs. 7 HGB für die Rechnungslegung der Kreditinstitute nicht anwendbar.[438] Die Vorschriften werden ersetzt durch die entsprechende Regelung der Verordnung über die Rechnungslegung der Kreditinstitute und die aufgrund dieser Verordnung anzuwendenden Formblätter.[439]

---

[435] Dazu bereits im ersten Teil der Arbeit.

[436] Zum Begriff der sonstigen finanziellen Verpflichtung vgl. *Dörner / Wirth* in Küting / Weber, § 284- 288, Rdnr. 148 ff.

[437] *Küffner,* DStR 1996, 146, 151; *Obermüller,* ZGR 1975, 43; Stellungnahme des HFA des IdW 2/ 76 i. d. F.1990 Abschnitt III, Grundform 1, 2 und 3.

[438] *Windmöller* in WP- Handbuch, Abschnitt J, Rdnr. 62; *Morck* in Koller / Roth / Morck, § 340 a Rdnr. 2.

[439] Das Bundesaufsichtsamt für Kreditwesen hat zur Frage nach der Bilanzierung von Patronatserklärungen im Dezember 1974 lediglich ein allgemeines Schreiben an die Spitzenverbände der Kreditwirtschaft erlassen, in welchem es die Banken verpflichtet, alle hereingenommenen und abgegebenen Patronatserklärungen dem Abschlußprüfer (§ 27 KWG) vorzulegen, damit dieser über die Bilanzierung entscheidet. Abgedruckt bei *Consbruch / Möller/Bähre / Schneider* Nr. 13.07 der Textsammlung, sowie im Anhang zu dieser Arbeit(Anhang II).

1. Die harte Patronatserklärung als Eventualverbindlichkeit i. S. d. § 26 Abs. 2 RechKredV

Die einschlägige Vorschrift der Verordnung über die Rechnungslegung der Kreditinstitute ist § 26 RechKredV.[440] § 26 RechKredV regelt den Ausweis der Eventualverbindlichkeiten auf der Passivseite unter dem Bilanzstrich. Diese Norm entspricht der Regelung des § 251 HGB.[441] Entsprechend dem für die Bilanzierung der Kreditinstitute erlassenen Bilanzformblatt sind die in § 26 RechKredV aufgeführten Haftungsverhältnisse unter dem Bilanzstrich in einem Hauptposten "Eventualverbindlichkeiten" zusammengefaßt. Dieser Hauptposten ist allerdings in die drei folgenden Unterposten gegliedert:

a) Eventualverbindlichkeiten aus weitergegebenen abgerechneten Wechseln
b) Verbindlichkeiten aus Bürgschaften und Gewährleistungsverträgen
c) Haftung aus der Bestellung von Sicherheiten für fremde Verbindlichkeiten

Diese drei Unterposten müssen zwingend unter der Bilanz angegeben werden. § 268 Abs. 7 HGB ist gem. § 340 a Abs. 2 HGB nicht anwendbar, so daß die Möglichkeit, die einzelnen Haftungsverhältnisse im Anhang anzugeben, für Kreditinstitute nicht besteht.

In § 26 Abs. 2 RechKredV werden als unter dem Unterposten b) aufzunehmende Verpflichtungen ausdrücklich die *verpflichtenden Patronatserklärungen* genannt. Harte Patronatserklärungen sind folglich gem. § 26 Abs. 2 RechKredV unter dem Bilanzstrich als Eventualverbindlichkeit zu vermerken.

Teilweise wird die Ansicht vertreten, daß darüber hinaus auch weiche Patronatserklärungen von Kreditinstituten unter der Bilanz vermerkt werden sollten.[442] Mit einem solchen Vermerk solle dem Gesichtspunkt Rechnung getragen werden, daß Kreditinstitute aufgrund ihrer besonderen Vertrau-

---

[440] § 26 RechKredV ist im Anhang zu dieser Arbeit abgedruckt (Anhang III).

[441] Der Begriff der Eventualverbindlichkeit entspricht dem des Haftungsverhältnisses in § 251 HGB, vgl. *Scharpf / Sohler*, Leitfaden zum Jahresabschluß nach dem Bankbilanzrichtlinien Gesetz S. 187.

[442] *Bordt*, in HdJ Abt III / 9, Rdnr. 84; *Birk / Meyer*, Die Bankbilanz, 2. Teillieferung, II S. 400, 401; so auch *Wagner*, Die internationale Tätigkeit der Banken, S. 50, 51, der vorschlägt eine eigene Unterposition Patronatserklärungen zu schaffen und diese Position in rechtlich verpflichtende und sonstige Patronatserklärungen zu unterteilen.

ensempfindlichkeit auch bei weichen Patronatserklärungen gezwungen sein können, für ihre Tochter einzustehen. Eine solche Auslegung ist aber mit dem eindeutigen Wortlaut des § 26 RechKredV nicht vereinbar und deshalb als zu weitgehend abzulehnen. Weiche Patronatserklärungen müssen folglich nicht gem. § 26 Abs. 2 RechKredV vermerkt werden.

2. Die Patronatserklärungen an die Allgemeinheit

Die in den Geschäftsberichten der Banken enthaltenen Patronatserklärungen begründen nach der hier vertretenen Ansicht nach erfolgter Annahme durch den einzelnen Gläubiger die Verpflichtung der Mutterbank zur finanziellen Ausstattung des Tochterunternehmens. Folglich ist die Patronatserklärung an die Allgemeinheit zu den verpflichtenden Patronatserklärungen zu rechnen und muß grundsätzlich gem. § 26 Abs. 2 RechKredV unter dem Bilanzstrich vermerkt werden.

Auch wenn für Patronatserklärungen gegenüber dem Publikum die Angabepflicht dem Grunde nach feststeht, stellt sich die Frage, ob die Verpflichtung im Rahmen des Bilanzvermerks beziffert werden oder wenn dies abzulehnen ist, der Vermerkpflicht in anderer Weise Genüge getan werden kann.

a. Die Bezifferbarkeit (Quantifizierbarkeit) der Patronatserklärung an die Allgemeinheit

Gem. § 26 Abs. 2 RechKredV sind die verpflichtenden Patronatserklärungen in "voller Höhe" anzugeben.[443] Damit ist entsprechend dem zu § 251 HGB Gesagten vor allem gemeint, daß Eventualverbindlichkeiten auch dann in voller Höhe zu vermerken sind, wenn eine Inanspruchnahme unwahrscheinlich ist. Im Ergebnis sind Patronatserklärungen, die sich auf einen bestimmten Kredit beziehen, auch im Rahmen des § 26 RechKredV in der Höhe anzugeben, welcher der Schuld der Tochtergesellschaft entspricht.[444]

Schwierigkeiten der ziffernmäßigen Bemessung des Bilanzvermerks ergeben sich dann, wenn sich die Patronatserklärung nicht auf eine bestimmte

---

[443] *Scharpf / Sohler*, Leitfaden zum Jahresabschluß der Kreditinstitute nach dem Bankbilanzrichtlinien- Gesetz, S. 189.

[444] Zur Höhe des Vermerks der einzelnen Eventualverbindlichkeiten vgl. *Birk / Meyer*, Die Bankbilanz, 2. Teillieferung, II S. 406; *Bordt*, HdJ Abt. III / 9 Rdnr. 58.

zu sichernde Verbindlichkeit aus dem Kreditvertrag bezieht, sondern die allgemeine Zusage enthält, für die Zahlungsfähigkeit des patronierten Unternehmens auf unbegrenzte Zeit und in unbeschränkter Höhe zu sorgen. Diese als *allgemeine Liquiditätszusage*[445] bezeichnete Patronatserklärung kann gegenüber einem bestimmten Gläubiger oder, wie im Fall der in den Geschäftsberichten der Banken enthaltenen Patronatserklärung, gegenüber dem Publikum abgegeben werden. Bei solchen unbegrenzten Haftungszusagen ist das Risiko der möglichen Verlustgefahr für die Muttergesellschaft nicht sicher und damit nicht bezifferbar.[446] Folglich geht dann auch die einhellige Meinung in der Literatur dahin, die Patronatserklärung an die Allgemeinheit als *nicht bezifferbares Haftungsverhältnis* zu bezeichnen.[447]

Wenn auch das gesamte Haftungsrisiko aus der Patronatserklärung an die Allgemeinheit nicht bestimmbar ist, so stellt sich die Frage, ob nicht wenigstens ein Teil des Risikos betragsmäßig erfaßt werden kann. Ist nämlich ein Teilbetrag des Risikos bezifferbar, dann ist grundsätzlich wenigstens dieser Teilbetrag in die Angabe aufzunehmen und auf das Restrisiko in einem verbalen Zusatz hinzuweisen.[448] Dementsprechend wird für die einem konkreten Gläubiger gegenüber abgegebene allgemeine Liquiditätszusage angenommen, daß auch im Rahmen einer solchen Liquiditätszusage die bestehende Schuld der Tochter zu vermerken sei, weil insoweit *primär* und *mindestens* Gewähr geleistet wird.[449]

Überträgt man diesen Grundsatz auf die Patronatserklärung an die Allgemeinheit, müßte ein Bilanzvermerk folglich mindestens die Verbindlichkeiten der aus der Erklärung berechtigten Gläubiger beinhalten. Insoweit

---

445 Stellungnahme des HfA des IdW, WPg 1976, 528, 530, i. d. F von 1990 Abschnitt III, Grundform 4 (allgemeine Liquiditätsausstattung); *Bordt*, HdJ Abt. III/ 9 Rdnr. 76.

446 Stellungnahme des HFA des IdW, WPg 1976, 528, 530, i. d. F von 1990 Abschnitt III, Grundform 4 .

447 *Habersack*, ZIP 1996, 257, 260, ders. in MünchKomm, vor § 765 Rdnr. 48; *Krumnow / Sprißler*, Rechnungslegung der Kreditinstitute, § 26 RechKredV Rdnr. 10; *Birck / Meyer*, Die Bankbilanz, 2. Teillieferung, II S. 402,413; *Claussen* in Kölner Kommentar, § 251 HGB Rdnr.13, "Patronatserklärungen gegenüber der Allgemeinheit brauchen und können i. d. R. nicht ausgewiesen werden, weil zu unbestimmt".

448 *Bordt*, Eventualverbindlichkeiten, Rdnr.63; HFA 2/76 i. d. F. 1990 zu Abschnitt 3 Grundform4 (allgemeine Liquiditätsausstattung); *Fey*, Grundsätze ordnungsgemäßer Bilanzierung für Haftungsverhältnisse, S. 123, 124.

449 Stellungnahme des HFA des IdW, WPg 1976,528, 530, i. d. F. von 1990 Abschnitt III, Grundform 4.

muß zunächst festgestellt werden, welcher Gläubiger aus der Erklärung berechtigt sind.

Versteht man die Patronatserklärung an die Allgemeinheit als *Vertragsantrag*, so entsteht die Verpflichtung der Muttergesellschaft erst mit der Annahme durch den jeweiligen Gläubiger. Der Bilanzvermerk müßte demzufolge die bestehenden Verbindlichkeiten und Rückstellungen derjenigen Gläubiger beinhalten, die die Patronatserklärung *angenommen* haben. Ist das Annahmeverhalten des Gläubigers so beschaffen, daß für den Patron erkennbar ist, wer von den angesprochenen Gläubigern die Patronatserklärung an die Allgemeinheit angenommen hat, dann bewirkt die Annahme nämlich nicht nur die Entstehung der Verbindlichkeit des Patrons, sondern darüber hinaus auch die *Konkretisierung* der Patronatserklärung auf einen *bestimmten Betrag.*

Nach der hier vertretenen Ansicht kann die Annahme der Patronatserklärung an die Allgemeinheit gem. § 151 BGB durch Abschluß des Kreditvertrages mit der Tochtergesellschaft und durch Schweigen der Gläubiger erfolgen. Bei einem solchen Annahmeverhalten ist für den Patron nicht erkennbar, welcher Gläubiger das Angebot tatsächlich angenommen hat. Insofern würde die Annahme keine betragsmäßige Konkretisierung mit sich bringen.

Nach der von *Habersack* vertretenen Ansicht erfolgt die Annahme der Gläubiger in Form einer für die Tochtergesellschaft als Vertreterin der Muttergesellschaft *erkennbaren Bezugnahme* auf die im Geschäftsbericht enthaltene Patronatserklärung.[450] Aufgrund dieser Anforderungen läßt sich eindeutig feststellen, welcher Gläubiger anspruchsberechtigt ist, so daß die Annahme der Patronatserklärung eine Konkretisierung der Patronatserklärung auf den Betrag der Verbindlichkeiten der berechtigten Gläubiger mit sich bringt. Bezüglich dieser Gläubiger ist die Patronatserklärung an die Allgemeinheit zumindest teilweise bezifferbar.

Versteht man die Patronatserklärung an die Allgemeinheit dagegen als *einseitiges Leistungsversprechen*[451], sind alle Gläubiger anspruchsberechtigt. Ein Bilanzvermerk müßte demzufolge alle im Zeitpunkt der Bilanzierung der Muttergesellschaft bestehenden Verbindlichkeiten und Rückstellungen der patronierten Unternehmen erfassen.

---

450 MünchKomm *Habersack*, vor § 765 Rdnr. 48.

451 Entsprechendes gilt wenn die Patronatserklärung als einseitiges Leistungsverprechen verstanden wird, so *Schneider*, ZIP 1989, 619, 624.

Im Ergebnis erscheint aber sowohl der Vermerk in Höhe der angenommenen Patronatserklärung als auch eine Vermerk in Höhe aller bestehenden Verbindlichkeiten und Rückstellungen des Unternehmens bilanzrechtlich zu weitgehend. Wenn es auch im Rahmen der Bilanzierung einzelner Eventualverbindlichkeiten aus Gründen der Rechtssicherheit angemessen erscheint, daß der Bilanzvermerk das Risiko der Inanspruchnahme bei der Frage der Bilanzierung außer acht läßt, würde dieser Grundsatz bei der Bezifferung einer an die Allgemeinheit gerichteten Patronatserklärungen zu verfälschten Ergebnissen führen. Bei einer an wirtschaftlichen Gegebenheiten orientierten Erfassung des Risikos, müßten zumindest die am Bilanzstichtag vorhandenen Deckungsmittel der Tochter berücksichtigt werden.[452] Eine solche Berücksichtigung könnte beispielsweise in der Form erfolgen, daß im Wege der Differenz zwischen den bestehenden Verbindlichkeiten und dem vorhandenen Eigenkapital des patronierten Unternehmens die bestehende *Liquiditätslücke* beziffert würde. Aber auch eine solche Bezifferung erscheint problematisch.[453] Zum einen muß nämlich eine rechnerische Liquiditätslücke noch keine Haftung des Patrons zur Folge haben, zum anderen würde der Bilanzvermerk eine Höhe annehmen, die im Vergleich zu den übrigen Gewährleistungen keine sinnvolle Aussage darstellen und die Mutterbank in unangemessener Weise in ihrem eigenen Kreditspielraum einschränken würde.[454]

Das Risiko aus der Patronatserklärung an die Allgemeinheit kann damit weder im Ganzen noch teilweise sinnvoll beziffert werden.[455]

b. Folgen fehlender Bezifferbarkeit

Sind Haftungsverhältnisse nicht bezifferbar, können sie nicht in den Betrag der entsprechenden Bilanzposition eingehen. Weil die Bilanz ihrer Natur nach aber auch in ihren Vermerken unter dem Strich grundsätzlich an eine

---

452 Vgl. die Ausführungen zur Frage nach der Bezifferbarkeit von *allgemeinen Liquiditätsgarantien*, also solchen Liquiditätszusagen, die das Mutterunternehmen *gegenüber* dem Tochterunternehmen abgibt. bei *Bordt*, WPg 1975, 285, 291.

453 So auch *Bordt*, Wpg 1975, 285, 291, 292.

454 *Birk / Meyer*, Die Bankbilanz, 2. Teillieferung, II 412; zur Berücksichtigung der Patronatserklärung im Rahmen einer angemessenen Eigenkapitalausstattung vgl. den 8. Teil dieser Arbeit.

455 Zur Frage der Bezifferung der Patronatserklärung in bankaufsichtsrechtlicher Hinsicht im 8. Teil dieser Arbeit.

ziffermäßige Darstellung gebunden ist, stellt sich die Frage, wie der Vermerkpflicht in diesem Fall Genüge getan werden kann.[456]

In der Literatur wird die Ansicht vertreten, daß die fehlende Bezifferbarkeit keine Rechtfertigung dafür bietet, Angaben zu unterlassen.[457] Nicht bezifferbare Haftungsverhältnisse können deshalb grundsätzlich mit einem Merkposten von 1,- DM angegeben werden, wobei Kapitalgesellschaften diesen Merkposten dann im Rahmen der allgemeinen Anschlußerläuterungen im Anhang verbal zu erläutern haben.[458] Fallen allerdings unter den betreffenden Vermerkposten noch andere bezifferbare Eventualverbindlichkeiten, wie es wohl regelmäßig der Fall sein wird, dann hat ein Merkposten von 1,- DM keinen zusätzlichen Aussagewert und ist daher entbehrlich.[459] Insofern läßt sich eine *ersatzweise erläuternde Angabe* des unbezifferbaren Haftungsverhältnisses im Anhang gem. § 285 Nr. 3 HGB anstelle eines Bilanzvermerkes gem. § 251 HGB nicht umgehen. Um aber auch in diesen Fällen der Vermerkpflicht unter der Bilanz zu entsprechen, wird ein verbaler *Hinweis* bei dem entsprechenden Vermerkposten verlangt, der auf das nicht bezifferbare Haftungsverhältnis im Anhang hinweist.[460]

---

456 Sowohl im Rahmen des § 251 als auch im Rahmen des § 268 Abs. 7 HGB können Angaben nur in Form von Betragsangaben erfolgen.

457 *Fey,* Grundsätze ordnungsgemäßer Bilanzierung für Haftungsverhältnisse, S. 123; *Bordt,* WPg 1975, 285, 292.; ders. in HdJ, Abt. III/9, Eventualverbindlichkeiten, Rdnr.63; Stellungnahme des HFA des IdW 2/ 1976 i. d. F. 1990, Abschnitt III, Grundform 4 (Liquiditätsausstattung) a. E.; *Ellrott* in Beck Bil- Komm, § 251 Rdnr. 11.

458 *Glade,* Praxishandbuch der Rechnungslegung und Prüfung, § 251 Rdnr. 23; *Fey,* Grundsätze ordnungsgemäßer Bilanzierung für Haftungsverhältnisse, S. 123 mit weiteren Angaben. Ob dagegen auch für den Einzelkaufmann und Personenhandelsgesellschaften, die keinen Anhang erstellen müssen, neben dem Merkposten eine zusätzliche verbale Erläuterung im Rahmen des § 251 HGB z. B in Form einer entsprechenden Erläuterung in einer Fußnote zu fordern ist, ist umstritten. Für einen verbale Erläuterung: *Forster* in WP- Handbuch, Band I, Abschnitt E Rdnr. 68; *Adler / Düring / Schmaltz,* § 251 Rdnr. 74; *Fey,* a. a. O., S. 124; keine zusätzlich Erläuterung erforderlich: *Elrott* in Beck Bil-Komm § 251 Rdnr.11.

459 *Gerth,* Atypische Kreditsicherheiten, S. 171; *Bordt,* in HdJ Abt. III / 9, Rdnr.63.

460 *Bordt,* WPg 1975, 285, 292; ders. in HdJ Abt. III / 9, Rdnr. 63; Stellungnahme des HFA des IdW 2/ 76 i. d. F 1990 Abschnitt III, Grundform 4; *Fey,* Grundsätze ordnungsgemäßer Bilanzierung, S.123; *Gerth,* atypische Kreditsicherheiten, S.172; *Wagner,* Die internationale Tätigkeit der Banken, S. 52; *Glade,* Praxishandbuch der Rechnungslegung und Prüfung, § 251 Rdnr. 21.

Für Kapitalgesellschaften, die die Haftungsverhältnisse gem. § 268 Abs. 7 HGB wahlweise unter der Bilanz oder im Anhang angeben können, kann ein solcher Hinweis sowohl unter der Bilanz als auch im Anhang gegeben werden[461], so daß es durchaus möglich ist, daß das unbezifferbare Haftungsverhältnis ausschließlich im Anhang angegeben wird.

Etwas anderes muß allerdings für die Rechnungslegung der Kreditinstitute gelten. Weil die Vorschrift des § 268 Abs. 7 HGB gem. § 340 a Abs. 2 HGB nicht anwendbar ist, müssen Kreditinstitute die Eventualverbindlichkeiten *zwingend* unter der Bilanz angeben. Daraus folgt, daß bei nicht bezifferbaren Eventualverbindlichkeiten ein verbaler Hinweis unter der Bilanz zwingend erforderlich ist. Eine ausschließliche Angabe der unbezifferbaren Haftungsverhältnisse im Anhang ist nicht ausreichend.[462]

Im Ergebnis haben die Kreditinstitute danach die Patronatserklärung an die Allgemeinheit im Anhang anzugeben. Hierbei ist ausreichend, daß die Patronatserklärung mit ihrem Wortlaut wiedergegeben wird. Da diese Erklärungen in den Geschäftsberichten jährlich wiederholt werden, ist eine weitergehende Erläuterung und Besprechung nicht erforderlich.[463] Der Bilanzvermerk unter dem Unterposten b) "Verbindlichkeiten aus Bürgschaften und Gewährleistungsverträgen" muß einen verbalen Hinweis enthalten, wobei dieser darin bestehen kann, daß auf die entsprechende Stelle des Anhangs verwiesen wird, an der die Patronatserklärung enthalten ist.[464]

III. Patronatserklärung im Konzernabschluß

Die erarbeiteten Grundsätze für die Bilanzierung der Patronatserklärung gelten sowohl im Rahmen der Rechnungslegung des Mutterinstituts als auch im Rahmen der Konzernrechnungslegung. Gem. § 340 i Abs. 2

---

[461] *Adler / Düring / Schmatlz,* § 251 Rdnr.55, 13; *Forster* in WP-Handbuch, Abschnitt E Rdnr. 68.

[462] *Krumnow / Sprißler,* § 26 RechKredV Rdnr. 10; *Ammelung / Sorocean,* RIW 1996, 668, 670; *Birk / Meyer,* Die Bankbilanz, 2. Teillieferung, II S. 413; siehe auch Teillieferung 3, VI S. 26.

[463] *Birk / Meyer,* Die Bankbilanz, Teillieferung 3, VI S. 26 "Sofern diese Erklärung jährlich im Geschäftsbericht wiederholt wird, reicht diese Angabe im Geschäftsbericht und der Verweis darauf unter dem Bilanzstrich, es ist nicht erforderlich, bei der Besprechung der Haftungsverhältnisse nochmals auf den Sachverhalt einzugehen.

[464] *Krumnow / Sprißler*, Rechnunslegung der Kreditinstitute, § 26 RechKredV Rdnr. 10.

i. V. m § 340 a Abs. 2 HGB, §§ 37, 26 Abs. 2 RechKredV sind harte Patronatserklärungen grundsätzlich unter der Konzernbilanz zu vermerken.[465]

Allerdings ergibt sich insoweit eine Einschränkung, als Eventualverbindlichkeiten, wie alle anderen Posten des Jahresabschlusses, der Konsolidierungspflicht unterliegen, d. h. sie müssen im Konzernabschluß so behandelt werden, als ob das die Patronatserklärung abgebende Mutterunternehmen und das begünstigte Tochterunternehmen ein einheitliches Unternehmen darstellen. So dürfen beispielsweise Bürgschaften und Gewährleistungsverträge, die das Mutterunternehmen gegenüber konzernfremden Dritten für die Verbindlichkeiten eines einbezogenen Unternehmens leistet, nicht unter der Konzernbilanz vermerkt werden, weil die ihr zugrunde liegende Hauptschuld bereits unter den Passiven des Konzerns ausgewiesen ist.[466]

Dementsprechend hängt die Beurteilung der Frage, inwieweit eine Patronatserklärung im Konzernabschluß vermerkt werden muß, davon ab, ob das Haftungsverhältnis eine über den Rahmen der Hauptschuld wesentlich hinausgehende wirtschaftliche Belastung des Konzerns darstellt.[467] An einer über die Hauptschuld hinausgehenden wirtschaftliche Belastung für den Konzern wird es immer dann fehlen, wenn sich die Patronatserklärung auf einen konkreten Kredit bezieht, weil das Mutterunternehmen dann im Rahmen der Ersetzungsbefugnis durch Direktzahlung an den Gläubiger die Verbindlichkeit aus der Patronatserklärung erfüllen kann. Ein Vermerk der Patronatserklärung in Höhe der Hauptverbindlichkeit hat in diesem Fall zu unterbleiben. Gibt das Mutterunternehmen eine Patronatserklärung in Form einer allgemeinen Liquiditätszusage ab, dann ist das wirtschaftliche Risiko nicht bezifferbar. Ein Vermerk in Höhe aller bestehenden Verbindlichkeiten der Tochterunternehmen scheidet bereits aus bilanzrechtlichen Gründen aus.[468] Ein der Konsolidierungspflicht widersprechender zusätzlicher betragsmäßiger Ausweis unter den Eventualverbindlichkeiten des Konzerns ist für die Patronatserklärung an die Allgemeinheit folglich nicht denkbar. Für den ersatzweise vorzunehmenden Verbalvermerk gelten die

---

[465] Für den Konzernabschluß von Nicht-Kreditinstituten gelten gem. § 298 Abs.1 HGB die gleichen Grundsätze wie für den Einzelabschluß, *Havermann* in WP- Handbuch, Band I, Abschnitt M, Rdnr. 501.

[466] *Busse von Colbe / Ordelheide*, Konzernabschlüsse, S. 341; *Adler / Düring / Schmaltz*, § 303 Rdnr. 22.

[467] *Havermann* in WP- Handbuch Band I, Abschnitt M, Rdnr. 505; *Adler / Düring / Schmaltz*, § 303 Rdnr. 22; *Busse von Colbe / Ordelheide*, Konzernabschlüsse, S. 341.

[468] Dazu bereits S.135 dieser Arbeit.

oben genannten Grundsätze. Unter der Konzernbilanz ist mithin in Form eines Verbalvermerks auf die im Anhang befindliche Patronatserklärung an die Allgemeinheit hinzuweisen.

IV. Darstellung der bestehenden Bilanzierungspraxis und Beurteilung anhand der erarbeiteten Grundsätze

Nachdem im vorangehenden Abschnitt erarbeitet wurde, wie die Patronatserklärung an die Allgemeinheit ordnungsgemäß zu bilanzieren ist, soll im folgenden Abschnitt die bestehende Bilanzierungspraxis anhand dieser Grundsätze beurteilt werden.

Von den untersuchten Mutterbanken entsprechen namentlich die Deutsche Bank und die Dresdner Bank den Anforderungen an eine ordnungsgemäße Bilanzierung. Beide Mutterinstitute haben in ihren Geschäftsbericht unter dem Bilanzstrich unter dem Unterposten b) Verbindlichkeiten aus Bürgschaften und Gewährleistungsverträgen in Klammern den Hinweis aufgenommen: "(im übrigen siehe auch S. 23 des Anhangs)". Auf der entsprechenden Seite des Anhangs findet sich dann der Wortlaut der Patronatserklärung an die Allgemeinheit.[469] Diese Bilanzierungspraxis findet sich gleichfalls im Konzernabschluß.[470]

In anderen Geschäftsberichten wird die Patronatserklärung an die Allgemeinheit ausschließlich im Anhang angegeben. Auf diese Weise verfährt beispielsweise die Commerzbank im Geschäftsbericht für das Geschäftsjahr 1996. Dabei hat die Commerzbank von der Möglichkeit Gebrauch gemacht, den Anhang und den Konzernanhang gem. § 298 Abs. 3 HGB zusammenzufassen.[471] Die Patronatserklärung an die Allgemeinheit ist in diesem zusammengefaßten Anhang auf S. 53 veröffentlicht. Ein Hinweis auf diese Erklärung unter der (Konzern-) Bilanz fehlt.

---

[469] Vgl.: Jahresabschluß Dresdner Bank AG 1996, Bilanz: S. 10; Anhang: S. 28; Jahresabschluß Deutsche Bank AG 1996 Bilanz S. 9, Anhang S.23, Vgl. die Auszüge im Anhang zu dieser Arbeit (Anhang I).

[470] Vgl.: Dresdner Bank Geschäftsbericht 1996 Konzernbilanz S. 71, Konzernanhang S.88; Die Deutsche Bank legt seit 1995 zusätzlich einen Konzernabschluß nach International accounting standards (IAS) vor, in diesem Konzernabschluß (1996), ist die Patronatserklärung an die Allgemeinheit ausschließlich bei den Erläuterungen (notes) angegeben. Vgl. S. 86 des Geschäftsberichtes der Deutschen Bank für das Geschäftsjahr 1996.

[471] Der Geschäftsbericht der Commerzbank 1996 enthält folglich einen Lagebericht sowie einen Konzernlagebericht, einen Jahresabschluß der Commerzbank AG sowie einen Konzernabschluß und den gemeinsamen Anhang.

Nach der hier vertretenen Auffassung reicht eine solche ausschließliche Angabe der Patronatserklärung im Anhang nicht aus. Das Bundesaufsichtsamt für Kreditwesen billigt hingegen diese Vorgehensweise. Unter dem Aspekt des in besonderem Maße für den Bankkonzern erforderlichen Gläubigerschutzes erscheint dies nicht nachvollziehbar. Vom Ergebnis ist es bilanzoptisch bereits unbefriedigend, daß solche Haftungsverhältnisse, die betragsmäßig unbegrenzbar sind und sich folglich als besonders gefährliches Risiko darstellen, ersatzweise in dem schwächeren Publizitätsmittel des Anhangs angegeben werden und unter der Bilanz nur in Form eines verbalen Hinweises in Form einer Seitenangabe auftauchen. Ein solcher Hinweis unter der Bilanz wird aber immerhin beim Bilanzleser ein weiteres Ermittlungsinteresse hervorrufen und so gewährleisten, daß er von der Patronatserklärung im Anhang Kenntnis erlangt. Unter dem Aspekt der Vorsicht und des Gläubigerschutzes scheint es aber nicht vertretbar, auch noch zusätzlich auf einen solchen Hinweis unter der Bankbilanz zu verzichten.

Ergebnis des siebten Teils

Die Patronatserklärung an die Allgemeinheit ist als verpflichtende Patronatserklärung gem. § 251 HGB i. V. m. § 26 Abs. 2 RechKredV zu vermerken. Weil die Erklärung der Höhe nach nicht beziffert werden kann, ist der Vermerkpflicht mit einem verbalen Hinweis bei dem betreffenden Posten unter dem Strich Genüge getan. Dieser verbale Hinweis kann darin bestehen, daß auf die entsprechende Stelle des Anhangs verwiesen wird, an der die Patronatserklärung abgedruckt ist. Eine ausschließliche Angabe im Anhang ist nicht ausreichend.

Achter Teil: Kreditaufsichtsrechtliche Aspekte der Patronatserklärung an die Allgemeinheit

Die Patronatserklärung an die Allgemeinheit begründet für die Mutterbank das Risiko, im Bedarfsfall zur Ausstattung ihrer Tochterbanken, im Konkurs sogar zur unmittelbaren Erfüllung der Verbindlichkeiten der Tochtergesellschaften rechtlich verpflichtet zu sein. Das Bundesaufsichtsamt für das Kreditwesen hat dementsprechend in seinen Bekanntmachungen und Anordnungen zum KWG betont, daß Patronatserklärungen, die in den Geschäftsberichten der Großbanken enthalten sind, dazu führen, daß der Patron im Falle des Konkurses des patronierten Unternehmens dessen eventuellen Schuldenüberhang vollständig absorbieren muß.[472] Im folgenden Teil der Arbeit soll dargestellt werden, wie dieses Risiko bankaufsichtsrechtlich bewertet und erfaßt wird.

1. Kapitel: Grundbegriffe des Bankaufsichtsrechts

I. Begriff der Bankaufsicht

Das Bundesaufsichtsamt für Kreditwesen (BAKred) übt gem. § 6 Abs. 1 KWG die Aufsicht über die Kreditinstitute aus.[473] Das BAKred hat gem. § 6 Abs. 2 KWG Mißständen im Kreditwesen entgegenzuwirken, die die Sicherheit der den Kreditinstituten anvertrauten Vermögenswerte gefährden, die ordnungsgemäße Durchführung der Bankgeschäfte beeinträchtigen oder erhebliche Nachteile für die Gesamtwirtschaft herbeiführen können. Die Bankaufsicht verfolgt daher vor allem drei Ziele: Die Gewährleistung einer *Grundordnung im Bankwesen*, die *Wahrung der Funktionsfähigkeit* des Kreditapparates und den *Schutz der Gläubiger* vor Verlusten an den seiner Bank anvertrauten Vermögenswerten.[474] Die Aufsicht durch das

---

[472]. Bekanntmachung des Bundesaufsichtsamtes (BAK I 3-41-1/ 94), abgedruckt bei *Consbruch / Möller / Bähre / Schneider,* Nr. 4.276 der Textsammlung, sowie im Anhang zu dieser Arbeit (Anhang V).

[473] Das BAKred ist nach § 5 Abs. 1 KWG als selbständige Bundesoberbehörde mit Sitz in Berlin organisiert und wird in seiner Tätigkeit unterstützt durch die Deutsche Bundesbank.

[474] Eingehend zu den Zielen und der Begründung der Bankaufsicht: *Büsselmann,* Bankenaufsicht und marktbezogenes Eigenkapital, S. 9 ff.; *Müller,* Bankenaufsicht und

BAKred gewährleistet dabei ausschließlich eine *generelle Schutzwirkung* zugunsten Dritter, ohne daß daraus eine Amtspflicht zum Schutz von Individualinteressen resultiert.[475] Das folgt aus § 6 Abs. 3 KWG, der klarstellt, daß das BAKred die ihm zugewiesenen Aufgaben ausschließlich im öffentlichen Interesse wahrnimmt.[476]

II. Das haftende Eigenkapital der Kreditinstitute

Den zentralen Ansatzpunkt aller bankaufsichtsrechtlichen Bestimmungen bildet das haftende Eigenkapital der Kreditinstitute.[477] § 10 Abs. 1 Satz 1 KWG legt fest, daß Kreditinstitute "im Interesse der Erfüllung ihrer Verpflichtungen gegenüber ihren Gläubigern, insbesondere zur Sicherheit der ihnen anvertrauten Vermögenswerte ein angemessenes haftendes Eigenkapital haben" müssen.

1. Funktion des haftenden Eigenkapitals

Grundsätzlich haben alle Wirtschaftsunternehmen aus kaufmännischer Sicht dafür zu sorgen, daß sie im Interesse ihrer Solidität mit angemessenem Eigenkapital ausgestattet sind. Der Bestand eines angemessenen Eigenkapitals spielt aber speziell für die Kreditwirtschaft eine wesentliche Rolle, weil diese im Vergleich zu anderen Wirtschaftsunternehmen überwiegend mit fremden Mitteln wirtschaften.[478] So nimmt die Bank im Rahmen des Einlagengeschäfts beispielsweise von einer Vielzahl von Kunden Geldbeträge ohne Sicherheitsleistung entgegen. Mit diesen Fremdmitteln finanziert die Bank ihr Kreditgeschäft. Damit wird im Ergebnis die rückzahlungspflichtige Kundeneinlage in eine Darlehensforderung umgeschichtet. Diese Vorgehensweise bringt die Gefahr mit sich, daß bei Aus-

Gläubigerschutz, S.17 ff; *Niethammer,* Ziele der Bankenaufsicht in der Bundesrepublik Deutschland, S.23 ff.

475 *Schmid - Burgk,* Bankenaufsicht und Auslandstöchter, S.60; *Reischauer / Kleinhans,* § 6 KWG Rdnr.17, einen Haftung des BAKred wegen Amtspflichtverletzung gegenüber dem einzelnen Gläubiger scheidet damit aus.

476 Vor der Einführung des § 6 Abs. 3 KWG hatte der BGH in zwei aufsehenerregenden Urteilen die Amtspflicht des BAKred gegenüber den einzelnen Gläubigern bejaht. BGH Z 74, 144 = WM 1979, 482 (Wetterstein- Urteil); BGHZ 75,120 = WM 1979, 934 (Herstatt- Sparer Urteil).

477 Vgl. § 10, § 10a, § 11, § 13, § 13a KWG.

478 Da Kreditinstitute einen erheblichen Teil des Volksvermögens verwalten, ist das Vorhandensein eines solchen Eigenkapitals von wesentlicher Bedeutung für die Ordnung im Kreditwesen insgesamt wie für die einzelnen Gläubiger, *Szagunn / Haug / Ergenzinger,* KWG, Einleitung V 2b.

fall des Kreditnehmers Vermögensverluste bei der Bank entstehen, die auf die Kunden durchschlagen können. Um die Verluste aufzufangen und den einzelnen Gläubiger zu schützen, muß ein Risikopuffer zwischen den Vermögenswerten (Aktiva) und den Zahlungsverbindlichkeiten (Passiva) der Bank bestehen. Diese Funktion erfüllt das Eigenkapital der Banken. Seine Existenz führt dazu, daß die Summe der Verbindlichkeiten eines Instituts von dessen Vermögenswerten überdeckt wird, so daß den Passiva selbst dann noch hinreichende Aktiva gegenüber stehen, wenn die Aktiva bis zur Höhe des Eigenkapitals verloren gehen.[479] Darüber hinaus wird durch den Bestand des Eigenkapitals das Vertrauen der Allgemeinheit in die Kreditinstitute gestärkt. Dieses Vertrauen ist Grundvoraussetzung dafür, daß der einzelne dem Kreditinstitut die zur Durchführung des Aktivgeschäftes erforderlichen Finanzmittel zur Verfügung stellt und diese Gelder auch beim Kreditinstitut beläßt.[480]

2. Die Bestandteile des haftenden Eigenkapitals

Welche Kapitalbestandteile als haftendes Eigenkapital anzusehen sind, ist in § 10 Abs. 2 bis 6 KWG festgelegt. Die Bemessung der Eigenkapitalhöhe orientiert sich gem. § 10 Abs. 7 KWG an der für den Schluß des Geschäftsjahrs festgestellten Bilanz.

Durch die vierte KWG-Novelle 1993 ist die Richtlinie über die Eigenmittel von Kreditinstituten, die sogenannte Eigenmittelrichtlinie in geltendes Recht umgesetzt worden.[481] Hierbei wurde der Begriff des haftenden Eigenkapitals neu definiert. Entsprechend der Eigenmittelrichtlinie wird zwischen dem sog. *Kernkapital* (Basiseigenmittel) und dem *Ergänzungskapital* (ergänzende Eigenmittel) unterschieden. Die Trennung trägt der Tatsache Rechnung, daß die das Kernkapital bildenden Eigenmittel insbesondere aufgrund ihrer Dauerhaftigkeit eine *höhere Qualität* zur Erfüllung der bankaufsichtsrechtlichen Ziele haben als die ergänzenden Eigenmittel. Um sicherzustellen, daß das Kreditinstitut über ausreichend "erstklassige" Ei-

[479] *Szagunn / Haug / Ergenzinger*, KWG, Einleitung, V 2b.

[480] Als originäre Bank- Eigenkapitalfunktionen wird neben der Verlustausgleichsfunktion die Garantie- und Haftungsfunktion genannt, als derivative Eigenkapitalfunktion werden die Vertrauens- und Verhaltensfunktion sowie die Risikobegrenzungs- oder Bremsfunktion bezeichnet. Vgl. zu den Eigenkapitalfunktionen eingehend: *Regnery*, Bankenaufsicht, Bankeigenkapital und Wettbewerb, S. 80 ff.; *Siebel*, Eigenkapital und Quasieigenkapital, S. 19 ff.

[481] Richtlinie der EG 89/ 299/ EWG vom 17. 4. 1989, Amtsblatt der EG Nr. L 124,16.

genmittel verfügt, dürfen die ergänzenden Eigenkapitalbestandteile nicht größer sein als das Kernkapital.[482]

Zum Kernkapital zählen im wesentlichen das rechtsformabhängig eingezahlte Kapital und die Rücklagen.[483] Zum Ergänzungskapital gehören die Neubewertungsrücklagen[484], die versteuerten stillen Reserven[485], Genußrechte[486], der Haftsummenzuschlag bei den Kreditgenossenschaften[487], kumulative Vorzugsaktien[488] und nachrangige Verbindlichkeiten.[489]

3. Die Angemessenheit des haftenden Eigenkapitals

Während die qualitativen Anforderungen an das haftende Eigenkapital in § 10 KWG genau festgelegt sind, sind die quantitativen Anforderungen in dieser Vorschrift nicht bestimmt. Das Gesetz beschränkt sich darauf festzulegen, daß die haftenden Eigenmittel angemessen sein müssen. Der Gesetzgeber hat es der Bankaufsicht überlassen, im Interesse einer möglichst flexiblen Regelung entsprechende Beurteilungsmaßstäbe für die Angemessenheit des Eigenkapitals zu normieren. Dementsprechend hat das Bundesaufsichtsamt für Kreditwesen gem. § 10 Abs. 1 Satz 2 KWG im Einvernehmen mit der Deutschen Bundesbank und nach Anhörung der Spitzenverbände der Kreditwirtschaft *Grundsätze* aufgestellt, nach denen es für den Regelfall beurteilt, ob das Eigenkapital angemessen ist (Grund-

482 *Bading / Holzer / Wirsching*, KWG, § 10 Rdnr. 3.2.; *Kümpel*, Bank- und Kapitalmarktrecht, Rdnr. 1576.

483 Eingehend zur Bestimmung des haftenden Eigenkapitals: *Regnery*, Bankenaufsicht, Bankeneigenkapital und Wettbewerb, S. 155 ff.

484 Die Anerkennung der Neubewertungsrücklagen war stark umstritten, aus Gründen des Wettbewerbs in Europa aber erforderlich. Vgl. *Gruner-Schenk*, Harmonisierung des Bankaufsichtsrechts S. 104.

485 Auf der Aktivseite können stille Reserven durch eine Unterbewertung der Vermögensgegenstände entstehen, auf der Passivseite durch Überbewertung der Schulden, *Büsselmann*, Bankaufsicht und marktbezogenes Eigenkapital, S. 140.

486 Kapital, das gegen die Gewährung von Genußrechten eingezahlt wurde, kann unter bestimmten Voraussetzungen als Eigenkapital berücksichtigt werden, vgl. § 10 V KWG, *Regnery*, Bankenaufsicht, Bankeneigenkapital und Wettbewerb, S. 210.

487 Vgl. zum Haftsummenzuschlag, § 6 Nr.3 GenG. Es handelt sich um die Anerkennung eines externen Verlustausgleichspotentials. Die Anerkennung steht im Einklang mit Art. 2 Abs. 1 Satz 1 Nr. 7 der EG- Eigenmittelrichtlinie.

488 Um kumulative Vorzugsaktien handelt es sich, wenn ein Anspruch auf Vorzugsdividende auch in Verlustjahren besteht und im nächsten Gewinnjahr nachgezahlt werden muß. *Büsselmann*, Bankaufsicht und marktbezogenes Eigenkapital, S. 181.

489 Nachrangige Verbindlichkeiten beinhalten einen Rangrücktritt des Kreditgebers hinter den übrigen Gläubigern, *Regnery*, a. a. O, S. 238 ff.

satz I, Ia) und ob die Liquidität ausreicht (Grundsatz II, III).[490] Die Frage, ob ein Kreditinstitut über ein angemessenes Eigenkapital verfügt, beurteilt sich nach Grundsatz I. Grundsatz I setzt das haftende Eigenkapital in Beziehung zu den *Risikoaktiva* eines Kreditinstituts bzw. einer Kreditinstitutsgruppe.[491] Das Verhältnis zwischen dem haftenden Eigenkapital und den gewichtigen Risikoaktiva eines Kreditinstitutes darf nach dem Abs. 1 Satz 1 des Grundsatz I zu § 10 KWG 8 % nicht unterschreiten. (Solvabilitätskoeffizient) Die Risikoaktiva dürfen also das 12,5fache (bislang das 18fache) des haftenden Eigenkapitals nicht übersteigen.[492]

Das Risiko bei den auf den Grundsatz I anrechnungspflichtigen Geschäften besteht darin, daß der Gläubiger zahlungsunfähig wird und folglich seine Rückzahlungspflicht aus dem Kreditvertrag nicht erfüllen kann. Der unterschiedlichen Bonität der Kontrahenten wird dabei durch *Bonitätsgewichtungsfaktoren* Rechnung getragen.[493] Die Bilanzaktiva werden mit unterschiedlichen, in Prozentsätzen ausgedrückten Risikogewichten versehen und in ihrer gewichteten Summe dem Eigenkapital gegenübergestellt.[494]

2. Kapitel:
Die Bankaufsicht auf konsolidierter Basis als Voraussetzung für die Erfassung der Risiken aus der Patronatserklärung an das Publikum

Entscheidend für die bankaufsichtsrechtliche Erfassung der Risiken aus der Patronatserklärung war die Entwicklung von der auf das einzelne Kreditinstitut beschränkten Bankaufsicht zur Bankaufsicht auf konsolidierter Basis.

---

490 Abgedruckt bei *Consbruch /Möller / Bähre / Schneider*, Nr. 3.01 der Textsammlung; Die Grundsätze sind weder Rechtsnorm noch Verwaltungsakt sondern eine Erklärung des BAKred, die das Ermessen der Bankaufsicht begrenzt. *Fischer/ Klanten*, Bankrecht, Rdnr. 2.62. Kommt das BAKred zu dem Ergebnis, daß das haftende Eigenmittel nicht ausreichend ist, kann es gem. § 45 KWG Maßnahmen zur Verbesserung der Eigenkapitalaustattung ergreifen.

491 Es drängt sich der Gedanke auf, ein bestimmtes Verhältnis zwischen haftendem Eigenkapital und Verbindlichkeiten zu fordern. Unter dem Aspekt der Funktion des Eigenkapitals als Risikopolster hielten es aber BAKred und BBank für folgerichtig, das Eigenkapital zu den risikobehafteten Aktiven in Beziehung zu setzen.

492 *Kümpel*, Bank und Kapitalmarktrecht, Rdnr. 1576.

493 *Fischer / Klanten*, Bankrecht, Rdnr. 2. 67; *Schulte-Mattler*, WM 1990, 2061, 2064.

494 So werden z. B. Forderungen gegen die BRD mit 0 % angerechnet. Zur Risikogewichtung im einzelnen *Dürselen*, ZBB 1994, 100, 102; *Schulte- Mattler*, WM 1990, 2061, 2064; ders. in WM 1994, 1412.

I. Entwicklung

Banken verwendeten Patronatserklärungen an die Allgemeinheit erstmalig in den 70er Jahren. Nachdem zu diesem Zeitpunkt geltenden KWG bezog sich die Bankaufsicht ausschließlich auf das *einzelne*, d. h. *rechtlich selbständige inländische* Kreditinstitut.[495] So beschränkte sich beispielsweise die Beurteilung der Frage, ob ein Kreditinstitut gem. § 10 KWG über ein angemessenes Eigenkapital verfügt, auf das einzelne Kreditinstitut als rechtlich selbständiges Unternehmen. Diese eingeschränkte Bankaufsicht verursachte insbesondere im Zusammenhang mit der in den 70er Jahren einsetzenden Internationalisierung des Bankwesens Defizite im Bankaufsichtsrecht. Während nämlich *Niederlassungen* im Ausland aufgrund ihrer rechtlichen Unselbständigkeit Teil des im Inland ansässigen Kreditinstituts sind und damit von der deutschen Bankaufsicht erfaßt werden konnten[496], versagte die deutsche Bankaufsicht bei der Gründung von rechtlich selbständigen Tochter- oder Beteiligungsbanken. Aufgrund ihrer rechtlichen Selbständigkeit unterlagen diese Tochter- und Beteiligungsbanken ausschließlich der Aufsicht ihres Domizillandes.[497] Die gesetzlichen Regelungen über die Bankaufsicht waren zu diesem Zeitpunkt in den einzelnen Ländern noch sehr unterschiedlich stark ausgeprägt.[498] Insbesondere bezüglich der Anforderungen an das haftende Eigenkapital fehlte es häufig an mit dem KWG vergleichbaren Regelungen.[499] Herrschte in dem fraglichen Land ein liberales Aufsichtsrecht, bestand für die Gläubiger die Gefahr der Unterkapitalisierung der ausländischen Tochterbank. Dazu kam,

---

[495] *Schneider*, Bankenaufsicht im Konzern, WM 1978, 1250, 1252. Dieses Ergebnis folgt aus der Auslegung des § 1 Abs. 1 KWG, nach dem Kreditinstitute Unternehmen sind, die das Bankgeschäft betreiben. Rechtsgeschäfte kann aber nur das rechtlich selbständige Unternehmen abschließen und nicht der Konzern, dem jede Rechtspersönlichkeit fehlt. Soweit der Konzern aufsichtsrechtlich als Unternehmen angesehen werden soll, muß dies ausdrücklich in der entsprechenden Vorschrift geregelt werden. Eine solche Regelung im Rahmen des § 10 KWG fehlte aber zu diesem Zeitpunkt.

[496] *Schneider*, WM 1978, 1250, 1257; *Zeitler*, Internationales Bankgeschäft als Problem der Bankenaufsicht, S. 51, 52; *Bester*, Aufsichtsrechtliche Kontrolle intenationaler Bankkonzerne, S. 58.

[497] *Wagner*, Die internationale Tätigkeit der Banken S.19, 25; *Mayer*, Das Bundesaufsichtsamt für Kreditwesen, S.198; *Bester*, Aufsichtsrechtliche Kontrolle internatio-naler Bankkonzerne, S. 59.

[498] Im Wege der Harmonisierung des Bankrechts auf EG- Ebene wurden die bankaufsichtsrechtlichen Normen aneinander angeglichen. Zur Bankrechtsharmonisierung im Überblick *Kümpel*, Bank- und Kapitalmarktrecht, Rdnr. 15.9 ff.

[499] Monatsbericht der Deutschen Bundesbank 1983, Nr. 3, S. 28; *Schmid- Burgk*, Bankenaufsicht und Auslandstöchter, S. 12, 13.

daß das Auslandsgeschäft für die Banken und damit auch für deren Geldgeber die Übernahme der mit den Auslandstätigkeiten verbundenen Risiken wie Währungs- (Kurs-, Transfer- und Geldwertrisiko) und Länderrisiken mit sich bringt. So können sich aus der politischen und wirtschaftlichen Entwicklung eines Landes Risiken ergeben, welche die Realisierung einer Forderung gegen einen Schuldner stark gefährden.[500] Dieser nicht einkalkulierbare Ausfall der Forderung konnte sich infolge der geringen Eigenkapitalausstattung unmittelbar auf die übrigen Gläubiger auswirken. Weil die Existenz der Kreditinstitute aber in hohem Maße von ihrem Ruf als solide Geschäftsbank abhängt und Zweifel der Öffentlichkeit an der ausreichenden Liquidität der Auslandstochter diese geldmarktunfähig machen würden, gaben die Mutterbanken vermehrt Patronatserklärungen sowohl gegenüber einzelnen ausländischen Kreditoren als auch der Öffentlichkeit gegenüber ab.[501] Die Patronatserklärung diente folglich dem Ausgleich der geringen Eigenkapitalausstattung der Auslandstochter. Sie erfüllte für die Geschäftspartner die *Vertrauensfunktion des Eigenkapitals*.[502]

Andererseits zeigt sich an dieser Stelle die bankaufsichtsrechtliche Problematik. Eine fehlende Überwachung der Auslandstochter durch die deutsche Bankaufsicht wäre nämlich dann unschädlich gewesen, wenn Mutter- und die Tochterbank voneinander losgelöste Wirtschaftseinheiten wären und die Geschäftstätigkeit der Tochterbank keine Auswirkungen auf das inländische Mutterinstitut hätte. Anders aber, wenn zwischen Mutter- und Tochterbank aufgrund abgegebener Patronatserklärung oder ganz allgemein aufgrund der faktischen Verpflichtung, für die Verbindlichkeiten der Tochterbank einzustehen, ein sogenannter *Haftungsverbund* entsteht.[503] Über diesen Haftungsverbund können dann die Risiken einer zu geringen Eigenkapitalausstattung oder aus einer riskanten Geschäftspolitik der Auslandstöchter und Beteiligungen ins Inland importiert werden, ohne daß diese Risiken durch die deutsche Bankaufsicht ausreichend überwacht oder vorbeugend reguliert werden konnten.[504]

---

500 Zu den einzelnen Risiken eingehend *Schmid-Burgk*, Bankenaufsicht und Auslandstöchter, S. 33 f.; *Bester*, Aufsichtsrechtliche Kontrolle internationaler Bankkonzerne, S. 73 ff.

501 *Zeitler*, a. a. O., S. 96: "Aufgrund der vielfach geringen Anforderungen an die bankbetriebliche Eigenkapitalaustattung in verschiedenen Ländern liegt der Zweck der Patronatserklärung primär darin, das Vertrauen der Öffentlichkeit in die Bonität der Tochter- und Beteiligungsbanken zu stärken."

502 *Schmid- Burgk*, a. a. O., S. 23.

503 Studienkommission, Grundsatzfragen der Kreditwirtschaft, Rdnr. 1126.

504 Mangels einer gesetzlichen Regelung behalf sich die Bankaufsicht mit diversen Abkommen. So verpflichteten sich die deutschen Bankmuttergesellschaften bereits

Die fehlende Berücksichtigung des Bankkonzerns im Rahmen der Bankaufsicht führte außerdem zu dem Problem der *Mehrfachbelegung des haftenden Eigenkapitals.*[505] So bestand bei der Gründung von inländischen wie ausländischen Tochter- und Beteiligungsbanken die Möglichkeit, auf dem der Tochter zugewiesenen Kapital ein neues Kreditvolumen aufzubauen, ohne daß dem Bankkonzern buchmäßig neue Finanzmittel zuflossen. Zwar wurde das Risiko aus dem Verlust des Beteiligungskapitals bei der Frage der Angemessenheit des haftenden Eigenkapitals der Mutterbank erfaßt. Beteiligungen werden nämlich im Rahmen des Grundsatzes I als Kredite angesehen und müssen folglich mit entsprechendem Eigenkapital unterlegt werden.[506] Ist die Muttergesellschaft allerdings aus einer Patronatserklärung verpflichtet, im Fall des Konkurses der Tochter deren Verbindlichkeiten zu begleichen, dann ist das Eigenkapital der Mutterbank weit über den Verlust des Beteiligungskapitals hinaus gefährdet.[507]

II. Die Bankaufsicht auf konsolidierter Basis

Durch das dritte Gesetz zur Änderung des KWG von 1984 wurde die EG-Konsolidierungsrichtlinie in nationales Recht umgesetzt und damit das Verfahren der *konsolidierten Aufsicht* in das KWG eingeführt.[508]

1979, Prüfungsberichte der wichtigsten Auslandstöchter vorzulegen. Vereinbarung über die Berichterstattung ausländischer Tochterbanken deutscher Kreditinstitute, abgedruckt in *Reischauer / Kleinhans*, KWG, Kza. 476.

505 *Wagner,* Die internationale Tätigkeit der Banken, S. 67 ff.(mit Berechnungsbeispiel); *Schneider,* WM 1978, 1250, 1258; *Werner,* ZHR 149 (1985) 236, 248; Studienkommission, Grundsatzfragen der Kreditwirtschaft, Rdnr. 1126; Begründung zum Gesetzesentwurf zum 3. Gesetz zur Änderung des KWG, Ausführungen zu Nummer 7 (§ 10a KWG) BT-Drucksache 10/ 1441, abgedruckt bei *Reischauer / Kleinhans*, KWG, Kza. 593.

506 Beteiligungen werden im Rahmen der geltenden Fassung des Grundsatz I als Risikoaktiva gem. Grundsatz I Abs. 2 Nr. 7 angesehen.

507 So wurde die Abgabe von Patronatserklärungen in den 70iger Jahren zu einer der vier Hauptursachen von Bankeninsolvenzen in der BRD gezählt. Vgl. dazu *Welcker,* Neuordnung der Bankenaufsicht, S. 35. Das BAKred reagierte auf diese Entwicklung mit dem Schreiben vom 16.12.74, nach dem alle von den Kreditinstituten hereingenommenen und abgegebenen Patronatserklärungen dem Wirtschaftsprüfer vorgelegt werden müssen. Abgedruckt bei *Consbruch / Möller / Bähre / Schneider* Nr. 13.07 der Textsammlung, sowie im Anhang zu dieser Arbeit (Anhang II).

508 Richtlinie des Rates der Europäischen Gemeinschaften über die Beaufsichtigung der Kreditinstitute auf konsolidierter Basis vom 13.6.1983, Amtsblatt der EG 1986 Nr. L 372, S.1ff. Eingehend zum Inhalt der Richtlinie *Gruner - Schenk,* Harmonisierung des Bankaufsichtsrechts, S.83 ff.; Regierungsentwurf 1984, Begründung zu § 10a in *Reischauer / Kleinhans*, KWG, Nr. 593.

1. Begriff und Konsolidierungskreis

Unter konsolidierter Aufsicht versteht man eine Beaufsichtigung der Kreditinstitute, die sich nicht auf das einzelne Kreditinstitut als selbständiges Unternehmen beschränkt, sondern das Mutterinstitut und seine inländischen und ausländischen Tochter- und Beteiligungsinstitute zu einer einheitlichen Kreditinstitutsgruppe zusammenfaßt.[509] Die Kreditinstitutsgruppe muß entsprechend § 10 a KWG über ein angemessenes haftendes Eigenkapital verfügen und kann damit insgesamt nur ein bestimmtes Kreditvolumen aufbauen.[510] Die Vorschrift des § 10 a KWG tritt hinsichtlich der von ihr erfaßten Kreditinstitute allerdings nicht an die Stelle von § 10 KWG, sondern ergänzt diese Vorschrift. Im Ergebnis muß also sowohl das einzelne Kreditinstitut wie die gesamte Kreditinstitutsgruppe über ein angemessen haftendes Eigenkapital verfügen.[511]

Welche Unternehmen zu der Kreditinstitutsgruppe zählen, ist in § 10 a Abs. 2 KWG bestimmt. Eine Kreditinstitutsgruppe besteht aus einem übergeordneten Institut mit Sitz im Inland und den nachgeordneten Unternehmen mit Sitz im In- oder Ausland. Nachgeordnete Unternehmen können andere Kreditinstitute, Finanzinstitute oder Unternehmen mit bankbezogenem Hilfsdienst sein. Pflichtweise in die Konsolidierung einzubeziehen sind solche Unternehmen, die Tochterunternehmen i. S d. § 1 Abs. 7 KWG i. V. m § 290 HGB sind, sowie Unternehmen, an denen eine erhebliche Beteiligung gegeben ist (40 % der Kapitalanteile, wobei Stimmrechte den Kapitalanteilen gleich stehen, § 10a Abs. 2 KWG) oder an denen eine qualifizierte Minderheitsbeteiligung besteht. (§ 10 a Abs. 4 KWG)[512]

Die Zusammenfassung erfolgt grundsätzlich nach der Methode der Vollkonsolidierung, d. h. es werden auf der einen Seite das haftende Eigenkapital der Kreditinstitutsgruppe und auf der anderen Seite die gewichteten Risikoaktiva vollständig zusammengefaßt und in Relation zueinander gesetzt. Gem. § 10a Abs. 7 sind die Bestandteile des haftenden Eigenkapitals

---

[509] *Schmid-Burgk*, Bankenaufsicht und Auslandstöchter, S. 3. Eingehend zur konsolidierten Aufsicht: *Dietz*, Bankkonzernrecht nach der Novelle zum Kreditwesengesetz, S.18ff.

[510] Parallel dazu wurden mit § 13a KwG Regelungen getroffen, damit Kreditinstitutsgruppen die Großkreditbegrenzung einhalten.

[511] Die konsolidierte Bankaufsicht erfordert entsprechende Regelungen für die Rechnungslegung der Kreditinstitute, vgl. dazu die Ausführungen im Rahmen der Konzernrechnungslegung im 7. Teil der Arbeit.

[512] Zum Konsolidierungskreis eingehend *Szagunn / Haug / Ergenzinger*, KWG, Einleitung, Rdnr.101 f., § 10a Rdnr. 6 ff; *Beck*, KWG, § 10a Rdnr. 15 ff.

und der Risikopositionen der nachgeordneten Unternehmen, die keine Tochterunternehmen sind, nur quotal entsprechend des Kapitalanteils zu berücksichtigen.[513]

2. Erfassung der Risiken aus der Patronatserklärung an die Allgemeinheit im Rahmen der konsolidierten Bankenaufsicht

Zunächst hat das Bundesaufsichtsamt im Wege der konsolidierten Aufsicht die Möglichkeit, Einblick in die Geschäftstätigkeit der Tochter- und Beteiligungsbanken zu erhalten und auf diese Weise das Risiko der Auslandtätigkeit überblicken zu können. Die Wahrscheinlichkeit eines Ausfalls des patronierten Unternehmens und die damit einhergehende Haftung des Mutterinstituts können damit bankaufsichtsrechtlich erfaßt werden.

Darüber hinaus wird durch die Bankaufsicht auf konsolidierter Basis gewährleistet, daß das der Kreditinstitutsgruppe tatsächlich zur Verfügung stehende Eigenkapital in einem angemessenen Verhältnis zu dem Gesamtkreditvolumen und dem sich daraus ergebenden Gesamtrisiko steht. Dem Risiko aus der Patronatserklärung wird damit im Wege einer angemessenen Eigenkapitalausstattung des gesamten Bankkonzerns Rechnung getragen.

3. Kapitel: Die Erfassung der Patronatserklärung im Rahmen der materiellen Bankaufsicht über das Mutterinstitut

Fraglich bleibt, ob das für das Mutterinstitut aufgrund der Patronatserklärung bestehende Haftungsrisiko auch im Rahmen der Bankaufsicht über das Mutterinstitut erfaßt wird.

I. Berücksichtigung der Patronatserklärung im Grundsatz I

Es stellt sich die Frage, ob die Patronatserklärung ein als Risikoaktivum anrechnungspflichtiges Geschäft i. s. d. Grundsatzes I darstellt.

---

[513] *Szagunn / Haug / Ergenzinger*, KWG, § 10a Rdnr. 17 ff.

1. Harte Patronatserklärungen als Risikoaktiva

Welche Geschäfte als Risikoaktiva anzusehen sind, ist in Grundsatz I definiert. Hierbei wird zwischen den *Bilanzaktiva* und den *außerbilanziellen Geschäften* unterschieden. Zu den Bilanzaktiva zählen unter anderem die Kredite und sonstige Forderungen an Kreditinstitute und Kunden sowie Beteiligungen, Aktien und sonstige Wertpapiere (vgl. Grundsatz I Abs. 1 Nr. 1 i. V. m Abs. 3 Nr. 4, 6, 7).

Verpflichtende d. h. harte Patronatserklärungen sind gem. § 251 HGB i. V. m § 26 Abs. 2 RechKredV als Eventualverbindlichkeit unter der Bilanz zu vermerken und zählen damit grundsätzlich zu den außerbilanziellen Geschäften. Im Rahmen der außerbilanziellen Geschäfte wird zwischen Garantien mit dem Charakter eines Kreditsubstituts mit hohem Kreditrisiko und Garantien ohne den Charakter eines Kreditsubstituts mit mittlerem Kreditrisiko unterschieden. Zu den Garantien mit dem Charakter eines Kreditsubstituts zählen nach Absatz 4 Nr. 1 c die Bürgschaften und Garantien. Diese sind grundsätzlich mit 100 % ihrer Bemessungsgrundlage anzurechnen. Zu den Garantien ohne den Charakter eines Kreditsubstituts zählen nach Absatz 4 Nr. 2b alle sonstigen Gewährleistungen wie beispielsweise Gewährleistungen, die für den Ausfall eines Garanten oder Bürgen (Nachbürgschaft) eingegangen werden. Diese sind aufgrund ihres geringeren Kreditrisikos nur mit 50 % ihrer Bemessungsgrundlage anzurechnen.[514]

Für die Beurteilung der Frage, ob eine Gewährleistung den Charakter eines Kreditsubstituts hat und damit zu den Bürgschaften und Garantien i. S. d Absatz 4 Nr. 1c zu zählen ist, ist entscheidend, ob die Gewährleistungsverpflichtung das Kreditinstitut demselben Risiko aussetzt, als hätte es den Kredit selbst gewährt.[515] Patronatserklärungen sind ihrer wirtschaftlichen Zweckbestimmung nach der Bürgschaft und Garantie ähnlich.[516] Sie begründen für die Mutterbank die Verpflichtung, das Tochterunternehmen bei Zahlungsschwierigkeiten mit finanziellen Mitteln auszustatten. Bei Ausfall der Tochter wird das Risiko für die Mutterbank darin bestehen, daß sie die Verbindlichkeit der Tochter dem Gläubiger gegenüber erfüllt. Das Risiko aus der Patronatserklärung ist damit nicht geringer als das Risiko

[514] Vgl. zu dieser Differenzierung im einzelnen Anhang I der Solvabilitätsrichtlinie, abgedruckt bei Consbruch / Möller / Bähre / Schneider, Nr.22.14. der Textsammlung.

[515] *Reischauer / Kleinhans*, KWG, Anhang 2 zu § 10, Kza 115; *Dürselen*, ZBB 1994, 100, 103.

[516] Schreiben des BAKred vom 16.12. 1974, abgedruckt bei *Consbruch / Möller / Bähre / Schneider*, Nr. 13.07 der Textsammlung sowie im Anhang II zu dieser Arbeit.

des Kreditgebers selbst, so daß sich die Patronatserklärung bankaufsichtsrechtlich wie ein Kredit an das Tochterunternehmen darstellt.[517]

Harte Patronatserklärungen zählen damit zu den Bürgschaften und Garantien i. S. d. Grundsatzes I Absatz 4 Nr. 1c.

2. Höhe der Anrechnung

Als Gewährleistung mit dem Charakter eines Kreditsubstituts ist die Patronatserklärung folglich grundsätzlich mit 100% ihrer Bemessungsgrundlage anzurechnen. Bemessungsgrundlage für die Anrechnung ist nach dem Grundsatz I Absatz 5 Nr. 1 der Buchwert der Gewährleistung.[518] Allerdings muß im Rahmen der adressatenbezogenen Risikogewichtung berücksichtigt werden, wenn die Patronatserklärung zur Sicherung einer Verbindlichkeit abgegeben wurde, deren Erfüllung von einem Kreditinstitut geschuldet wird. Entsprechend der Regelung des Grundsatzes I Abs. 10 Nr. 1 c sind Patronatserklärungen zugunsten von inländischen Kreditinstituten und solchen mit Sitz in den Ländern der Zone A nur mit einer Gewichtung von 20 % der maßgeblichen Anrechnungsbetrages zu berücksichtigen.[519]

Im Ergebnis wird damit durch eine harte Patronatserklärung zugunsten eines Nicht- Kreditinstitutes die Eigenkapitalrelation eher erreicht und auf diese Weise der Kreditspielraum entsprechend schneller eingeschränkt als bei einer Patronatserklärung zugunsten eines Kreditinstituts. Die unterschiedliche Behandlung beruht auf der Tatsache, daß das Risiko des Ausfalls eines Kreditinstituts aufgrund der einzuhaltenden Eigenkapitalausstattung geringer zu bewerten ist als der Ausfall eines sonstigen Unternehmens.

a. Die einzelvertragliche harte Patronatserklärung

Gibt ein Kreditinstitut eine Patronatserklärung gegenüber einem konkreten Gläubiger zur Sicherung einer bestimmten Verbindlichkeit ab, dann ist die Patronatserklärung in der Höhe der bestehenden Schuld des Tochterunter-

---

[517] *Wagner*, Die internationale Tätigkeit der Banken, S. 39, 40.

[518] Vgl. auch Erläuterung zur Bekanntmachung über die Änderung und Ergänzung der Grundsätze I und I a, vom 15. Mai 1990, (BAK I 3-4216-4/ 86) abgedruckt bei *Consbruch/ Möller/Bähre/Schneider*, Nr. 3. 01a der Textsammlung.

[519] Zu den Ländern der Zone A zählen unter anderem gem. § 1 Abs. 5 a KWG alle EG-Mitgliedstaaten sowie alle Vollmitgliedstaaten der Organisation für wirtschaftliche Zusammenarbeit und Entwicklung (OECD).

nehmens unter der Bilanz zu vermerken. Wird die Patronatserklärung zugunsten eines Tochterunternehmens abgegeben, welches kein Kreditinstitut ist, ist die Erklärung in Höhe der bestehenden Verbindlichkeit mit 100 % im Grundsatz I berücksichtigt. Wird die Erklärung zugunsten eines Kreditinstituts abgegeben, ist sie mit 20 % der Schuld des Tochterinstituts anzurechnen.

b. Die Patronatserklärung an die Allgemeinheit

Die in den Geschäftsberichten der Banken enthaltenen Patronatserklärungen sind der Höhe nach nicht bezifferbar und können folglich nicht in einem Betrag unter dem Bilanzstrich angegeben werden. Demzufolge kann die Patronatserklärung an die Allgemeinheit nicht im Grundsatz I berücksichtigt werden.

Im Gegensatz zu einer einzelvertraglich abgegebenen Patronatserklärung hat die Patronatserklärung an die Allgemeinheit für das Mutterinstitut damit den Vorteil, daß diese Erklärung keine Auswirkungen auf die Eigenkapitalrelation des Mutterinstituts hat und ihr eigener Kreditspielraum folglich nicht eingeschränkt wird.

II. Berücksichtigung der Patronatserklärung im Rahmen der Großkreditregelung des § 13 KWG

Die bankaufsichtsrechtliche Überwachung des Kreditgeschäfts ist neben der Überwachung der Eigenkapitalausstattung der Kreditinstitute ein weiterer zentraler Bestandteil der Bankaufsicht. Gegenstand der Überwachung des Kreditgeschäftes sind insbesondere die Kredite, die allein aufgrund ihrer Größe Gefahren für das Kreditinstitut mit sich bringen. Die übermäßige Konzentration von Krediten auf einen einzigen Bankkunden oder auf eine Gruppe verbundener Bankkunden birgt insofern ein besonders hohes Risiko, als der Ausfall nur eines Kreditnehmers zu beträchtlichen Vermögensverlusten für das Kreditinstitut führen kann.[520]

Die Aufsicht über Großkredite ist in § 13 KWG geregelt. Großkredite sind gem. § 13 Abs. 1 Satz 1 KWG solche Kredite, die insgesamt 10 % des

---

[520] *Reischauer / Kleinhans*, § 13 KWG Rdnr. 1; *Szagunn / Haug / Ergenzinger*, § 13 Rdnr. 1.

haftenden Eigenkapitals des Kreditinstituts übersteigen.[521] Großkredite sind der Bankaufsicht gem. § 13 Abs. 1 KWG unverzüglich *anzuzeigen* und dürfen gem. § 13 Abs. 2 KWG nur nach einstimmigen Beschluß durch die Geschäftsleiter gewährt werden. Darüber hinaus dürfen Großkredite nur in einem beschränkten Umfang eingeräumt werden. So darf gem. § 13 Abs. 4 KWG der einzelne Großkredit 25 % des haftenden Eigenkapitals und das Volumen sämtlicher Großkredite das 8fache des haftenden Eigenkapitals nicht überschreiten.[522]

Zu prüfen ist, ob Patronatserklärungen als Kredite i. s. d. § 13 KWG anzusehen sind und damit im Rahmen der Großkreditobergrenze mit berücksichtigt werden müssen.

1. Harte Patronatserklärung als Kredit i. S. d § 13 KWG

Welche Geschäfte als Kredite im Sinne der Vorschrift des § 13 KWG anzusehen sind, ist in § 19 KWG definiert.[523] Danach sind Kredite im Sinne des § 13 KWG die in § 19 Abs. 1 Satz 2 KWG genannten Bilanzaktiva sowie die in § 19 Abs. 1 Satz 3 KWG genannten außerbilanziellen Geschäfte.[524]

Zu den außerbilanziellen Geschäften, die als Kredite im Rahmen von § 19 Abs. 1 Satz 3 KWG anzusehen sind, zählen gem. § 19 Abs. 1 Satz 3 Nr. 3, 4 KWG die von einem Kreditinstitut übernommenen Bürgschaften und Garantien und sonstigen Gewährleistungen. In der ursprünglichen Version des § 19 KWG wurden nur Bürgschaften, Garantien und sonstige Gewährleistungen "für andere" erfaßt. Bereits mit der 3. KWG Novelle wurden die Worte "für andere" aus dem Wortlaut des § 19 KWG gestri-

[521] Durch die 5. KWG-Novelle, die zum 31.12.95 in Kraft trat, wurde die Großkreditrichtlinie (Amtsblatt der EG Nr. L 29, 1) umgesetzt. Als Folge wurde unter anderem die Schwelle der Großkredite von 15% auf 10% herabgesetzt. Zu berücksichtigen ist allerdings die Übergangsvorschrift des § 64 d KWG, danach gelten als Großkredite bis 1998 alle Kredite, die 15% des haftenden Eigenkapitals nicht überschreiten, ab 1999 gilt die 10% Schwelle.

[522] Zu beachten ist auch hier die Übergangsvorschrift des § 64 d. Vgl. zur Übergangsregelung auch *Fischer/ Klanten*, Bankrecht, Rdnr. 2.82; Beck, KWG, § 13 Rdnr. 21.

[523] § 19 KWG definiert den Kreditbegriff lediglich für § 13, bis § 14 KWG. Der Gesetzgeber hat davon abgesehen einen für alle KWG- Vorschriften gleichermaßen geltenden Kreditbegriff zu formulieren.

[524] Die in § 19 Abs. 1 Satz 3 KWG genannten außerbilanziellen Geschäfte entsprechen weitgehend den in § 26, 27 RechKredV genannten Posten. Vgl. *Bading / Holzer / Wirsching*, KWG, § 19, 1.

chen. Damit sollte klargestellt werden, daß auch Garantien, Bürgschaften und Gewährleistungen für konzernangehörige Unternehmen als Kredite im Sinne dieser Vorschrift anzusehen sind.[525] Zu den als Kredite anzurechnenden Bürgschaften und Garantien gem. § 19 Abs. 1 Satz 3 Nr. 3 zählen wie im Grundsatz I auch solche Gewährleistungen, die das Kreditinstitut dem selben Risiko aussetzen, als hätten sie das Aktivum auf das sich die Gewährleistung bezieht, im eigenen Bestand.[526] Zu diesen Gewährleistungen sind grundsätzlich auch die harten, verpflichtenden Patronatserklärungen zu zählen.[527]

Grundsätzlich sind Patronatserklärungen damit als Gewährleistungen i. S. d. § 19 Abs. 1 Satz 3 Nr. 3 KWG anzusehen und müssen folglich bei der Begrenzung der Großkredite berücksichtigt werden.

2. Höhe der Anrechnung

§ 19 KWG gibt nicht vor, was als Bemessungsgrundlage für die Bemessung der Kredite heranzuziehen ist. Die Bemessungsgrundlage für die Ermittlung der Kreditbeträge richtet sich vielmehr nach der vom Bundesaufsichtsamt für Kreditwesen entsprechend der Verordnungsermächtigung des § 22 KWG erlassenen Großkredit- und Millionenkreditverordnung (GroMiKV).[528] Die Verordnung ist am 1. Januar 1998 in Kraft getretenen. Sie tritt an die Stelle der bis dahin geltenden Verordnung über die Bemessung der Kredit- und Anrechnungsbeträge (Kredtibestimmungsverordnung – KredBestV).[529] Aufgrund der Übergangsbestimmung des § 51 GRoMiKV, die von der Übergangsregelung des § 64 e Abs. 4 KWG Gebrauch macht, müssen Kreditinstitute, die am 1. Januar 1998 bereits über eine Erlaubnis

[525] Reg. Begründung KWG-Novelle 1985 zu Nr. 16, abgedruckt bei *Reischauer / Kleinhans*, KWG, Band II, Kza. 593, S. 86; *Beck*, KWG, § 19 Rdnr. 5.; *Wagner*, Die internationale Tätigkeit der Banken, S. 48. Das KWG in der zur Zeit seiner Abhandlung geltenden Fassung (1982) enthielt noch die Einschränkung "für einen anderen". Trotzdem legt *Wagner* bezüglich der Patronatserklärung § 19 KWG so aus, daß auch Gewährleistungen an konzernangehörige Unternehmen als Kredite i. S. d. § 19 KWG anzusehen sind.

[526] *Szagunn/ Haug/ Ergenzinger*, § 19 KWG Rdnr. 5b.

[527] Siehe dazu bereits die Ausführungen im Zusammenhang mit Grundsatz I.

[528] BGBl I S. 3418-3437.

[529] Verordnung über die Bemessung der Kredit- und Anrechnungsbeträge nach den § 13 bis § 14 des Gesetztes über das Kreditwesen vom 1. Februar 1996, abgedruckt bei *Consbruch / Möller / Bähre / Schneider*, Nr. 2.11 der Textsammlung, sowie im Anhang dieser Arbeit (Anhang IV).

nach § 32 KWG verfügten die neue Verordnung ab dem 1. Oktober 1998 anwenden.

a. Höhe der Anrechnung nach der KredBestV

Zunächst ist die Rechtslage nach der Kreditbestimmungsverordnung darzustellen, um darauf aufbauend aufzuzeigen, welche Änderung die Großkredit- und Millionenkreditverordnung für die Anrechnungshöhe der Patronatserklärung beinhaltet.

aa. Die einzelvertragliche "harte" Patronatserklärung

Ist die Patronatserklärung gegenüber einem bestimmten Kreditgeber des Tochterunternehmens abgegeben worden, galten gem. § 5 Satz 3 KredBestV für diese Patronatserklärungen die allgemeinen Vorschriften über die Gewährleistungen. Gem. § 1 Abs. 1 Nr. 1 KredBestV war die Bemessungsgrundlage für Gewährleistungen nach § 19 Abs. 1 Satz 3 KWG deren Buchwert.[530] Wird eine Patronatserklärung zur Sicherung eines konkreten Kredits gegenüber einem bestimmten Gläubiger abgegeben, entspricht der Buchwert der Patronatserklärung der Höhe der bestehenden Verbindlichkeit der Tochtergesellschaft. Mit diesem Betrag wurde die Patronatserklärung auf die Obergrenze für den einzelnen Großkredit und auf die Obergrenze für die Gesamtheit der Großkredite angerechnet.

bb. Die Patronatserklärung an die Allgemeinheit

§ 5 KredBestV bestimmte, daß die in den Geschäftsberichten enthaltenen Patronatserklärungen für Tochterunternehmen, die in die konsolidierte Aufsicht nach § 10 a und § 13a KWG einbezogen sind, nicht auf die Großkreditobergrenze angerechnet werden.[531] Die Patronatserklärung an die

---

[530] Zu den Bemessungsgrundlagen im einzelnen *Szagunn / Haug / Ergenzinger*, § 19 KWG Rdnr. 6

[531] Die Regelung beruht auf Art. 4 Abs. 6 der Großkreditrichtlinie, (abgedruckt bei *Consbruch / Möller / Bähre / Schneider*, Nr. 22.17 der Textsammlung). der den Mitgliedstaaten die Möglichkeit eröffnet, Kredite an Tochterunternehmen, die in die Beaufsichtigung auf konsolidierter Basis einbezogen werden, ganz oder teilweise aus der Anrechnung auf die Kreditobergrenze herauszunehmen. Die Regelung des § 5 KredBestV bleibt insoweit hinter der Ermächtigung des Art. 4 Abs. 6 der Großkreditrichtlinie zurück, als einzelvertragliche Patronatserklärungen von der Nullanrechnung ausgenommen sind. Vgl. Bekanntmachung des BAKred (BAK I 3-41-1/94) abgedruckt im Anhang zu dieser Arbeit (Anhang V).

Allgemeinheit wurde damit weder auf die Höchstgrenze der einzelnen Großkredite noch auf die Gesamtheit aller Großkredite gem. § 13 Abs. 4 KWG angerechnet.

Demzufolge stellte die Patronatserklärung in den Geschäftsberichten einen Ausnahmetatbestand dar.[532] Die Anrechnungserleichterung galten allerdings gem. § 5 KredBestV nur, wenn die Patronatserklärung *coram publico* abgegeben wurde.[533] Die Anrechnungserleichterung des § 5 KredBestV wurde darüber hinaus ausdrücklich auf solche Tochterunternehmen beschränkt, die selbst Kreditinstitute, Finanzinstitute oder Unternehmen mit bankbezogenem Hilfsdienst sind und als solche pflichtweise in die Konsolidierung nach § 10a und § 13a KWG einbezogen werden.[534]

Patronatserklärungen an die Allgemeinheit bewirkten folglich keine Einschränkung des Kreditgeschäftes der Mutterbank gem. § 13 KWG.

cc. Bewertung der Regelung der KredBestV

Die Nichtberücksichtigung der Patronatserklärung an die Allgemeinheit im Rahmen von Grundsatz I und in Folge der Nullanrechnung auf die Großkreditobergrenze erscheint sachgerecht, weil die Risiken aus der Erklärung bereits im Wege der Vollkonsolidierung gem. § 10 a, § 13a KWG erfaßt werden. Eine darüber hinausgehende Berücksichtigung würde das Mutterinstitut in unangemessener Weise in ihrem eigenen Kreditspielraum einschränken.

Die Bankaufsicht auf konsolidierter Basis ist lediglich insofern lückenhaft, als das Risiko, welches ein einzelnes Tochterunternehmens für den gesamten Bankkonzern bedeuten kann, nicht ausreichend erfaßt wird. Im Wege der Vollkonsolidierung werden Eigenkapitalausstattung und Risikoaktiva aller Tochterunternehmen zusammengefaßt betrachtet. Die man-

---

[532] Vgl. auch die Übersicht zu den sonstigen kreditnehmerbezogenen Ausnahmetatbeständen zu § 13 KWG bei *Beck*, KWG, § 13, 34 d.

[533] Vgl. zu der Regelung des § 5 KredBestV die allgemeinen Bekanntmachungen, Anord-nungen und Erläuterungen des BAK zum KWG, BAK I 3-41-1 / 94, abgedruckt bei *Consbruch/ Möller/ Bähre/ Schneider*, Nr. 4.276 der Textsammlung, sowie im Anhang zu dieser Arbeit (Anhang V). Sowie *Szagunn / Haug / Ergenzinger*, Vorbem. zu § 19-22 KWG Rdnr. 24.

[534] Überlegungen, die Regelung auf andere Unternehmenstypen oder Minderheitsbeteiligungen durch eine freiwillige Konsolidierung zu erstrecken, wird damit a priori ein Riegel vorgeschoben. So wörtlich das BAKred in seiner Bekanntmachung BAK I 3-41-1/ 94

gelnde Ausstattung eines einzelnen Tochterunternehmens kann folglich durch die Gesamtbetrachtung aller Tochterunternehmen aufgefangen werden. Insoweit läßt sich feststellen, daß durch die Vollkonsolidierung zwar das Gesamtrisiko des Konzerns erfaßt wird, das Risiko des Ausfalls eines einzelnen Tochterunternehmens bleibt hingegen unberücksichtigt.

Darüber hinaus erscheint die Differenzierung zwischen Patronatserklärungen, die für pflichtkonsolidierte Tochterunternehmen gegenüber der Allgemeinheit abgegeben wurden, und solchen, die gegenüber einzelnen Gläubigern abgegeben werden, nicht überzeugend. Es ist kein Grund ersichtlich, warum allein die Erklärungsform Auswirkungen auf die Frage nach der Höhe der Anrechnung der Patronatserklärung haben soll, wenn inhaltlich die gleiche Haftung für den Patron ausgelöst wird. Eine solche Differenzierung hat zur Folge, daß die Muttergesellschaft durch die Abgabe einer Patronatserklärung an die Allgemeinheit ein höheres Haftungsrisiko eingeht, um bankaufsichtsrechtliche Regelungen zu umgehen. Dieses Ergebnis ist mit der Zielsetzung der Bankaufsicht nicht vereinbar.

b. Höhe der Anrechnung nach der GroMiKV

Durch die Großkredit- und Millionenkreditverordnung hat sich die Rechtslage bezüglich der Anrechnung von Patronatserklärungen im Rahmen der Großkreditregelung des § 13 KWG erheblich verändert.

Die Groß-und Millionenkreditverordnung differenziert nicht zwischen solchen Patronatserklärungen, die gegenüber einem einzelnen Kreditgeber, und solchen, die *coram publico* abgegeben werden. Gem. § 1 Abs. 4 der GroMiKV ist eine Patronatserklärung im Sinne der Verordnung eine Willenserklärung, die das Institut verpflichtet, die Erfüllung der Verbindlichkeiten eines anderen Unternehmens sicherzustellen.

aa. Bemessungsgrundlage der Patronatserklärung

Nach der GroMiKV wird eine Patronatserklärung, die sich nicht auf einen konkreten Kredit bezieht, in Zukunft bankaufsichtsrechtlich quantifizierbar sein.

Nach § 2 Abs. 1 Nr.4 GroMiKV ist die Bemessungsgrundlage für die Ermittlung der Kreditbeträge nach den §§ 13 bis 14 KWG bei Patronatserklärungen die Kredite des patronierten Unternehmens ohne die Kredite an das

Institut, abzüglich des eingezahlten Kapitals und der ausgewiesenen Rücklagen des patronierten Unternehmens.

Die Bemessungsgrundlage ist relevant für die Bemessung des Anzeigebetrages nach § 13 Abs. 1 Satz 1, für die Auslösung der Beschlußfassungspflicht nach § 13 Abs. 2 KWG sowie für die Berechnung der Großkreditobergrenze.

bb. Nullanrechnung aufgrund Einzelfallentscheidung

Gem. § 16 Abs. 2 des GroMiKV kann das BAKred auf Antrag des Mutterinstituts widerruflich bestimmen, daß Kredite an Tochterunternehmen, welche das Institut nach § 10a, § 13a KWG pflichtkonsolidiert, nicht auf die Großkreditobergrenze angerechnet werden, wenn das Institut das Tochterunternehmen in seine zentrale Risikosteuerung einbezieht. Eine zentrale Risikosteuerung setzt voraus, daß das nachgeordnete Unternehmen alle Grundsatzfragen der Risikosteuerung mit dem übergeordneten Unternehmen abstimmt und das Mutterunternehmen unverzüglich bei größeren Bewegungen unterrichtet. Darüber hinaus muß das Tochterunternehmen in ein gemeinsames, von der Muttergesellschaft überwachtes Limitsystem integriert werden.

Für die Patronatserklärungen an die Allgemeinheit entspricht die Regelung im Ergebnis dem geltenden § 5 KredBestV. Während § 5 KredBestV allerdings von einer Nullanrechnung kraft Gesetz ausging, ist diese nach der neuen Regelung nur nach entsprechendem Antrag und aufgrund Einzelfallentscheidung des BAKred möglich.

Für Patronatserklärungen, die nicht der Allgemeinheit gegenüber, sondern einem bestimmten Gläubiger des Tochterunternehmens gegenüber abgegeben werden, bedeutet die Neuregelung allerdings eine Erweiterung der in § 5 KredBestV getroffenen Regelung. Zukünftig besteht auch für diese Patronatserklärung die Erleichterung einer Nullanrechnung bei entsprechendem Antrag und erfolgter Zustimmung durch das BAKred.

cc. Bewertung der Neuregelung und Ausblick

Im Ergebnis wird es auch nach der neuen Groß – und Millionenkreditverordnung bei einer Nullgewichtung der Patronatserklärung an die Allgemeinheit im Rahmen der Großkreditobergrenze bleiben.

Die Bezifferung der Patronatserklärung erhält ihre wesentliche Bedeutung damit im Rahmen der Meldepflicht und des gem. § 16 Abs. 2 der GroMiKV erforderlichen Antrags auf Nullanrechnung. Vor diesem Hintergrund ist eine Bezifferung der Patronatserklärung gewählt worden, die dem Sinn und Zweck der Melde- bzw. Antragspflicht entspricht. Durch die Meldepflicht bzw. den Antrag soll das BAKred die Möglichkeit haben, die momentane Bedeutung des Tochterinstituts für das Mutterunternehmen erfassen zu können. Entscheidend ist, in welchem Umfang eine Haftung der Mutterbank denkbar ist. Das Mutterinstitut ist aufgrund der Patronatserklärung verpflichtet, bei einem Ausfall der Tochter für deren Schuldenüberhang einzustehen. Insoweit ist es sachgerecht, die Patronatserklärung durch den Bestand der Kredite des Tochterunternehmens abzüglich des eingezahlten Kapitals und der ausgewiesenen Rücklagen des patronierten Unternehmens zu beziffern.

Die Nullanrechnung aufgrund einer Einzelfallentscheidung durch das BAKred erscheint im Vergleich zu einer pauschal für alle Mutterunternehmen gesetzlich vorgeschriebenen Nullanrechnung sachgerecht. Das BAKred hat aufgrund der Einzelfallentscheidung die Möglichkeit, die individuelle Situation des Patrons und der patronierten Tochterunternehmen bei der Entscheidung zu berücksichtigen. Es kann Patronatserklärungen für bestimmte Tochterinstitute aus der Nullanrechnung herausnehmen und damit im Ganzen flexiblere und Einzelfall angemessene Entscheidungen treffen.

Durch das Erfordernis der Einbeziehung des patronierten Tochterunternehmens in die zentrale Risikosteuerung des Mutterunternehmens wird gewährleistet, daß das Mutterunternehmen stets genau über die aktuelle Risikosituation des Tochterunternehmens informiert ist. Das Mutterunternehmen verfügt damit ständig über die entscheidenden Informationen, aufgrund derer es die Wahrscheinlichkeit seiner eigenen Inanspruchnahme abschätzen kann. Bei größeren Bewegungen, die für sich ein hohes Risiko bedeuten, wird es unverzüglich informiert und kann gegebenenfalls entsprechende Maßnahmen treffen. Im Ergebnis bietet die getroffene Neuregelung die Grundlage für eine angemessene Berücksichtigung der Patronatserklärung durch die Bankaufsicht.

Aus der Sicht der Banken beinhaltet die Neuregelung eine Verschärfung der ursprüngliche Rechtslage. Meldepflicht, Antragerfordernis und die vorzunehmende Bezifferung bringen zum einen zwangsläufig eine Mehrbelastung gegenüber einer gesetzlichen Nullanrechnung. Darüber hinaus bringt die Abgabe einer Patronatserklärung an die Allgemeinheit die Gefahr mit sich, daß zumindest bezüglich einzelner Tochterunternehmen der

Antrag auf Nullanrechnung abgelehnt wird. In diesem Fall wird das Haftungsrisiko in voller Höhe berücksichtigt, so daß das Mutterinstitut bei einer Überschreitung der Großkreditobergrenze die Patronatserklärung mit Eigenkapital abdecken muß. Die Neuregelung ist für das Mutterinstitut insbesondere auch insoweit nachteilhaft, als eine Nullanrechnung der Patronatserklärung nur dann gestattet wird, wenn das Tochterunternehmen in die zentrale Risikosteuerung des Mutterunternehmens einbezogen ist. Nach Ansicht des BAKred sind an dieses Kriterium besonders strenge Anforderungen zu stellen. Es bleibt abzuwarten, welche Maßnahmen das Mutterinstitut im einzelnen treffen muß, um den Anforderungen einer ausreichenden zentralen Risikosteuerung gerecht zu werden.

Auch wenn sich die Rechtslage im Rahmen der Anrechnung der Patronatserklärung auf die Großkreditobergrenze für die Bank verschlechtern wird, so bleibt die Patronatserklärung dennoch unter dem Gesichtspunkt einer fehlenden Berücksichtigung im Grundsatz I bankaufsichtsrechtlich vorteilhaft.

Ergebnis des achten Teils

Das Haftungsrisiko aus der Patronatserklärung an die Allgemeinheit wird durch die Bankaufsicht über die Kreditinstitutsgruppe erfaßt. Im Rahmen der Aufsicht über das Mutterinstitut wird das Haftungsrisiko nur dann erfaßt, wenn das Bundesaufsichtsamt für Kreditwesen dem Antrag auf Nullanrechnung zurückweist. Wird der Antrag zurückgewiesen, erfolgt eine Berücksichtigung des Haftungsrisikos in voller Höhe. Wird in Folge der Anrechnung der zulässige Großkreditbetrag überschritten, muß die Patronatserklärung in entsprechender Höhe mit Eigenkapital abgedeckt werden.

Neunter Teil: Zusammenfassung

Die in den Geschäftsberichten der deutschen Großbanken enthaltenen Patronatserklärungen stellen einen Vertragsantrag ad incertas personas zum Abschluß eines Patronatsvertrages dar. Dieser Vertragsantrag muß durch den einzelnen Gläubiger angenommen werden. Weil der Patronatsvertrag für den Gläubiger lediglich vorteilhaft ist, kann die Annahme zum einen gem. § 151 BGB in der erleichterten Form einer nicht empfangsbedürftigen Willenserklärung erfolgen. Zum anderen kann das Schweigen des Gläubigers auf das Vertragsangebot als Annahme gewertet werden. Die Annahme kann auch dann noch erfolgen, wenn der Gläubiger in Unkenntnis der Patronatserklärung den Vertrag mit der Tochtergesellschaft geschlossen hat, aber nachträglich von deren Existenz erfährt.

Der Patronatsvertrag begründet für das Mutterinstitut die Pflicht, das Tochterunternehmen mit ausreichend finanziellen Mitteln auszustatten, damit dieses die Verbindlichkeiten gegenüber dem jeweiligen Gläubiger erfüllen kann. Ein direkter Zahlungsanspruch des Gläubigers gegen das Mutterunternehmen besteht erst zu dem Zeitpunkt, in dem das Tochterunternehmen in Konkurs gefallen ist. Soweit das patronierte Unternehmen ein Tochterunternehmen mit Sitz im Ausland ist, beurteilt sich die Rechtslage bezüglich der Patronatserklärung nach dem Recht des Sitzes des Mutterunternehmens, denn dieses erbringt die charakteristische Leistung i. S. d. Art. 28 Abs. 2 EGBGB. Die Patronatserklärung wird damit nach deutschem Recht beurteilt.

Bilanzrechtlich stellt die Patronatserklärung an die Allgemeinheit eine gem. § 26 Abs. 2 RechKredV unter der Bilanz zu vermerkende Eventualverbindlichkeit dar. Weil das Haftungsrisiko aus der Erklärung nicht bezifferbar ist, kann der Vermerkpflicht durch einen Verbalvermerk unter der Bilanz in Form eines Hinweises auf die im Anhang aufgenommene Patronatserklärung genügt werden.

Bankaufsichtsrechtlich führte die fehlende Bezifferbarkeit des Haftungsrisikos dazu, daß die Patronatserklärung bisher weder im Rahmen des Erfordernisses einer angemessenen Eigenkapitalausstattung noch im Rahmen der Großkreditregelung erfaßt werden konnte. Diese Rechtslage hat sich mit Inkrafttreten der GroßMiKV am 1.1.1998 geändert. Diese sieht eine Bezifferung der Patronatserklärung auf der Basis des Verhältnisses zwischen Risikoaktiva und dem den Gläubigern zur Verfügung stehenden Haftkapital der Tochterbank vor. Eine Nullanrechnung der Patronatserklärung an die Allgemeinheit auf die Großkreditobergrenze gem. § 13 KWG wird nach der neuen Rechtslage nur nach entsprechendem Antrag und aufgrund Einzelfallentscheidung des BAKred zulässig sein.

Literaturverzeichnis

Adler, Hans / Düring, Walther / Schmaltz, Kurt : Rechnungslegung und Prüfung der Unternehmen, Band I, Loseblattausgabe, 5. Auflage, Stuttgart 1993; Teilband 3, 6. Auflage, Stuttgart 1994.

Adomeit, Klaus: Das einseitige Ruhegeldversprechen in: BB 1964, 599.

Altenburger, Peter: Die Patronatserklärung als "unechte" Personalsicherheit, Schweizer Schriften zum Handels und Wirtschaftsrecht, Zürich 1979.

Ammelung, Ulrich / Sorocean, Michael: Patronatserklärungen zugunsten ausländischer Tochtergesellschaften, in: RIW 1996, 668.

Bading, Arnold / Holzer, Siegfried / Wirsching, Heinz: Kreditwesengesetz, Kommentar, Loseblattausgabe, 33. Ergänzungslieferung, Stand Mai 1997, Wiesbaden 1997.

Bähre, Lore / Schneider, Manfred: Kreditwesen Gesetz, Kommentar, 3. Auflage München 1986.

Bankrecht und Bankpraxis: Loseblattausgabe, Band II, Band III, Koordinatoren: Thorwald Hellner / Gerd Maier (u. a.) 22. Ergänzungslieferung, Stand Oktober 1995, Köln 1995.

Bauer, Klaus – Albert: Das Recht der internationalen Bankenaufsicht, Baden-Baden 1985.

Baumbach, Adolf / Hopt, Klaus: Handelsgesetzbuch, Kurzkommentar, 29. Auflage, München 1995.

Beck, Heinz: Gesetz über das Kreditwesen, Kommentar, Loseblattausgabe, 63. Ergänzungslieferung, Stand August 1997, Heidelberg 1997.

Beck'scher Bilanz- Kommentar: 3. Auflage München 1995. (zit.: *Bearbeiter* in Beck Bil-Komm.)

Bester, Dietmar: Aufsichtsrechtliche Kontrolle internationaler Bankkonzerne, Bergisch Gladbach 1986.

Bickel, Dietrich: Rechtsgeschäftliche Erklärung durch Schweigen?, in: NJW 1972, 607.

Birck, Heinrich / Meyer, Heinrich: Die Bankbilanz, 2. Teillieferung, 3. Auflage Wiesbaden 1977, 3. Teillieferung, 3. Auflage, Wiesbaden 1979.

Bodenstein, Friedel / Jahn, Rolf: Kreditsicherung im Geschäftsverkehr mit dem Ausland, Band I (Italien), Köln 1980.

Bordt, Karl: Die Bedeutung der Patronatserklärung für die Rechnungslegung, in: WPg 1975, 285.

— Die Eventualverbindlichkeiten, in: Handbuch des Jahresabschlusses in der Einzeldarstellung (HdJ) 2. Auflage Köln 1991, herausgegeben von Klaus Wysocki, Joachim Schultze – Osterloh, Abteilung III/ 9. (zit.: *Bordt,* in HdJ Abt III/ 9)

Büsselmann, Elke: Bankenaufsicht und marktbezogenes Eigenkapital, Wiesbaden 1994.

Bundesministerium der Finanzen (Hrsg.): Grundsatzfragen der Kreditwirtschaft, Bericht der Studienkommission, in Schriftenreihe des Bundesministerium der Finanzen Heft 28, Bonn 1979.(zit.: Studienkommission, Grundsatzfragen der Kreditwirtschaft)

Busse von Kolbe, Walther / Ordelheide, Dieter: Konzernabschlüsse, 6. Auflage Wiesbaden 1993.

Canaris, Claus – Wilhelm:. Die Vertrauenshaftung im deutschen Privatrecht, München 1971.

— Handelsrecht, 22. Auflage München 1995.

— Schweigen im Rechtsverkehr als Verpflichtungsgrund, in: Festschrift für Walter Wilburg zum 70. Geburtstag, S. 77, München 1975.

Claussen, Karsten Peter: Bank- und Börsenrecht, München 1996.

Dahnke, Heinrich: Besteht die Möglichkeit einer Offerte zwecks Vertragsschluß mit einer beliebigen Person im geltenden deutschen bürgerlichen Recht?, Wanne-Eickel 1932.

Diederich, Eckhart: Die Vergleichsfalle als Problem der Auslegung adressatenloser Annahmeerklärungen nach § 151Satz1 BGB, in: BB 1996, 1945.

Dietz, Detlev: Bankkonzernrecht nach der Novelle zum Kreditwesengesetz, Tübingen 1988.

Dreher, Meinrad: Die Auslegung von Rechtsbegriffen in Allgemeinen Geschäftsbedingungen, in: AcP 189 (1989), 342.

Dürselen, Karl E.: Novellierung der Bankaufsichtsnorm Grundsatz I zur Erfassung und Begrenzung von Ausfallrisiken eines Kreditinstituts, in: ZBB 1994, 100.

v. Einem, Henning: Die Rechtsnatur der Option, Berlin 1974.

Emmerich, Volker / Sonnenschein, Jürgen: Konzernrecht, 6. Auflage München 1997.

Enneccerus, Ludwig / Nipperdey, Hans Carl: Allgemeiner Teil des Bürgerlichen Rechts, Halbband 1, 14. Auflage Tübingen 1959.

Erman, Walter: Handkommentar zum Bürgerlichen Gesetzbuch, 9. Auflage Münster 1993. (zit.: Erman / *Bearbeiter*)

Eschenbruch, Klaus: Konzernhaftung,1. Auflage Düsseldorf 1996.

Esser, Josef / Schmidt, Eike: Schuldrecht Band I Allgemeiner Teil, Teilband 1, 7. Auflage Heidelberg 1992. (zit.: SchR AT I 1)

Fey, Gerd: Grundsätze ordnungsgemäßer Bilanzierung für Haftungsverhältnisse, Düsseldorf 1989.

Finger, Peter: Bankgarantien und deutsches internationales Privatrecht, in: AWD BB 1969, 486.

Firsching, Karl / v. Hoffmann: Internationales Privatrecht, 4. Auflage München 1995.

Fischer, Reinfried / Klanten, Thomas: Bankrecht , 2. Auflage Köln 1996.

Fischer, Joachim / Schaffland, Hans Jürgen: Patronatserklärungen, in: Genossenschaftsforum 2/ 1976, 36; Fortsetzung 3/ 1976, 38. (zit.: GenForum 2/ 76, 36)

Fleck, Hans -Joachim: Die Rechtsprechung des Bundesgerichtshofes zum Recht der verbundenen Unternehmen, in WM 1986,1205.

Flume, Werner: Allgemeiner Teil des Bürgerlichen Rechts, 2. Band, Das Rechtsgeschäft, 4. Auflage Berlin 1992. (zit.: AT II)

Gamillscheg, Franz: Rechtswahl, Schwerpunkte und mutmaßlicher Parteiwille im internationalen Vertragsrecht, in: AcP 157 (1957), 303.

Georgiades, Apostolos: Optionsvertrag und Optionsrecht, in: Festschrift für Karl Larenz zum 70. Geburtstag, München 1973, S. 409.

Gerth, Axel: Atypische Kreditsicherheiten, 2. Auflage Frankfurt am. Main. 1980.

Geßler, Ernst / Hefermehl, Wolfgang / Eckhardt, Ulrich / Kropff, Bruno: Aktiengesetz, München 1994. (zit.: *Bearbeiter* in Geßler / Hefermehl / Eckhardt / Kropff)

— Organschaftserklärung als Kreditsicherheit, in: AG 1984, 94.

Glade, Anton: Praxishandbuch der Rechnungslegung und Prüfung, 2. Auflage Berlin 1995.

Gruner- Schenk, Petra: Harmonisierung des Bankaufsichtsrechts, Berlin 1995.

Haberlandt, Helmut: Zur Problematik der Durchgriffshaftung, Identität und Durchgriff, in: BB 1980, 847.

Habersack, Mathias: Patronatserklärungen ad incertas personas, in: ZIP 1996 , 257.
— Vertragsfreiheit und Drittinteressen, Berlin 1992.
Hachenburg, Max: GmbHG Großkommentar, zweiter Band, 7. Auflage 1979. (zit.: Hachenburg / *Bearbeiter)*
Hanau, Peter: Objektive Tatbestand der Willenserklärung, in: AcP 165(1965), 220.
Hauptfachausschuß des Instituts für Wirtschaftsprüfer in Deutschland e. V: Aus der Facharbeit des IdW, Stellungnahme HFA 2/76, in: WPg 1976,528.(zit.: Stellungnahme des HFA des IdW) In der Fassung von 1990 abgedruckt bei *Bordt,* Eventualverbindlichkeiten, HdJ Abt III/ 9, Rdnr.93 f. (zit.: HFA des IdW 2 / 76 i. d. F 1990)
Hawickhorst, Heinz: Quasi-vertragliche Haftung auf Grund von Versprechensakten,Berlin 1987.
Heck, Philipp: Grundriß des Schuldrechts, Tübingen 1929.
Heymann, Ernst: Handelsgesetzbuch Band I, 2. Auflage Berlin 1995.; Band III, 1. Auflage Berlin 1989.(zit.: Heymann / *Bearbeiter*)
Hilger, Marie Luise: Das betriebliche Ruhegeld, Heidelberg 1959.
Hoffmann, Dirk: Die Patronatserklärung im deutschen und österreichischen Recht, Frankfurt am Main 1989.
Hübner, Heinz: Allgemeiner Teil des Bürgerlichen Gesetzbuches, 2. Auflage, Berlin 1996. (zit.: AT des BGB)
Hueck, Alfred / Nipperdey, Carl: Lehrbuch des Arbeitsrechts Band I, 7. Auflage, Frankfurt am Main 1963.
Hueck, Alfred / Nipperdey, Carl / Dietz, Rolf: Nachschlagewerk des Bundesarbeitsgerichts, Arbeitsrechtliche Praxis, Nr. 110 zu § 242 BGB Ruhegehalt.
Hüffer, Uwe: Kommentar zum AktG, 3. Auflage, München 1997.
Hüttemann Ulrich: Die Verbindlichkeiten, in: Handbuch des Jahresabschlusses in Einzeldarstellungen, herausgegeben von Klaus Wysocki, Joachim Schultze – Osterloh,2. Auflage Köln 1991. (zit.: *Hüttemann,* in HdJ Abt III / 8)
Jander, Klaus / Hess, Michael: Die Behandlung von Patronatserklärungen im deutschen und amerikanischen Recht, in: RIW 1995, 730.
Jährig, Alfred / Schuck, Hans: Handbuch des Kreditgeschäfts, völlig neu bearbeitet von Peter Rösler, Manfred Woite, 5. Auflage, Wiesbaden 1989.
Jauernig, Othmar: Bürgerliches Gesetzbuch, 8. Auflage, München 1997.
Kegel, Gerhard:. Die Bankgeschäfte im deutschen internationalen Privatrecht, in: Gedächtnisschrift für Rudolf Schmidt, S. 215, Berlin 1966.
— Internationales Privatrecht, 7. Auflage München 1995.
Köhler, Helmut: BGB Allgemeiner Teil, 23. Auflage München 1996.
— Patronatserklärungen als Kreditsicherheit: tatsächliche Verbreitung – wirtschaftliche Gründe – rechtliche Bedeutung, in: WM 1978,1338.
Kölner Kommentar zum Aktien Gesetz, 2. Auflage Köln 1986-1996. (zit.: *Bearbeiter* in Kölner Kommentar zum AktG)
Köndgen, Johannes: Selbstbindung ohne Vertrag, Tübingen 1981.
Kohout, Dagobert: Patronatserklärungen, Mainz 1984.
Koller, Ingo/ Roth, Wulf- Henning / Morck, Winfried: Handelsgesetzbuch, München 1996.(zit.: *Bearbeiter* in Koller / Roth / Morck)
Kornblum, Udo: Die verflixte schwebende Jungfrau, in: Jus 1981, 801.
Kramer, Ernst: Schweigen als Annahme eines Antrags, in: Jura 1984, 235.

Krümmel, Hans – Jakob: Bankenaufsichtsziele und Eigenkapitalbegriff, Frankfurt am Main 1983.

Krumnow, Jürgen / Sprißler, Wolfgang / Bellavite – Hövermann, Yvette / Kemmer, Michael / Steinbrücker, Hanelore: Rechnungslegung der Kreditinstitute, Stuttgart 1994.(zit.: *Krumnow / Sprißler,* Rechnungslegung der Kreditinstitute)

Küffner, Thomas: Patronatserklärung im Bilanzrecht, WM 1996,146.

Kümpel, Siegfried: Bank- und Kapitalmarktrecht, Köln 1995.

Küting, Karlheinz / Weber, Claus- Peter: Handbuch der Rechnungslegung, 4. Auflage, Stuttgart1995 (zit.: *Bearbeiter* in Küting / Weber)

Langen, Albrecht: Die Haftung des herrschenden Unternehmens für Verbindlichkeiten der abhängigen Gesellschaft bei einem multinationalen Unternehmen, Bonn 1977.

Larenz, Karl: Lehrbuch des Schuldrechts,

— Allgemeiner Teil , 14. Auflage, München 1987. (zit.: SchR I)

— Besondere Teil Band II, 1. Halbband ,14. Auflage München 1987.(zit.: SchR II 1)

— Methodenlehre der Rechtswissenschaft, 6. Auflage Berlin 1991. (zit.: Methodenlehre)

Larenz, Karl / Canaris, Claus – Wilhelm: Lehrbuch des Schuldrecht, Besondere Teil Band II, 2. Halbband , 13. Auflage München 1994. (zit.: SchR II 2)

Larenz, Karl / Wolf, Manfred: Allgemeiner Teil des Bürgerlichen Rechts, 8. Auflage München1997. (zit.: AT des BGB)

Lieb, Manfred: Arbeitsrecht, 6. Auflage Heidelberg 19997.

Lühr, Rudolf: Öffentliche Erklärung als Haftungsgrund, Göttingen 1937.

Lutter, Marcus: Die zivilrechtliche Haftung in der Unternehmensgruppe, in: ZGR 1982, 244.

Lwowski, Hans- Jürgen / Groeschke, Peer: Die Konzernhaftung der § 302, 303 AktG als atypische Sicherheit ?, in: WM 1994, 613.

Mayer, Helmut: Das Bundesaufsichtsamt für das Kreditwesen, Düsseldorf 1981.

v. Mayer, Robert: Die Auslobung, Wien 1905.

Medicus, Dieter: Allgemeiner Teil des BGB, 7. Auflage Heidelberg 1997.(zit.: AT des BGB)

— Schuldrecht I, Allgemeiner Teil, 9. Auflage München 1996. (zit.: SchR I)

— Schuldrecht II, Besonderer Teil, 8. Auflage München 1997. (zit.: SchR II)

Michalski, Lutz: Die Patronatserklärung, in: WM 1994,1229.

Mosch, Wolfgang: Patronatserklärungen deutscher Konzernmuttergesellschaften und ihre Bedeutung für die Rechnungslegung, Bielefeld 1978. (zit.: Patronatserklärungen deutscher Konzernmuttergesellschaften)

Müller, Klaus: Die Haftung der Muttergesellschaft für Verbindlichkeiten der Tochter im Aktienrecht, in: ZGR 1977, 1.

Müller, Werner A.: Bankenaufsicht und Gläubigerschutz, Baden-Baden 1981.

Münchener Kommentar, Bürgerliches Gesetzbuch, herausgegeben von Kurt Rebmann und Franz – Jürgen Säcker, 3. Auflage München 1993- 1997. (zit.: MünchKomm- *Bearbeiter)*

— Einführungsgesetz Internationales Privatrecht, Band 7, 2. Auflage München 1990.

Münchner Handbuch zum Arbeitsrecht, Individualarbeitsrecht herausgegeben von Reinhard Richardi und Otfried Wlotzke, München 1992. (zit.: MünchArbR/ *Bearbeiter*)

Münchner Handbuch zum Handelsrecht, herausgegeben von Karsten Schmidt, München 1996.(zit.: MünchKomm HGB / *Bearbeiter*)
Musielak, Hans – Joachim, Grundkurs BGB, 5. Auflage, München 1997.
Neumond, Hartwig: Der Automat, ein Beitrag zur Lehre über die Vertragsofferte, in: AcP 89, 166.
Nikisch, Artur: Allgemeine Lehren und Arbeitsvertragsrecht, Band I, 3. Auflage Tübingen 1961.
Niethammer, Thomas: Die Ziele der Bankenaufsicht in der Bundesrepublik Deutschland, Berlin1991.
Obermüller, Manfred: Die Patronatserklärung, in: ZGR 1975, 1.
— Ersatzsicherheiten im Kreditgeschäft, Wiesbaden 1987.
— Patronatserklärung und kapitalersetzende Darlehen, in: ZIP 1982, 915.
Palandt, Otto: Bürgerliches Gesetzbuch, 56. Auflage München 1997.
Pawlowski, Hans – Martin: Allgemeiner Teil des BGB, 4. Auflage Heidelberg 1993. (zit.: AT des BGB)
Pesch,Jürgen, Patronatserklärungen im Geschäftsbericht von Banken, in WM 1998, 1609.
Regnery, Peter: Bankenaufsicht, Bankeneigenkapital und Wettbewerb, Stuttgart 1994.
Rehbinder, Eckard: Konzernaußenrecht und allgemeines Privatrecht, Berlin 1969.
Reinicke, Dietrich: Kreditsicherung, 3. Auflage Neuwied 1994.
Reischauer, Friedrich / Kleinhans, Joachim: Kreditwesengesetz, Kommentar, Loseblattausgabe für die Praxis, Band I, II, Stand 2/96, Berlin 1996.
Reithmann, Christoph / Martiny, Dieter: Internationales Vertragsrecht, 5. Auflage Köln 1996.
Richardi, Reinhard: Die betriebliche Übung – ihre rechtliche Bedeutung -insbesondere ihr Verhältnis zur Betriebsvereinbarung, in: RdA 1960, 401.
— Kollektivgewalt und Individualwille bei der Gestaltung des Arbeitsverhältnisses, München
— 1968. (zit.: Kollektivgewalt)
Rieke, Stefan: Haftungsverhältnisse im Konzernabschluß, Hamburg 1993.
Rimmpelspacher, Bruno: Kreditsicherungsrecht, 2. Auflage München 1987.
Rippert, Klaus: Patronatserklärungen im deutschen und französischen Recht, Mainz 1982.
Rümker, Dietrich: Probleme der Anstaltslast und Gewährträgerhaftung bei öffentlichrechtlichen Kreditinstituten, in: Festschrift für Stiefel 1987, S. 607.
— Probleme der Patronatserklärung in der Kreditsicherungspraxis, in: WM 1974, 990.
Schaffland, Hans -Jürgen: Patronatserklärung eine Untersuchung des Sicherheitscharakters und ihre Auswirkung auf die Rechnungslegung, in: BB 1977, 1021.
Scharpf, Paul / Sohler, Armin: Leitfaden zum Jahresabschluß nach dem Bankbilanzrichtlinie-Gesetz, Düsseldorf 1992.
Scheffer, Urban: Schweigen auf ein Angebot als stillschweigende Annahme?, in: NJW 1995, 3166.
Schmid- Burgk, Klaus: Bankenaufsicht und Auslandstöchter, Frankfurt am Main 1989.
Schmidt, Karsten: Handelsrecht, 4. Auflage Köln 1994.
Schneider, Uwe H: Bankenaufsicht im Konzern, in: WM 1978, 1250.
— Konzernleitung als Rechtsproblem, in: BB 1981, 249.
— Patronatserklärungen an die Allgemeinheit, in: ZIP 1989, 619
Scholz, Franz: GmbHG – Gesetz, 8. Auflage Köln 1993.

Scholz, Helmut / Lwowski, Hans – Jürgen: Das Recht der Kreditsicherung, 7. Auflage Hamburg 1994.
Schopfer, Georg: Probleme des Auslobungsrechts, Tübingen 1926.
Schraepler, Hans – Joachim : Patronatserklärungen als Sicherheit, in: ZKW 1975, 215.
Schröder, Jan: Die harte Patronatserklärung verschleierte Bürgschaft, Garantie oder eigenständiger Kreditsicherungstyp?, in: ZGR 1982, 552.
Schüler, Kurt: Welche Handlungen können Gegenstand einer Auslobung bilden ?, Göttingen 1919.
Schulte – Mattler, Hermann: Neuregelung des Grundsatz I gem. § 10, 10a KWG, in: WM 1990, 2061.
— Preisrisiken im Mittelpunkt der sechsten KWG-Novelle, in: WM 1994, 1412.
Schultz, Wolfgang: Annahme im Sinne des § 151 BGB und Annahme durch Schweigen, in: MDR 1995,1187.
Seiler, Ilke: Die Patronatserklärung im internationalen Wirtschaftsverkehr, Münster 1981.
Serick, Rolf: Durchgriffsprobleme bei Vertragsstörungen, Karlsruhe 1959.
Siebel, Ulf: Eigenkapital und Quasi- Eigenkapital von Kreditinstituten, Frankfurt am Main 1980.
Söllner, Alfred: Einseitige Leistungsbestimmungen im Arbeitsverhältnis, Wiesbaden 1966.
Soergel, Hans Th.: Kommentar zum Bürgerliches Gesetzbuch, 12. Auflage Stuttgart 1987 ff.(zit.: Soergel/ *Bearbeiter*)
Sohm, Rudolf : Über den Vertragsschluß unter Abwesenden und dem Vertragsschluß mit einer persona incerta, in: ZHR 17 (1873), 16.
Staub, Hermann: Handelsgesetzbuch Großkommentar, 4. Auflage Berlin 1995.
v. Staudinger, Julius: Kommentar zum Bürgerlichen Gesetzbuch, 13. Auflage Berlin 1995.(zit.: Staudinger/ *Bearbeiter*)
Stecher, Reiner: "Harte" Patronatserklärungen rechtsdogmatische und praktische Probleme, Köln 1979. (zit.: "Harte" Patronatserklärung)
Stoll, Hans: Vertrauensschutz bei einseitigen Leistungsversprechen, in: Festschrift für Werner Flume, Köln 1978.
Szagunn, Volkhard / Haug, Ulrich / Ergenzinger, Wilhelm: Gesetz über das Kreditwesen, 6. Auflage, Stuttgart 1997.
v. Thur, Andreas: Der Allgemeine Teil des Deutschen Bürgerlichen Rechts, 2. Band, 1. Hälfte, Berlin 1968.
Ulmer,Peter / Brandner, Hans Erich / Hensen, Horst- Diether / Schmidt, Harry: Kommentar zum AGB- Gesetz, 7. Auflage Köln 1993. (zit.: Ulmer/ Brandner/ Jensen, AGBG)
Unger, Josef: Das Versprechen als Verpflichtungsgrund im heutigen Recht, Zeitschrift für das Privat und öffentliche Recht der Gegenwart JG 1/ 1874.
Vollmer, Lothar: Haftungsrisiken aus konzerninternen Patronatserklärungen mit Managmentklauseln, in: ZBB 1993, 89.
Wagner, Klaus: Die internationale Tätigkeit der Banken als aufsichtsrechtliches Problem, 1. Auflage Baden – Baden 1982. (zit.: Die internationale Tätigkeit der Banken)
Welcker, Johannes: Neuordnung der Bankaufsicht, Frankfurt am. Main. 1978.
Werner, Winfried: Schwerpunkte der Novellierung des Kreditwesengestzes, in: ZHR 149 (1985) 236.

v. Westphalen, Graf: Rechtsprobleme der Exportfinanzierung, 3. Auflage, Heidelberg 1987.

Willoweit, Dietmar: Die Rechtsprechung zum Gefälligkeitshandeln, in: JuS 1986, 96.

— Schuldverhältnisse und Gefälligkeit – Dogmatische Grundlagen, in: JuS 1984, 909.

Wirtschaftsprüfer Handbuch, Handbuch für Rechnungslegung und Beratung, herausgegeben vom Institut der Wirtschaftsprüfer in Deutschland e. V. ,Band I ,11. Auflage, Düsseldorf 1996, Band II, 10 Auflage, Düsseldorf 1992. (zit.: *Bearbeiter* in WP-Handbuch)

Wolf, Ernst: Allgemeiner Teil des BGB, 3. Auflage Köln 1982.

Zeitler, Isabella: Internationales Bankgeschäft als Problem der Bankenaufsicht, München 1984.

Zielonka, Klaus: Einseitig verpflichtende Gesamtzusagen im Arbeitsrecht?, Köln 1967.

Zöllner, Wolfgang: Anmerkungen zum Urteil des BAG vom 12. März 1963 in: Arbeitsrechtliche Praxis Nr. 90 zu § 242 BGB Ruhegehalt.

Anhang

(54) Patronatserklärung

Die Deutsche Bank AG trägt für die folgenden Kreditinstitute und ihr nahestehenden Gesellschaften, abgesehen vom Fall des politischen Risikos, dafür Sorge, daß sie ihre vertraglichen Verbindlichkeiten erfüllen können:

ALD AutoLeasing D GmbH, Hamburg
DB Fund Management Ltd., Singapur
DB Investment Management S.A., Luxemburg
DB Investments (GB) Ltd., London
DB Leasing s.r.o., Prag
Deutsche Asset Management GmbH, Frankfurt am Main
Deutsche Australia Ltd., Melbourne (früher: DB Australia Ltd.)
Deutsche Bank Argentina S.A., Buenos Aires
Deutsche Bank Bauspar-Aktiengesellschaft, Frankfurt am Main
Deutsche Bank Canada, Toronto
Deutsche Bank (C.I.) Ltd., Guernsey
Deutsche Bank de Bary N.V., Amsterdam
Deutsche Bank de Investimento, S.A., Lissabon
Deutsche Bank Finance N.V., Curaçao
Deutsche Bank Financial Inc., Dover/USA
Deutsche Bank France S.N.C., Paris
Deutsche Bank Gilts Ltd., London
Deutsche Bank Lübeck Aktiengesellschaft vormals Handelsbank, Lübeck
Deutsche Bank Luxembourg S.A., Luxemburg
Deutsche Bank (Malaysia) Bhd., Kuala Lumpur
Deutsche Bank North America Holding Corp., Dover/USA
Deutsche Bank Polska S.A., Warschau
Deutsche Bank Rt., Budapest
Deutsche Bank S.A. – Banco Alemão, São Paulo
Deutsche Bank Saar AG, Saarbrücken
Deutsche Bank, Sociedad Anónima Española, Barcelona
Deutsche Bank Società per Azioni, Mailand
Deutsche Bank (Suisse) S.A., Genf
Deutsche Finance (Netherlands) B.V., Amsterdam
Deutsche Gesellschaft für Fondsverwaltung mbH, Frankfurt am Main
Deutsche Grundbesitz-Investmentgesellschaft mbH, Frankfurt am Main
Deutsche Immobilien Anlagegesellschaft mbH, Frankfurt am Main
Deutsche Morgan Grenfell Capital Markets Ltd., Hongkong (früher: Deutsche Bank Capital Markets (Asia) Ltd.)
Deutsche Morgan Grenfell Futures Ltd., London (früher: DBMG Futures & Options Ltd.)
Deutsche Morgan Grenfell Group plc, London (früher: Morgan Grenfell Group plc.)
Deutsche Morgan Grenfell Holdings Australia Ltd., Sydney (früher: Bain & Company Ltd.)
Deutsche Morgan Grenfell SdB S.N.C., Paris
Deutsche Morgan Grenfell (Singapore) Ltd., Singapur (früher: Deutsche Bank (Asia Pacific) Ltd.)
Deutsche Morgan Grenfell Trust Bank Ltd., Tokio
Deutsche Sharps Pixley Metals Ltd., London
Deutsche Vermögensbildungsgesellschaft mbH, Bad Homburg v d
DWS Deutsche Gesellschaft für Wertpapiersparen mbH, Frankfurt am Main
Europäische Hypothekenbank S.A., Luxemburg
Finanza & Futuro S.p.A., Mailand
Frankfurter Hypothekenbank Centralboden Aktiengesellschaft, Frankfurt am Main
Grunelius KG Privatbankiers, Frankfurt am Main
Lübecker Hypothekenbank Aktiengesellschaft, Lübeck
Schiffshypothekenbank zu Lübeck Aktiengesellschaft, Hamburg
Süddeutsche Bank GmbH, Frankfurt am Main
Versicherungsholding der Deutschen Bank Aktiengesellschaft, Berlin und Bonn
Vertriebsgesellschaft mbH der Deutschen Bank für Privatkunden, Frankfurt am Main

Gesellschaften, mit denen ein Ergebnisabführungsvertrag besteht, sind Verzeichnis des Anteilsbesitzes gekennzeichnet.

Passivseite in Mio DM			31. 12. 1996	31. 12. 1995
Verbindlichkeiten gegenüber Kreditinstituten				
a) täglich fällig		57 403		48 625
b) mit vereinbarter Laufzeit oder Kündigungsfrist		165 990		133 844
			223 393	182 469
darunter:				
durch Wertpapiere unterlegte Geldgeschäfte (Repos)	40 269			(18 412)
Verbindlichkeiten gegenüber Kunden				
a) Spareinlagen				
aa) mit vereinbarter Kündigungsfrist von drei Monaten	19 160			14 243
ab) mit vereinbarter Kündigungsfrist von mehr als drei Monaten	21 398			26 116
		40 558		40 359
b) andere Verbindlichkeiten				
ba) täglich fällig	86 208			64 429
bb) mit vereinbarter Laufzeit oder Kündigungsfrist	160 894			107 941
		247 102		172 370
			287 660	212 729
darunter:				
durch Wertpapiere unterlegte Geldgeschäfte (Repos)	33 755			(10 831)
Verbriefte Verbindlichkeiten				
a) begebene Schuldverschreibungen		7 320		5 950
b) andere verbriefte Verbindlichkeiten		34 509		29 048
			41 829	34 998
darunter:				
Geldmarktpapiere	29 534			(24 795)
eigene Akzepte und Solawechsel im Umlauf	296			(47)
Treuhandverbindlichkeiten			511	411
darunter: Treuhandkredite	451			(321)
Sonstige Verbindlichkeiten			1 544	1 639
Rechnungsabgrenzungsposten			1 874	1 628
Rückstellungen				
a) Rückstellungen für Pensionen und ähnliche Verpflichtungen		3 902		3 672
b) Steuerrückstellungen		2 404		1 858
c) andere Rückstellungen		5 003		4 281
			11 309	9 811
Sonderposten mit Rücklageanteil			352	273
Nachrangige Verbindlichkeiten			6 347	4 248
Genußrechtskapital			2 700	2 700
Fonds für allgemeine Bankrisiken			1 000	1 000
Eigenkapital				
a) gezeichnetes Kapital		2 501		2 492
bedingtes Kapital Mio DM 388 (31. 12. 1995: Mio DM 475)				
b) Kapitalrücklage		12 201		12 088
c) Gewinnrücklagen				
ca) gesetzliche Rücklage	25			25
cb) andere Gewinnrücklagen	8 075			7 275
		8 100		7 300
d) Bilanzgewinn		900		897
			23 702	22 777
Summe der Passiva			**602 221**	474 683
Eventualverbindlichkeiten				
a) Eventualverbindlichkeiten aus weitergegebenen abgerechneten Wechseln		3 607		3 660
b) Verbindlichkeiten aus Bürgschaften und Gewährleistungsverträgen		49 132		43 937
(im übrigen siehe Seiten 21 und 23)			52 739	47 597
Andere Verpflichtungen				
a) Rücknahmeverpflichtungen aus unechten Pensionsgeschäften		2		–
b) Plazierungs- und Übernahmeverpflichtungen		195		383
c) Unwiderrufliche Kreditzusagen		66 409		68 410
			66 606	68 793

Die Deutsche Bank AG trägt für die folgenden Kreditinstitute und ihr nahestehenden Gesellschaften, abgesehen vom Fall des politischen Risikos, dafür Sorge, daß sie ihre vertraglichen Verbindlichkeiten erfüllen können:

ALD AutoLeasing D GmbH, Hamburg
DB Fund Management Ltd., Singapur
DB Investment Management S.A., Luxemburg
DB Investments (GB) Ltd., London
DB Leasing s.r.o., Prag
Deutsche Asset Management GmbH, Frankfurt am Main
Deutsche Australia Ltd., Melbourne (früher: DB Australia Ltd.)
Deutsche Bank Argentina S.A., Buenos Aires
Deutsche Bank Bauspar-Aktiengesellschaft, Frankfurt am Main
Deutsche Bank Canada, Toronto
Deutsche Bank (C.I.) Ltd., Guernsey
Deutsche Bank de Bary N.V., Amsterdam
Deutsche Bank de Investimento, S.A., Lissabon
Deutsche Bank Finance N.V., Curaçao
Deutsche Bank Financial Inc., Dover/USA
Deutsche Bank France S.N.C., Paris
Deutsche Bank Gilts Ltd., London
Deutsche Bank Lübeck Aktiengesellschaft vormals Handelsbank, Lübeck
Deutsche Bank Luxembourg S.A., Luxemburg
Deutsche Bank (Malaysia) Bhd., Kuala Lumpur
Deutsche Bank North America Holding Corp., Dover/USA
Deutsche Bank Polska S.A., Warschau
Deutsche Bank Rt., Budapest
Deutsche Bank S.A. – Banco Alemão, São Paulo
Deutsche Bank Saar AG, Saarbrücken
Deutsche Bank, Sociedad Anónima Española, Barcelona
Deutsche Bank Società per Azioni, Mailand
Deutsche Bank (Suisse) S.A., Genf
Deutsche Finance (Netherlands) B.V., Amsterdam
Deutsche Gesellschaft für Fondsverwaltung mbH, Frankfurt am Main
Deutsche Grundbesitz-Investmentgesellschaft mbH, Frankfurt am Main
Deutsche Immobilien Anlagegesellschaft mbH, Frankfurt am Main
Deutsche Morgan Grenfell Capital Markets Ltd., Hongkong (früher: Deutsche Bank Capital Markets (Asia) Ltd.)
Deutsche Morgan Grenfell Futures Ltd., London (früher: DBMG Futures & Options Ltd.)
Deutsche Morgan Grenfell Group plc, London (früher: Morgan Grenfell Group plc.)
Deutsche Morgan Grenfell Holdings Australia Ltd., Sydney (früher: Bain & Company Ltd.)
Deutsche Morgan Grenfell SdB S.N.C., Paris
Deutsche Morgan Grenfell (Singapore) Ltd., Singapur (früher: Deutsche Bank (Asia Pacific) Ltd.)
Deutsche Morgan Grenfell Trust Bank Ltd., Tokio
Deutsche Sharps Pixley Metals Ltd., London
Deutsche Vermögensbildungsgesellschaft mbH, Bad Homburg v.d.H.
DWS Deutsche Gesellschaft für Wertpapiersparen mbH, Frankfurt am Main
Europäische Hypothekenbank S.A., Luxemburg
Finanza & Futuro S.p.A., Mailand
Frankfurter Hypothekenbank Centralboden Aktiengesellschaft, Frankfurt am Main
Grunelius KG Privatbankiers, Frankfurt am Main
Lübecker Hypothekenbank Aktiengesellschaft, Lübeck
Schiffshypothekenbank zu Lübeck Aktiengesellschaft, Hamburg
Süddeutsche Bank GmbH, Frankfurt am Main
Versicherungsholding der Deutschen Bank Aktiengesellschaft, Berlin und Bonn
Vertriebsgesellschaft mbH der Deutschen Bank für Privatkunden, Frankfurt am Main

Gesellschaften, mit denen ein Ergebnisabführungsvertrag besteht, sind im Verzeichnis des Anteilsbesitzes gekennzeichnet.

Passivseite (Mio DM)					31.12.1995
Verbindlichkeiten gegenüber Kreditinstituten					
a) täglich fällig			34 977		25 045
b) mit vereinbarter Laufzeit oder Kündigungsfrist			112 299		96 575
				147 276	121 620
darunter: begebene Hypotheken-Namenspfandbriefe	2 054				(1 856)
begebene öffentliche Namenspfandbriefe	2 052				(1 480)
Verbindlichkeiten gegenüber Kunden					
a) Spareinlagen und Einlagen aus dem Bauspargeschäft					
aa) Spareinlagen mit vereinbarter Kündigungsfrist von drei Monaten		29 198			29 555
ab) Spareinlagen mit vereinbarter Kündigungsfrist von mehr als drei Monaten		2 320			2 908
ac) Bauspareinlagen		2 109			1 679
			33 627		34 142
b) begebene Hypotheken-Namenspfandbriefe			13 064		13 203
c) begebene öffentliche Namenspfandbriefe			15 515		13 587
d) andere Verbindlichkeiten					
da) täglich fällig		72 194			51 855
db) mit vereinbarter Laufzeit oder Kündigungsfrist		103 311			100 151
			175 505		152 006
				237 711	212 938
Verbriefte Verbindlichkeiten					
a) begebene Schuldverschreibungen					
aa) Hypothekenpfandbriefe		19 776			19 604
ab) öffentliche Pfandbriefe		50 803			40 103
ac) sonstige Schuldverschreibungen		36 401			28 232
			106 980		87 939
b) andere verbriefte Verbindlichkeiten			20 261		19 683
				127 241	107 622
darunter: Geldmarktpapiere	16 600				(17 456)
eigene Akzepte und Solawechsel im Umlauf	1 935				(1 993)
Treuhandverbindlichkeiten				**8 268**	7 257
darunter: Treuhandkredite	7 063				(6 655)
Sonstige Verbindlichkeiten				**4 477**	3 261
Rechnungsabgrenzungsposten					
a) aus dem Emissions- und Darlehensgeschäft			1 378		1 208
b) andere			1 328		1 116
				2 706	2 324
Rückstellungen					
a) Rückstellungen für Pensionen und ähnliche Verpflichtungen			2 483		2 361
b) Steuerrückstellungen			1 273		1 127
c) andere Rückstellungen			3 007		2 785
				6 763	6 273
Sonderposten mit Rücklageanteil				**257**	257
Nachrangige Verbindlichkeiten				**8 380**	7 450
Genußrechtskapital				**2 262**	1 086
darunter: vor Ablauf von zwei Jahren fällig	-				(-)
Fonds für allgemeine Bankrisiken				**600**	600
Eigenkapital					
a) gezeichnetes Kapital			2 337		2 226
bedingtes Kapital	635				(747)
b) Kapitalrücklage			7 758		7 075
c) Gewinnrücklagen					
ca) gesetzliche Rücklage		6			6
cb) Rücklage für eigene Anteile		117			-
cc) andere Gewinnrücklagen		3 851			3 484
			3 974		3 490
nach Verrechnung von Geschäfts- oder Firmenwerten aus der Erstkonsolidierung in Höhe von	434				(1 146)
d) Ausgleichsposten für Anteile anderer Gesellschafter			429		402
e) Bilanzgewinn der Dresdner Bank AG			724		601
				15 222	13 794
Summe der Passiva				**561 163**	484 482
Eventualverbindlichkeiten					
a) Eventualverbindlichkeiten aus weitergegebenen abgerechneten Wechseln			4 596		3 805
b) Verbindlichkeiten aus Bürgschaften und Gewährleistungsverträgen (im übrigen siehe Seite 88 des Anhangs)			35 447		26 103
c) Haftung aus der Bestellung von Sicherheiten für fremde Verbindlichkeiten			-		13
				40 043	29 921
Andere Verpflichtungen					
a) Rücknahmeverpflichtungen aus unechten Pensionsgeschäften			3		6
b) Plazierungs- und Übernahmeverpflichtungen			90		104
c) Unwiderrufliche Kreditzusagen			76 526		68 366
				76 619	68 476

III. Sonstige Angaben

Sonstige finanzielle Verpflichtungen

Mio DM	1996	1995
Verpflichtungen aus Miet-, Pacht-, Leasingverträgen	3 290	2 855
Verpflichtungen aus begonnenen Investitionsvorhaben	466	730
Einzahlungsverpflichtungen und Mithaftungen	582	499
Sonstiges	361	556
insgesamt	4 699	4 640

Die mit dem Nominalwert angesetzten Verpflichtungen enthalten auch über das Jahr 2000 hinausgehende Fälligkeiten, hauptsächlich bedingt durch langfristige Mietverträge. Einzahlungsverpflichtungen für Aktien, Anleihen und sonstige Anteile beliefen sich auf 423 Mio DM (1995: 321 Mio DM), Mithaftungen gemäß § 24 GmbH-Gesetz betrugen 46 Mio DM (1995: 64 Mio DM). Aus unserer Beteiligung an der Liquiditäts-Konsortialbank GmbH, Frankfurt am Main, bestanden im Konzern Nachschußverpflichtungen gemäß § 26 GmbH-Gesetz in Höhe von 113 Mio DM (1995: 114 Mio DM) sowie Mithaftungen gemäß § 5 Abs. 4 des Gesellschaftsvertrages.

Soweit Mithaftungen bestehen, ist die Bonität der Mitgesellschafter in allen Fällen zweifelsfrei.

Bei einer Beteiligung besteht aufgrund der Rechtsform der Gesellschaft unbeschränkte Haftung. Auch in diesem Fall ist die Bonität unserer Mitgesellschafter zweifelsfrei.

Gemäß § 5 Abs. 10 des Statuts für den Einlagensicherungsfonds haben wir uns verpflichtet, den Bundesverband deutscher Banken e.V. von etwaigen Verlusten freizustellen, die durch Maßnahmen zugunsten von in unserem Mehrheitsbesitz stehenden Kreditinstituten anfallen.

Bei Tochterunternehmen im Sinne von § 290 Abs. 1 und 2 HGB, die das Bankgeschäft betreiben oder das Bankgeschäft ergänzende Funktionen wahrnehmen, trägt die Dresdner Bank AG, von politischen Risiken abgesehen, im Rahmen ihrer Anteilsquote dafür Sorge, daß diese Gesellschaften ihre Verpflichtungen erfüllen können.

Entwicklung des Anlagevermögens (Konzern)

in Mio DM

	Beteiligungen	Anteile an assoziierten Unternehmen	Anteile an verbundenen Unternehmen	immaterielle Anlagewerte	Sachanlagen insgesamt	darunter eigengenutzte Grundstücke und Bauten	darunter Betriebs- und Geschäfts-ausstattung
1 *Anschaffungskosten*	2 018	656	22	16	4 025	–	–
2 Zugänge Geschäftsjahr	397	282	11	8	773	–	–
3 Abgänge Geschäftsjahr	127	10	–	–	126	–	–
4 *Zuschreibungen Geschäftsjahr*	–	–	–	–	–	–	–
5 Abschreibungen insgesamt	136	12	–	11	1 520	–	–
6 Restbuchwert 31.12.1996	2 152	916	33	13	3 152	1 180	1 867
7 *Restbuchwert 31.12.1995*	1 954	656	22	8	2 908	1 000	1 762
8 Abschreibungen Geschäftsjahr	64	–	–	2	467	–	–
9 Abschreibungen Vorjahr	55	–	–	2	500	–	–

Entwicklung des Anlagevermögens (AG)

in Mio DM

	Beteiligungen	Anteile an verbundenen Unternehmen	Sachanlagen insgesamt	darunter eigengenutzte Grundstücke und Bauten	darunter Betriebs- und Geschäfts-ausstattung
1 Anschaffungskosten	1 681	3 852	2 561	–	–
2 Zugänge Geschäftsjahr	567	227	471	–	–
3 Abgänge Geschäftsjahr	104	69	54	–	–
4 Zuschreibungen Geschäftsjahr	3	2	–	–	–
5 Abschreibungen insgesamt	132	–	1 146	–	–
6 Restbuchwert 31.12.1996	2 015	4 012	1 832	71	1 702
7 Restbuchwert 31.12.1995	1 623	3 852	1 736	73	1 605
8 Abschreibungen Geschäftsjahr	94	–	372	–	–
9 Abschreibungen Vorjahr	51	–	337	–	–

Für die in den Konzernabschluß unserer Bank einbezogenen Tochtergesellschaften tragen wir, abgesehen von politischen Risiken, dafür Sorge, daß diese ihre vertraglichen Verbindlichkeiten erfüllen können.

13.06. Besprechung bemerkenswerter Einzelengagements im Prüfungsbericht

Schreiben des Bundesaufsichtsamts für das Kreditwesen vom 11. Februar 1966 (Gesch.-Nr. III 00–05–2)

Die Pflicht zur Besprechung bemerkenswerter Einzelengagements in den Prüfungsberichten zu den Jahresabschlüssen der Kreditinstitute ist nicht davon abhängig, ob eine Anzeigepflicht besteht. Insbesondere gelten die 15 v. H. des haftenden Eigenkapitals übersteigenden Kredite grundsätzlich auch insoweit als bemerkenswert, als sie gegen Übernahme der vollen Gewährleistung durch eine inländische Körperschaft oder Anstalt des öffentlichen Rechts gewährt wurden und auf Grund von § 3 der Dritten Befreiungsverordnung[1] von der Anzeigepflicht freigestellt sind.

13.07. Patronatserklärungen

a) Schreiben des Bundesaufsichtsamtes für das Kreditwesen vom 16. Dezember 1974 an die Spitzenverbände der Kreditinstitute (I 4–3)

Seit einiger Zeit haben im Kreditgewerbe sowohl die Entgegennahme als auch die Abgabe von Patronatserklärungen aus den unterschiedlichsten geschäftlichen Anlässen erheblich an Bedeutung zugenommen. Es handelt sich hierbei um Erklärungen, deren rechtliche Bewertung von Mitteilungen mit „good will"-Charakter bis zur Verpflichtung mit bürgschafts- oder garantieähnlichem Inhalt reicht.

Von der Beurteilung des Inhalts, der Rechtsverbindlichkeit und des Sicherungswertes hängt es auch ab, ob und wie derartige Erklärungen bei der Bilanzierung der Kreditinstitute zu berücksichtigen sind. Wegen der damit verbundenen weitreichenden Folgen halte ich eine sorgfältige Prüfung jedes Einzelfalles für unerläßlich. Dies hat insbesondere dadurch zu geschehen, daß dem Abschlußprüfer alle von dem geprüften Kreditinstitut hereingenommenen oder abgegebenen Patronatserklärungen vorzulegen sind. Der Abschlußprüfer hat den Inhalt der Patronatserklärungen unter den oben dargelegten Gesichtspunkten genau zu prüfen und sich hierüber im Prüfungsbericht zu äußern.

b) Ergänzendes Schreiben des Bundesaufsichtsamtes für das Kreditwesen an den Deutschen Sparkassen- und Giroverband vom 6. August 1979 (I 4–3)

Ihrem Vorschlag, auf die vollständige Vorlage der hereingenommenen Patronatserklärungen bei der Jahresabschlußprüfung zu verzichten, wenn sichergestellt ist, daß Erklärungen von Bedeutung im Rahmen der Prüfung der Kreditengagements erfaßt werden, vermag ich mich nicht anzuschließen.

[1] Teilweise ersetzt durch § 20 Abs. 2 Nr. 4.

§ 26
Eventualverbindlichkeiten
(Nr. 1 unter dem Strich)

(1) [1]Im Unterposten Buchstabe a »Eventualverbindlichkeiten aus weitergegebenen abgerechneten Wechseln« sind nur Indossamentsverbindlichkeiten und andere wechselrechtliche Eventualverbindlichkeiten aus abgerechneten und weiterverkauften Wechseln (einschließlich eigenen Ziehungen) bis zu ihrem Verfalltag zu vermerken. [2]Verbindlichkeiten aus umlaufenden eigenen Akzepten, Eventualverbindlichkeiten aus Schatzwechseln und aus lombardierten, in Pension gegebenen oder im Offenmarktgeschäft mit Rücknahmeverpflichtung an die Deutsche Bundesbank verkauften Wechseln sind nicht einzubeziehen.

(2) [1]Im Unterposten Buchstabe b »Verbindlichkeiten aus Bürgschaften und Gewährleistungsverträgen« sind auch Ausbietungs- und andere Garantieverpflichtungen, verpflichtende Patronatserklärungen, unwiderrufliche Kreditbriefe einschließlich der dazugehörigen Nebenkosten zu vermerken, ferner Akkreditiveröffnungen und -bestätigungen. [2]Die Verbindlichkeiten sind in voller Höhe zu vermerken, soweit für sie keine zweckgebundenen Deckungsguthaben unter dem Posten »Verbindlichkeiten gegenüber Kreditinstituten« (Passivposten Nr. 1) oder dem Posten »andere Verbindlichkeiten gegenüber Kunden« (Passivposten Nr. 2 Buchstabe b) ausgewiesen sind.

(3) [1]Im Unterposten Buchstabe c »Haftung aus der Bestellung von Sicherheiten für fremde Verbindlichkeiten« sind die Beträge mit dem Buchwert der bestellten Sicherheiten zu vermerken. [2]Hierzu gehören Sicherungsabtretungen, Sicherungsübereignungen und Kautionen für fremde Verbindlichkeiten sowie Haftungen aus der Bestellung von Pfandrechten an beweglichen Sachen und Rechten wie auch aus Grundpfandrechten für fremde Verbindlichkeiten. [3]Besteht außerdem eine Verbindlichkeit aus einer Bürgschaft oder aus einem Gewährleistungsvertrag, so ist nur diese zu vermerken, und zwar im Unterposten Buchstabe b »Verbindlichkeiten aus Bürgschaften und Gewährleistungsverträgen«.

Verordnung über die Bemessung der Kredit- und Anrechnungsbeträge nach den §§ 13 bis 14 des Gesetzes über das Kreditwesen (Kreditbestimmungsverordnung – KredBestV)

Vom 1. Februar 1996

Auf Grund des § 22 des Gesetzes über das Kreditwesen in der Fassung der Bekanntmachung vom 22. Januar 1996 (BGBl. I S. 64) in Verbindung mit § 1 der Verordnung zur Übertragung der Befugnis zum Erlaß von Rechtsverordnungen auf das Bundesaufsichtsamt für das Kreditwesen vom 22. Januar 1996 (BGBl. I S. 100) verordnet das Bundesaufsichtsamt für das Kreditwesen im Einvernehmen mit der Deutschen Bundesbank nach Anhörung der Spitzenverbände der Kreditwirtschaft:

Bemessungsgrundlage

(1) Die Bemessungsgrundlage für die Ermittlung der Kreditbeträge nach den §§ 13 bis 14 des Gesetzes über das Kreditwesen (KWG) ist bei

1. den Bilanzaktiva nach § 19 Abs. 1 Satz 2 KWG sowie den anderen außerbilanziellen Geschäften nach § 19 Abs. 1 Satz 3 KWG der Buchwert ohne Berücksichtigung von Risikovorsorgen, abzüglich der Posten wegen der Erfüllung oder der Veräußerung von Forderungen aus Leasingverträgen bis zu den Buchwerten der diesen zugehörigen Leasinggegenstände,
2. Swap-Geschäften sowie den für sie übernommenen Gewährleistungen der effektive Kapitalbetrag oder – in Ermangelung eines solchen – der aktuelle Marktwert des Geschäftsgegenstands,
3. anderen als Festgeschäfte oder Rechte ausgestalteten Termingeschäften sowie den für sie übernommenen Gewährleistungen der unter der Annahme tatsächlicher Erfüllung bestehende, zum aktuellen Marktkurs umgerechnete Anspruch des Kreditinstituts auf Lieferung oder Abnahme des Geschäftsgegenstands.

Für die Berechnung der Auslastung der Großkreditgrenzen und die Auslösung der Anzeigepflicht nach § 13 Abs. 1 Satz 1 und § 64d Abs. 1 Satz 1 KWG ist der Stand der Geschäfte täglich um 24.00 Uhr MEZ/MESZ maßgeblich; auf Antrag eines Kreditinstituts, das international tätig ist, setzt das Bundesaufsichtsamt im Einzelfall einen abweichenden Zeitpunkt fest, der den internationalen Handelsaktivitäten des Kreditinstituts besser Rechnung trägt.

(2) Auf fremde Währung lautende Kredite sind zum aktuellen Devisenkurs in Deutsche Mark umzurechnen. Für die an der Frankfurter Devisenbörse amtlich notierten Währungen sind die Kassamittelkurse, für die anderen Währungen die Mittelkurse aus feststellbaren An- und Verkaufskursen zugrunde zu legen. Statt des aktuellen Kurses darf das Kreditinstitut bei der Umrechnung von Beteiligungen einschließlich Anteilen an verbundenen Unternehmen, die es nicht als Bestandteil seiner Fremdwährungsposition behandelt, den zum Zeitpunkt ihrer Erstverbuchung maßgeblichen Devisenkurs anwenden.

§ 2
Ermittlung des Kreditäquivalenzbetrages

(1) Die Beträge, mit denen Swap-Geschäfte und andere als Festgeschäfte oder Rechte ausgestaltete Termingeschäfte sowie die für sie übernommenen Gewährleistungen als Kredite nach den §§ 13 bis 14 KWG anzurechnen sind (Kreditäquivalenzbeträge), sind entweder nach der Laufzeit- oder nach der Marktbewertungsmethode zu ermitteln. Die Wahl darf für genau bestimmte und eindeutig abgegrenzte Teilbereiche unterschiedlich ausfallen. Die Festlegung von Teilbereichen kann nach verschiedenen Finanzprodukten oder nach unterschiedlichen organisatorisch festgelegten Bereichen des Kreditinstituts erfolgen. Das Kreditinstitut darf jederzeit von der Laufzeit- zur Marktbewertungsmethode übergehen.

(2) Bei Anwendung der Laufzeitmethode sind die in Absatz 1 Satz 1 genannten Kredite mit laufzeitbezogenen Vomhundertsätzen der für sie nach § 1 Abs. 1 Satz 1 Nr. 2 oder 3 maßgeblichen Bemessungsgrundlage anzurechnen. Die laufzeitbezogenen Vomhundertsätze betragen,

1. sofern der Eindeckungsaufwand ausschließlich auf der Änderung von Zinssätzen beruht, bei einer Restlaufzeit von bis zu einem Jahr 0,5 vom Hundert, von mehr als einem Jahr 1,0 vom Hundert für jedes volle und nicht vollendete Jahr, abzüglich 1,0 vom Hundert,
2. sofern der Eindeckungsaufwand ausschließlich oder teilweise auf der Änderung von Wechselkursen oder sonstigen Preisen beruht, bei einer Ursprungslaufzeit von bis zu einem Jahr 2,0 vom Hundert, von mehr als einem Jahr 3,0 vom Hundert für jedes volle und nicht vollendete Jahr, abzüglich 1,0 vom Hundert.

(3) Bei Anwendung der Marktbewertungsmethode sind die in Absatz 1 Satz 1 genannten Kredite mit dem potentiellen Eindeckungsaufwand anzurechnen, soweit dieser nach der täglich vorzunehmenden Bewertung bei einem Ausfall des Vertragspartners entstehen würde, vermehrt um den in Satz 3 festgelegten Zuschlag für die in Zukunft mögliche Risikoerhöhung; der Zuschlag entfällt bei währungsgleichen Zinsswaps ohne Festzinsteil. Der Betrag des potentiellen Eindeckungsaufwandes wird durch die Höhe des zusätzlichen Aufwandes oder des geringeren Erlöses bestimmt, der sich bei Begründung einer gleichwertigen Position ergeben würde. Der Zuschlag nach Satz 1 beträgt als Vomhundertsatz der Bemessungsgrundlage nach § 1 Abs. 1 Satz 1 Nr. 2 oder Nr. 3,

1. sofern der Eindeckungsaufwand ausschließlich auf der Änderung von Zinssätzen beruht, bei einer Restlaufzeit von mehr als einem Jahr 0,5 vom Hundert,
2. sofern der Eindeckungsaufwand ausschließlich oder teilweise auf der Änderung von Wechselkursen oder sonstigen Preisen beruht, bei einer Restlaufzeit von bis zu einem Jahr 1,0 vom Hundert, von mehr als einem Jahr 5,0 vom Hundert.

(4) Bei währungsgleichen Zinsswaps ohne Festzinsteil gilt die bis zum nächstfolgenden Zinsanpassungstermin des Zinsswaps verbleibende Zeitspanne als maßgebliche Laufzeit. Bei Termingeschäften auf variabel verzinsliche Wertpapiere ist die bis zum nächstfolgenden Zinsanpassungstermin des Termingeschäftsgegenstandes verbleibende Zeitspanne als maßgebliche Laufzeit anzusehen. Bei anderen Termingeschäften und Optionsrechten mit effektiven oder synthetischen Geschäftsgegenständen, die selbst eine bestimmte Laufzeit aufweisen, namentlich bei Zinsterminkontrakten (Zins-Futures), Zinsausgleichsvereinbarungen, Termingeschäften auf festverzinsliche Wertpapiere, Zinsoptionen, Terminvereinbarungen und Optionen auf Zinsswaps sowie Optionen auf den Abschluß von Zinsbegrenzungsvereinbarungen ist auf die Laufzeit des Geschäftsgegenstands abzustellen. Bei den anderen Finanzinstrumenten, namentlich bei Zinsswaps mit Festzinsteil, Währungsswaps, Zins-/Währungsswaps, anteilspreis- und rohwarenpreisbezogenen Swaps sowie bei Terminvereinbarungen und Optionen auf solche Swaps, ferner bei Devisentermingeschäften, Edelmetalltermingeschäften, Aktientermingeschäften und nicht zinsbezogenen Indextermingeschäften, Warentermingeschäften sowie Optionen auf diese Gegenstände und bei Rechten aus Zinsbegrenzungsvereinbarungen ist die Laufzeit des Vertrages maßgeblich.

§ 3
Anrechnungssätze für die Großkreditobergrenzen nach § 13 Abs. 4 KWG

(1) Auf die Obergrenze für den einzelnen Großkredit und auf die Obergrenze für die Gesamtheit der Großkredite nach § 13 Abs. 4 Satz 1 KWG (Großkreditobergrenzen) sind nicht anzurechnen:

1. ungesicherte Forderungen an Kreditinstitute, die Einlagen oder andere rückzahlbare Gelder des Publikums entgegennehmen und das Kreditgeschäft betreiben (Einlagenkreditinstitute), mit Sitz in der Zone B aus bei diesen unterhaltenen, nur der Geldanlage dienenden Guthaben, die spätestens in drei Monaten fällig sind,
2. Forderungssalden auf Interbankverrechnungskonten mit Einlagenkreditinstituten mit Sitz in der Zone B,
3. Überbrückungskredite im internationalen Zahlungsverkehr an Einlagenkreditinstitute mit Sitz in der Zone B zur finanziellen Abwicklung von Waren- und Dienstleistungsgeschäften für die Zeit von der Ausführung einer Zahlung bis spätestens zum Eintreffen der Deckung auf dem üblichen Postweg (Postlaufkredite), wobei die Annahme eines Postlaufkredits ausscheidet, falls zwischen der Ausführung der Zahlung und dem Eintreffen der Deckung mehr als vierzehn Kalendertage liegen,
4. Swap-Geschäfte und andere als Festgeschäfte oder Rechte ausgestaltete Termingeschäfte mit einer Ursprungslaufzeit von weniger als fünfzehn Kalendertagen, bei denen der Eindeckungsaufwand ausschließlich oder teilweise auf der Änderung von Wechselkursen beruht, sowie die für solche Verträge übernommenen Gewährleistungen,
5. andere als Festgeschäfte oder Rechte ausgestaltete Termingeschäfte, die täglichen Einschußverpflichtungen unterworfen sind (Margin-System) und deren Erfüllung von einer Wertpapier- oder Terminbörse geschuldet oder gewährleistet wird, sowie die für derartige Geschäfte übernommenen Gewährleistungen,
6. Anteile an Tochterunternehmen, die als Kreditinstitute, Finanzinstitute oder Unternehmen mit bankbezogenen Hilfsdiensten pflichtweise in die Beaufsichtigung des Kreditinstituts als übergeordnetes Kreditinstitut auf konsolidierter Basis nach § 10a und § 13a KWG einbezogen werden.

(2) Mit 20 vom Hundert ihrer Bemessungsgrundlage oder ihres nach § 2 ermittelten Kreditäquivalenzbetrags sind auf die Großkreditobergrenzen anzurechnen:

1. Kredite, deren Erfüllung geschuldet oder ausdrücklich gewährleistet wird von einer Regionalregierung oder örtlichen Gebietskörperschaft eines anderen Mitgliedstaats der Europäischen Gemeinschaft oder eines sonstigen Vertragsstaats des Abkommens über den Europäischen Wirtschaftsraum, vorbehaltlich der Regelung in § 20 Abs. 3 Satz 1, Abs. 2 Nr. 1 Buchstabe d KWG,
2. Kredite mit Restlaufzeiten von über einem Jahr bis zu drei Jahren, deren Erfüllung von einem Kreditinstitut mit Sitz im Inland oder einem Einlagenkreditinstitut mit Sitz in einem anderen Land der Zone A geschuldet wird,
3. Kredite an kirchliche Körperschaften des öffentlichen Rechts, die bundesweit verfaßt sind und auf Grund des Artikels 140 des Grundgesetzes und des Artikels 137 Abs. 6 der Weimarer Verfassung Steuern erheben oder am Steueraufkommen der steuererhebenden kirchlichen Körperschaften teilhaben.

(3) Mit 50 vom Hundert ihrer Bemessungsgrundlage oder ihres nach § 2 ermittelten Kreditäquivalenzbetrags sind auf die Großkreditobergrenzen anzurechnen:

1. Kredite in Form von Wertpapieren mit einer Restlaufzeit von mehr als drei Jahren, die an einer Wertpapierbörse zum Handel zugelassen sind und deren Erfüllung von einem Kreditinstitut mit Sitz im Inland oder einem Einlagenkreditinstitut mit Sitz in einem anderen Land der Zone A geschuldet wird, sofern sie nicht Eigenmittel im Sinne der Richtlinie 89/299/EWG des Rates vom 17. April 1989 über die Eigenmittel von Kreditinstituten (ABl. EG Nr. L 124 S. 16) darstellen,
2. die Eröffnung und Bestätigung von Dokumentenakkreditiven, die durch Warenpapiere gesichert sind.

(4) Kredite, deren Erfüllung von der Europäischen Investitionsbank oder einer multilateralen Entwicklungsbank im Sinne des Artikels 2 Abs. 1 Anstrich 7 der Richtlinie 89/647/EWG des Rates vom 18. Dezember 1989 über einen Solvabilitätskoeffizienten für Kreditinstitute (ABl. EG Nr. L 386 S. 14), des Artikels 1 der Richtlinie 91/31/EWG der Kommission vom 19. Dezember 1990 zur technischen Anpassung der Definition der „multilateralen Entwicklungsbanken" in der Richtlinie 89/647/EWG des Rates über einen Solvabilitätskoeffizienten für Kreditinstitute (ABl. EG Nr. L 17 S. 20) oder des Artikels 1 der Richtlinie 94/7/EG der Kommission vom 15. März 1994 zur Anpassung der Richtlinie 89/647/EWG des Rates über einen Solvabilitätskoeffizienten für Kreditinstitute betreffend die technische Definition der „multilateralen Entwicklungsbanken" (ABl. EG Nr. L 89 S. 17) geschuldet wird, sind mit den für die Einlagenkreditinstitute der Zone A geltenden Anrechnungssätzen zu berücksichtigen.

(5) Swap-Geschäfte und andere als Festgeschäfte oder Rechte ausgestaltete Termingeschäfte sowie die für sie übernommenen Gewährleistungen, deren Erfüllung von Wertpapierfirmen im Sinne des Artikels 2 Nr. 2 der Richtlinie 93/6/EWG des Rates vom 15. März 1993 über die angemessene Eigenkapitalausstattung von Wertpapierfirmen und Kreditinstituten (ABl. EG Nr. L 141 S. 1) mit Sitz in der Zone A geschuldet wird, sind mit den für Einlagenkreditinstitute der Zone A geltenden Anrechnungssätzen zu berücksichtigen.

(6) Wertpapier- oder Terminbörsen im Sinne dieser Verordnung sind Wertpapier- oder Terminmärkte, die von staatlich anerkannten Stellen geregelt und überwacht werden, regelmäßig stattfinden und für das Publikum unmittelbar oder mittelbar zugänglich sind.

(7) Die Absätze 1 bis 6 sind auf die Berechnung der Auslastung der Großkreditobergrenzen von Kreditinstituts- und Finanzholding-Gruppen nach § 13a Abs. 1, § 13 Abs. 4 Satz 1 KWG entsprechend anzuwenden.

§ 4

Anrechnung von Sicherheiten auf die Großkreditobergrenzen nach § 13 Abs. 4 KWG

(1) Über die Bestimmung des § 20 Abs. 2 Nr. 2 KWG und des § 3 dieser Verordnung hinaus werden Kredite nicht auf die Großkreditobergrenzen angerechnet, soweit sie nach Maßgabe der Absätze 2 und 3 durch Inhaberschuldverschreibungen, die an einer Wertpapierbörse zum Handel zugelassen sind, mit dem erforderlichen Marktwertüberschuß gesichert werden.

(2) Die als Sicherheit dienenden Schuldverschreibungen müssen bei dem Kreditinstitut hinterlegt sein. Sie dürfen weder durch das Kreditinstitut, seine Mutter-, Tochter- oder Schwesterunternehmen noch den Kreditnehmer selbst begeben worden sein. Die in den Schuldverschreibungen verbrieften Forderungen dürfen nicht an den Verlusten des Emittenten teilnehmen, im Falle des Konkurses oder der Liquidation des Emittenten nachrangig zu bedienen sein oder anderweitig auf seiten des Emittenten Eigenkapitalsurrogate darstellen.

(3) Die als Sicherheit dienenden Schuldverschreibungen müssen täglich zum Marktkurs bewertet werden. Der Marktwertüberschuß im Sinne des Absatzes 1 ist der Betrag, um den der Kurswert der Sicherheiten den Betrag, mit dem die Sicherheit auf den Kredit angerechnet wird, übersteigt. Er beläuft sich auf

1. 50 vom Hundert bei Schuldverschreibungen
   - von Kreditinstituten mit Sitz im Inland und Einlagenkreditinstituten mit Sitz in einem anderen Land der Zone A,
   - von Regionalregierungen oder örtlichen Gebietskörperschaften anderer Mitgliedstaaten der Europäischen Gemeinschaft oder Vertragsstaaten des Abkommens über den Europäischen Wirtschaftsraum, für die nicht nach Artikel 7 der Richtlinie 89/647/EWG die Gewichtung Null bekanntgegeben worden ist,
   - der Europäischen Investitionsbank,
   - multilateraler Entwicklungsbanken (§ 3 Abs. 4),
2. 100 vom Hundert bei anderen Schuldverschreibungen.

(4) Die Absätze 1 bis 3 sind auf die Berechnung der Auslastung der Großkreditobergrenzen in Kreditinstituts- und Finanzholding-Gruppen nach § 13a Abs. 1, § 13 Abs. 4 Satz 1 KWG entsprechend anzuwenden.

§ 5

Patronatserklärungen

Patronatserklärungen für Tochterunternehmen, die als Kreditinstitute, Finanzinstitute oder Unternehmen mit bankbezogenen Hilfsdiensten pflichtweise in die Beaufsichtigung des Kreditinstituts als übergeordnetes Kreditinstitut auf konsolidierter Basis nach § 10a und § 13a KWG einbezogen werden, sind nicht auf die Großkreditobergrenzen anzurechnen. Patronatserklärungen im Sinne dieser Vorschrift sind garantieähnliche Willenserklärungen von Kreditinstituten, die Erfüllung der Verbindlichkeiten eines anderen Unternehmens sicherzustellen; die Erklärung kann im Geschäftsbericht, gegenüber ausländischen Behörden oder anderweitig abgegeben werden. Erklärungen, die gegenüber einem bestimmten Kreditgeber des Tochterunternehmens abgegeben werden, gelten nicht als Patronatserklärungen im Sinne dieser Vorschrift; auf sie kommen die allgemeinen Bestimmungen über Gewährleistungen zur Anwendung.

§ 6

Inkrafttreten

Diese Verordnung tritt am Tage nach der Verkündung in Kraft.

Berlin, den 1. Februar 1996

Das Bundesaufsichtsamt für das Kreditwesen
Artopoeus

Wertpapierbörse zum Handel zugelassene Inhaberschuldverschreibungen einer Regionalregierung in einem Land der Zone B bei der Bank hinterlege, die insgesamt einen Kurswert von 100 000.- DM haben.

Der Kredit ist mit 50 000 TDM auf die Großkreditobergrenzen anzurechnen. Bei einem Sicherungswert von 50 000 DM beträgt der erforderliche Marktwertüberschuß 100 % (ebenfalls 50 000.- DM).

Beispiel 2: Der Kurswert der Wertpapier falle später auf insgesamt 80 000 TDM.

Der Kredit ist mit 60 000.- DM auf die Großkreditobergrenzen anzurechnen. Bei einem Sicherungswert von 40 000.- DM beträgt der erforderliche Marktwertüberschuß 100 % (ebenfalls 40 000.- DM).

Beispiel 3: Der Darlehensnehmer hinterlege statt der Schuldverschreibungen der Regionalregierung an der AMEX notierte Schuldverschreibungen einer multilateralen Entwicklungsbank, deren aktueller Kurswert sich auf insgesamt 99 000 TDM belaufe.

Der Kredit ist mit 34 000.- DM auf die Großkreditobergrenzen anzurechnen. Bei einem Sicherungswert von 66 000.- DM beträgt der erforderliche Marktwertüberschuß 50 % (33 000.- DM).

§ 5 Patronatserklärungen:

1 Patronatserklärungen[1)] sind garantieähnliche Willenserklärungen, durch die sich ein Kreditinstitut verpflichtet, die Erfüllung der Verbindlichkeiten eines anderen Unternehmens sicherzustellen. 2 In der Regel werden solche Erklärungen von den Großbanken für Tochterunternehmen abgegeben. 3 Patronatserklärungen werden typischerweise im Geschäftsbericht oder gegenüber ausländischen Bankaufsichtsbehörden, aber auch unmittelbar gegenüber bestimmten Kreditgebern des Tochterunternehmens abgegeben.

Eine typische Patronatserklärung lautet: „Für die folgenden Kreditinstitute und uns nahestehenden Gesellschaften tragen wir, abgesehen vom Fall des politischen Risikos, dafür Sorge, daß sie ihre vertraglichen Verbindlichkeiten erfüllen können."

1 Diese Erklärungen, die in der Regel betraglich nicht begrenzt sind, wirken faktisch wie ein Blankoscheck. 2 Bei Patronatserklärungen, die *coram publico* abgegeben werden, bedeutet dies unter dem Strich, daß der Patron im Falle des Konkurses des patronierten Unternehmens dessen eventuellen Schuldenüberhang vollständig absorbieren muß.

Nach § 5 brauchen Patronatserklärungen für Tochterunternehmen, die als Kreditinstitute, Finanzinstitute oder Unternehmen mit bankbezogenen Hilfsdiensten pflichtweise in die Beaufsichtigung des Kreditinstituts auf konsolidierter Basis nach § 10 a und § 13 a KWG einbezo-

1) Sog. weiche Patronatserklärungen, die rechtlich unverbindliche Absichtserklärungen darstellen, sind nicht Gegenstand der Kreditbestimmungsverordnung.

gen werden, nicht auf die Großkreditobergrenzen angerechnet zu werden.

[1]Die Regelung wird ausdrücklich auf Tochterunternehmen beschränkt, die selbst Kreditinstitute, Finanzinstitute oder Unternehmen mit bankbezogenen Hilfsdiensten sind und als solche pflichtweise in die Konsolidierung nach § 10 a und § 13 a KWG einbezogen werden. [2]Überlegungen, die Regelung auf andere Unternehmenstypen oder Minderheitsbeteiligungen durch eine freiwillige Konsolidierung zu erstrecken, wird damit *a priori* ein Riegel vorgeschoben.

[1]Das Kreditinstitut, das die Patronatserklärung abgibt, muß selbst gemäß § 10 a Abs. 8 KWG für die angemessene Eigenkapitalausstattung der Gruppe verantwortlich ist. [2]Es genügt nicht, daß das Kreditinstitut und das Tochterunternehmen gemeinsam in den Konsolidierungskreis eines beiden Unternehmen übergeordneten Unternehmens einbezogen werden.

Die Regelung beruht auf Art. 4 Abs. 6 GroßKredRL.[1]

[1]Die Regelung kommt nicht auf Patronatserklärungen zur Anwendung, die gegenüber einem bestimmten Kreditgeber des Tochterunternehmens abgegeben werden. [2]Der Sache nach handelt es sich dabei um Gewährleistungen, die eingerechnet anderer Kredite an das Tochterunternehmen auf 40 v. H. des haftenden Eigenkapitals des die Garantie ausstellenden Kreditinstituts zu beschränken sind. Die Regelung bleibt insoweit hinter Art. 4 Abs. 6 GroßKredRL[1] zurück.

4.277. Erste Verordnung zur Änderung der Anzeigenverordnung[2] „Erläuterungen"

Rundschreiben des Bundesaufsichtsamtes für das Kreditwesen an die Kreditinstitute in der Bundesrepublik Deutschland vom 22. Dezember 1995 (I 3 – 41 AnzV – 1/94)

Zu § 2 Abs. 2 – Anzeigen nach § 10 Abs. 4 a Satz 4 KWG i. V. m. § 32 Abs. 3 KAGG[3] (Sachverständigenausschuß):

Die Regelung unter c) trägt dem aufsichtlichen Anliegen Rechnung, aktuell über die in den Gutachterausschüssen tätigen Sachverständigen informiert zu sein.

Vor §§ 4 und 5 – Ausnahmen von der Anzeigepflicht für Großkredite:

Ausnahme von der Anzeigepflicht für Großkredite

Bei den Anzeigen nach § 13 Abs. 1 KWG bzw. § 13 Abs. 1 i. V. m. § 13 a Abs. 1 KWG brauchen die Kreditinstitute bis auf weiteres über

---

[1] Nr. 22.17 dieser Textsammlung.
[2] Nr. 2.04 dieser Textsammlung.
[3] Nr. 10 dieser Textsammlung.

Verordnung über die Erfassung, Bemessung, Gewichtung und Anzeige von Krediten im Bereich der Großkredit- und Millionenkreditvorschriften des Gesetzes über das Kreditwesen (Großkredit- und Millionenkreditverordnung - GroMiKV)

Vom 29. Dezember 1997

Auf Grund des § 22, auch in Verbindung mit § 2 Abs. 11 Satz 3, § 13a Abs. 4 Satz 2 und 6 sowie Abs. 5 Satz 2 und 4, sowie auf Grund des § 24 Abs. 4, des § 25 Abs. 3 und des § 31 Abs. 1 Satz 1 Nr. 1 des Gesetzes über das Kreditwesen in der Fassung der Bekanntmachung vom 22. Januar 1996 (BGBl. I S. 64), das zuletzt durch Artikel 1 des Gesetzes vom 22. Oktober 1997 (BGBl. I S. 2518) geändert worden ist, in Verbindung mit § 1 der Verordnung zur Übertragung der Befugnis zum Erlaß von Rechtsverordnungen auf das Bundesaufsichtsamt für das Kreditwesen vom 19. Dezember 1997 (BGBl. I S. 3156) verordnet das Bundesaufsichtsamt für das Kreditwesen im Einvernehmen mit der Deutschen Bundesbank nach Anhörung der Spitzenverbände der Institute:

Inhaltsübersicht

Abschnitt 1

Gemeinsame Bestimmungen für Groß- und Millionenkredite

§ 1

Begriffsbestimmungen

(1) [1]Gängige Aktienindizes im Sinne dieser Verordnung sind AllOrds (Australien), BEL 20 (Belgien), DAX 30, MDAX und DAX 100 (Deutschland), HEX 20 (Finnland), CAC 40 (Frankreich), FTSE 100 (Großbritannien), Hang Seng (Hong Kong), MIB 30 (Italien), Nikkei 225 (Japan), TSE 35 (Kanada), AEX und EOE 25 (Niederlande), ATX (Österreich), BLV 30 (Portugal), OMX (Schweden), SMI (Schweiz), Strait Times (Singapur), IBEX 35 (Spanien), NASDAQ 100 und S&P 500 (USA). [2]Das Bundesaufsichtsamt kann weitere Aktienindizes als gängig einstufen; die Erweiterung ist öffentlich bekanntzugeben. Für die Bekanntgabe genügt die Veröffentlichung im Internet unter „http://www.bakred.de" unter Angabe des Datums der Erweiterung.

(2) [1]Geschäftsschluß im Sinne dieser Verordnung ist täglich um 24:00 Uhr MEZ/MESZ. [2]Das Bundesaufsichtsamt kann auf Antrag eines Instituts, das international tätig ist, einen anderen Zeitpunkt festsetzen, der den Handelsaktivitaten des Instituts angemessen Rechnung trägt.

(3) Multilaterale Entwicklungsbanken im Sinne dieser Verordnung sind die Internationale Bank für Wiederaufbau und Entwicklung (IBRD, Weltbank), die Internationale Finanz-Corporation (IFC), die Interamerikanische Investitionsgesellschaft (IIC), die Interamerikanische Entwicklungsbank (IADB), die Afrikanische Entwicklungsbank (AfDB), die Asiatische Entwicklungsbank (AsDB), die Karibische Entwicklungsbank (CDB), die Nordische Investitionsbank (NDB), der Wiedereingliederungsfonds des Europarats, die Europäische Bank für Wiederaufbau und Entwicklung (EBRD) und der Europäische Investitionsfonds (EIF).

(4) [1]Eine Patronatserklärung im Sinne dieser Verordnung ist eine Willenserklärung, die das Institut verpflichtet, die Erfüllung der Verbindlichkeiten eines anderen Unternehmens sicherzustellen.

(5) Qualifizierte Wertpapierhandelsunternehmen im Sinne dieser Verordnung sind Wertpapierhandelsunternehmen im Sinne des § 1 Abs. 3d Satz 2 des Gesetzes über das Kreditwesen (KWG), für die aufsichtlich ein Anfangskapital von mindestens 730.000 ECU und mindestens zwei Geschäftsleiter vorgegeben sind und die

1. als Handelsbuchinstitute im Sinne des KWG beaufsichtigt werden, sofern sie ihren Sitz im Inland haben,
2. nach den Vorschriften der Kapitaladäquanzrichtlinie beaufsichtigt werden, sofern sie ihren Sitz in einem anderen Staat des Europäischen Wirtschaftsraums haben, oder
3. einem Aufsichtssystem unterliegen, das materiell dem Aufsichtssystem für Handelsbuchinstitute nach dem KWG gleichwertig ist, sofern sie ihren Sitz in einem Drittstaat haben.

(6) Treuhandkredite im Sinne dieser Verordnung sind Geld- oder Sachdarlehen, die ein Institut aus Mitteln, die ihm ein Dritter zur Verfügung stellt, im eigenen Namen für fremde Rechnung gewährt, unter der Voraussetzung, daß sich die Haftung des Treuhänders auf die ordnungsmäßige Verwaltung der Darlehen und die Abführung der Zins- und Tilgungsleistungen beschränkt.

§ 2

Bemessungsgrundlage

Die Bemessungsgrundlage für die Ermittlung der Kreditbeträge nach den §§ 13 bis 14 KWG sind bei

1. den Bilanzaktiva nach § 19 Abs. 1 Satz 2 KWG der Buchwert zuzüglich Einzelwertberichtigungen und abzüglich der Posten wegen der Erfüllung oder der Veräußerung von Forderungen aus Leasingverträgen bis zu den Buchwerten der diesen zugehörigen Leasinggegenstände,
2. Swap-Geschäften und den für sie übernommenen Gewährleistungen der effektive Kapitalbetrag oder in Ermangelung eines solchen der aktuelle Marktpreis des Geschäftsgegenstandes,
3. sonstigen als Festgeschäfte oder Rechte ausgestalteten Termingeschäften und den für sie übernommenen Gewährleistungen der unter der Annahme tatsächlicher Erfüllung bestehende, zum aktuellen Marktpreis umgerechnete Anspruch des Instituts auf Lieferung oder Abnahme des Geschäftsgegenstandes,

4. Patronatserklärungen und vergleichbaren Globalgarantien die Kredite des patronierten Unternehmens ohne die Kredite an das Institut, abzüglich des eingezahlten Kapitals und der ausgewiesenen Rücklagen des patronierten Unternehmens,
5. Wertpapierpensions- und Wertpapierdarlehensgeschäften, bei denen das Institut der Pensions- oder Darlehensgeber ist, der Buchwert der Wertpapiere,
6. Wertpapierpensions- und Wertpapierdarlehensgeschäften, bei denen das Institut der Pensions- oder Darlehensnehmer ist, der übertragene Geldbetrag oder der Buchwert der im Gegenzug bestellten Wertpapiersicherheit,
7. den anderen außerbilanziellen Geschäften nach § 19 Abs. 1 Satz 3 KWG der Kapitalbetrag, für den das Institut einzustehen hat, in Ermangelung eines solchen der Buchwert.

§ 3

Umrechnung von Fremdwährungen

[1]Auf fremde Währung lautende Beträge sind zum aktuellen Devisenkurs in Deutsche Mark umzurechnen. [2]Für die an der Frankfurter Devisenbörse amtlich notierten Währungen sind die Kassamittelkurse, für die anderen Währungen die Mittelkurse aus feststellbaren An- und Verkaufskursen zugrunde zu legen. [3]Statt des aktuellen Kurses darf das Kreditinstitut bei der Umrechnung von Beteiligungen einschließlich Anteilen an verbundenen Unternehmen, die es nicht als Bestandteil seiner Fremdwährungsposition behandelt, den zum Zeitpunkt ihrer Erstverbuchung maßgeblichen Devisenkurs anwenden.

§ 4

Ermittlung des Kreditäquivalenzbetrags

(1) [1]Die Beträge, mit denen Swap-Geschäfte und andere als Festgeschäfte oder Rechte ausgestaltete Termingeschäfte sowie die für sie übernommenen Gewährleistungen als Kredite nach den §§ 13 bis 14 KWG anzurechnen sind (Kreditäquivalenzbeträge), sind vorbehaltlich des Absatzes 2 nach der Marktbewertungsmethode zu ermitteln. [2]Bei Anwendung der Marktbewertungsmethode sind die in Satz 1 genannten Kredite mit dem potentiellen Eindeckungsaufwand anzurechnen, soweit dieser nach der täglich vorzunehmenden Bewertung bei einem Ausfall des Vertragspartners entstehen würde, vermehrt um den Zuschlag nach der Tabelle 1 als Vomhundertsatz der Bemessungsgrundlage nach § 2 Nr. 2 oder 3 für die in Zukunft mögliche Risikoerhöhung; der Zuschlag entfällt bei währungsgleichen Zinsswaps ohne Festzinsteil. [3]Der Betrag des potentiellen Eindeckungsaufwandes wird durch die Höhe des zusätzlichen Aufwandes oder des geringeren Erlöses bestimmt, der sich bei Begründung einer gleichwertigen Position ergeben würde. [4]Fällt ein Geschäft in mehrere der Kategorien, welche die Tabelle aufzeigt, ist der höchste einschlägige Vomhundertsatz für die Berechnung des Zuschlags maßgebend.

Tabelle 1

Restlaufzeit	Zinsbezogene Geschäfte	Währungskurs- und goldpreisbezogene Geschäfte	Aktienkurs-bezogene Geschäfte	Edelmetallpreis-bezogene Geschäfte	Geschäfte mit sonstigen Preisrisiken
bis 1 Jahr	0,0 v.H.	1,0 v.H.	6,0 v.H.	7,0 v.H.	10,0 v.H.
über 1 Jahr bis 5 Jahre	0,5 v.H.	5,0 v.H.	8,0 v.H.	7,0 v.H.	12,0 v.H.
über 5 Jahre	1,5 v.H.	7,5 v.H.	10,0 v.H.	8,0 v.H.	15,0 v.H.

(2) [1]Nichthandelsbuchinstitute dürfen alternativ die Laufzeitmethode anwenden, ab dem 1. Oktober 1999 jedoch nur noch für die ausschließlich zinssatz-, währungs- oder goldpreisbezogenen Geschäfte. [2]Die Wahl darf für genau bestimmte und eindeutig abgegrenzte Teilbereiche unterschiedlich ausfallen. [3]Die Festlegung von Teilbereichen kann nach verschiedenen Finanzprodukten oder nach unterschiedlichen organisatorisch festgelegten Bereichen des Instituts erfolgen. [4]Das Institut darf jederzeit von der Laufzeit- zur Marktbewertungsmethode übergehen. [5]Bei Anwendung der Laufzeitmethode sind die in Absatz 1 Satz 1 genannten Geschäfte und Gewährleistungen mit laufzeitbezogenen Vomhundertsätzen der für sie nach § 2 Nr. 2 oder 3 maßgeblichen Bemessungsgrundlage anzurechnen. [6]Die laufzeitbezogenen Vomhundertsätze betragen,

1. sofern der potentielle Eindeckungsaufwand ausschließlich auf der Änderung von Zinssätzen beruht, bei einer Restlaufzeit von bis zu einem Jahr 0,5 vom Hundert, von mehr als einem Jahr 1 vom Hundert für jedes volle und nicht vollendete Jahr, abzüglich 1 vom Hundert.
2. sofern der potentielle Eindeckungsaufwand ausschließlich oder teilweise auf der Änderung von sonstigen Preisen beruht, bei einer Ursprungslaufzeit von bis zu einem Jahr 2 vom Hundert, von mehr als einem Jahr 3 vom Hundert für jedes volle und nicht vollendete Jahr, abzüglich 1 vom Hundert.

(3) [1]Bei währungsgleichen Zinsswaps ohne Festzinsteil gilt die bis zum nächstfolgenden Zinsanpassungstermin des Zinsswaps verbleibende Zeitspanne als maßgebliche Laufzeit. [2]Bei Termingeschäften auf variabel verzinsliche Wertpapiere gilt die bis zum nächstfolgenden Zinsanpassungstermin des Termingeschäftsgegenstandes verbleibende Zeitspanne als maßgebliche Laufzeit. [3]Bei anderen Termingeschäften und Optionsrechten mit effektiven oder synthetischen Geschäftsgegenständen, die selbst eine bestimmte Laufzeit aufweisen, insbesondere bei Zinstermingeschäften (Zins-Futures), Zinsausgleichsvereinbarungen, Termingeschäften auf festverzinsliche Wertpapiere, Zinsoptionen, Terminvereinbarungen und Optionen auf Zinsswaps sowie Optionen auf den Abschluß von Zinsbegrenzungsvereinbarungen ist auf die Laufzeit des Geschaftsgegenstandes abzustellen. [4]Bei den anderen

Abschnitt 2

Sondervorschriften für Großkredite

Unterabschnitt 1

Gemeinsame Bestimmungen für Handelsbuch- und Nichthandelsbuchinstitute

§ 16

Null-Anrechnungen

(1) Auf die Großkreditobergrenzen sind nicht anzurechnen:

1. Forderungen an Einlagenkreditinstitute mit Sitz in der Zone B aus bei diesen unterhaltenen, nur der Geldanlage dienenden Guthaben mit Restlaufzeiten bis drei Monaten,
2. Forderungssalden auf Interbankverrechnungskonten bei Einlagenkreditinstituten mit Sitz in der Zone B,
3. Überbrückungskredite im internationalen Zahlungsverkehr an Einlagenkreditinstitute mit Sitz in der Zone B zur finanziellen Abwicklung von Waren- und Dienstleistungsgeschäften für die Zeit von der Ausführung einer Zahlung bis spätestens zum Eintreffen der Deckung auf dem üblichen Postweg (Postlaufkredite), wobei ein Postlaufkredit nicht vorliegt, wenn zwischen der Ausführung der Zahlung und dem Eintreffen der Deckung mehr als 14 Kalendertage liegen,
4. Swap-Geschäfte und andere als Festgeschäfte oder Rechte ausgestaltete Termingeschäfte mit einer Ursprungslaufzeit von weniger als 15 Kalendertagen, bei denen der potentielle Eindeckungsaufwand ausschließlich auf der Änderung von Wechselkursen beruht, sowie die für solche Verträge übernommenen Gewährleistungen,
5. sonstige als Festgeschäfte oder Rechte ausgestaltete Termingeschäfte, die täglichen Einschußverpflichtungen unterworfen sind (Margin-System) und deren Erfüllung von einer Wertpapier- oder Terminbörse geschuldet oder gewährleistet wird, sowie die für derartige Geschäfte übernommenen Gewährleistungen,
6. Anteile an Tochterunternehmen, welche das Institut nach den §§ 10a, 12 und 13b KWG pflichtkonsolidiert,
7. Forderungen an genossenschaftliche Zentralbanken aus bei diesen unterhaltenen, dem Liquiditätsausgleich im Verbund dienenden Guthaben von Kreditinstituten, die dem Verbund angehören, ohne eingetragene Genossenschaften zu sein.

(2) [1]Auf Antrag des Instituts kann das Bundesaufsichtsamt widerruflich bestimmen, daß bestimmte Kredite des Instituts an ein Tochterunternehmen, welches das Institut nach den §§ 10a, 12 und 13b KWG pflichtkonsolidiert, nicht auf die Großkreditobergrenzen angerechnet werden, wenn das Institut das Tochterunternehmen in seine zentrale Großrisikosteuerung einbezieht. [2]Im Rahmen des Antrags trifft das Bundesaufsichtsamt angemessene Übergangsregelungen hinsichtlich Patronatserklärungen für Tochterunternehmen, die das Institut noch nicht in seine zentrale Großrisikosteuerung einbezieht.

(3) Auf Antrag des Instituts kann das Bundesaufsichtsamt widerruflich

1. Forderungen mit Restlaufzeiten von bis zu drei Monaten an qualifizierte Wertpapierhandelsunternehmen, sofern diese Kreditnehmer Mutter-, Tochter- oder Schwesterunternehmen des Instituts sind und ihren Sitz in einem Staat der Zone A haben, sowie
2. Swap-Geschäfte und andere als Festgeschäfte oder Rechte ausgestaltete Termingeschäfte mit Restlaufzeiten von bis zu einem Jahr mit qualifizierten Wertpapierhandelsunternehmen, sofern diese Kreditnehmer Mutter-, Tochter- oder Schwesterunternehmen des Instituts sind und ihren Sitz in einem Staat der Zone A haben, sowie die für solche Geschäfte übernommenen Gewährleistungen

für eine Übergangszeit von der Anrechnung auf die Großkreditobergrenzen ausnehmen.

§ 17

20 vom Hundert-Anrechnungen

Mit 20 vom Hundert ihrer Bemessungsgrundlage oder ihres nach § 4 ermittelten Kreditäquivalenzbetrags sind auf die Großkreditobergrenzen anzurechnen:

1. Kredite an eine Regionalregierung oder örtliche Gebietskörperschaft in einem anderen Staat des Europäischen Wirtschaftsraums sowie Kredite an andere Kreditnehmer, die durch eine solche Regionalregierung oder Gebietskörperschaft ausdrücklich gewährleistet werden, sofern sie unbedingt rückzahlbar und im Falle der Insolvenz oder der Liquidation des Kreditnehmers oder Garanten nicht nachrangig zu bedienen sind,
2. Kredite mit Restlaufzeiten von über einem Jahr bis zu drei Jahren an inländische Kreditinstitute oder an Einlagenkreditinstitute mit Sitz in einem Staat der Zone A, sofern sie unbedingt rückzahlbar und im Falle der Insolvenz oder der Liquidation des Kreditnehmers nicht nachrangig zu bedienen sind,
3. vorbehaltlich einer Einzelfallregelung nach § 16 Abs. 3, Kredite mit Restlaufzeiten bis zu drei Jahren an qualifizierte Wertpapierhandelsunternehmen mit Sitz in einem Staat der Zone A, sofern sie unbedingt rückzahlbar und im Falle der Insolvenz oder der Liquidation des Kreditnehmers nicht nachrangig zu bedienen sind,
4. Kredite an kirchliche Körperschaften des öffentlichen Rechts, die bundesweit verfaßt sind und auf Grund des Artikels 140 des Grundgesetzes und des Artikels 137 Abs. 6 der Weimarer Verfassung Steuern erheben oder am Steueraufkommen der steuererhebenden kirchlichen Körperschaften teilhaben,
5. Kredite an kommunale Zweckverbände

§ 18

50 vom Hundert-Anrechnungen

Mit 50 vom Hundert ihrer Bemessungsgrundlage oder ihres nach § 4 ermittelten Kreditäquivalenzbetrags sind auf die Großkreditobergrenzen anzurechnen:

1. Schuldverschreibungen mit Restlaufzeiten von über drei Jahren von inländischen Kreditinstituten oder von Einlagenkreditinstituten oder qualifizierten Wertpapierhandelsunternehmen mit Sitz in einem Staat der Zone A, sofern